Comme

à propos de *L'amour et l'intuition*

«Sherrie Dillard nous offre un précieux cadeau dont nous profiterons toute notre vie. Elle nous enseigne à entrer en relation avec la partie la plus profonde et significative de notre être, afin que nous puissions trouver en nous le véritable amour. Et une fois que nous avons appris à nous aimer, nous pouvons attirer tout ce que notre cœur désire!»

— Richard E. Zimmerman, enseignant en richesse spirituelle et cofondateur de l'Alchemy Centre de Londres.

«Reliant l'amour, le psychisme et la passion, l'auteure et voyante Sherrie Dillard offre de précieux conseils sur la façon de développer des relations durables et enrichissantes en créant de véritables liens, tout en découvrant le chemin intuitif qui mène à l'amour de soi, la plus belle relation entre toutes.»

— Kala Ambrose, auteure *de 9 Life Altering Lessons*, animatrice de l'émission *Explore Your Spirit with Kala* et rédactrice d'articles sur la spiritualité métaphysique nationale pour Examiner.com.

«Ce livre est un véritable cadeau, empli de notions profondes et de suggestions pratiques. L'intention désintéressée de madame Dillard de vraiment aider ses lecteurs y est implicite. Elle constate que l'intuition ne sert pas seulement à prédire l'avenir, mais aussi à nous révéler, à guérir et à permettre l'expression entière de soi. *L'amour et l'intuition* guide le lecteur en ce sens. Je recommande de tout cœur sa lecture!»

— Diane Brandon, conseillère en intuition intégrative et animatrice de *Vibrantly Green with Diane Brandon* sur Ecology. com et de *Vibrant Living* sur Webtalkradio.net.

« *L'amour et l'intuition* est un livre rédigé avec art qui nous guide dans la voie du monde intuitif. Ce livre est imprégné d'une passion qui stimule les lecteurs à acquérir délibérément une meilleure compréhension intuitive de leurs relations. Afin de créer des relations plus significatives et aimantes, les personnes qui cherchent à mieux se connaître trouveront dans *L'amour et l'intuition* une source d'inspiration. »

— Bernie Ashman, auteur de *SignMates*.

« Ce livre ne vise pas seulement à vous enseigner à utiliser votre intuition pour jouir d'une intimité significative. Ce qui m'a encore plus impressionné, c'est la façon dont Sherrie Dillard démontre la collaboration naturelle entre l'affection humaine et la sensibilité psychique. Cette synergie approfondit non seulement l'amour, mais protège également l'intuition des démons déformants de l'ego. Je recommande chaudement cette suite estimable de son précédent livre *Discover Your Psychic Type*. »

— Steven Forrest, auteur de *The Inner Sky*.

« S'il existait un guide d'instructions sur l'amour, ce serait ce livre. Sherrie Dillard comprend et enseigne efficacement qu'une profonde connaissance de soi nous permet d'accéder à notre intuition, qu'une conscience spirituelle permet d'acquérir de la confiance en soi et que la confiance en soi attire l'amour que nous désirons le plus. »
— S. Kelly Harrell, chamane et auteure de *Gift of the Dreamtime*.

« Le livre de Sherrie est une lecture essentielle pour tous ceux qui ont connu des amours difficiles. Mais, il est surtout utile à tous ceux qui veulent approfondir leur propre expérience et leur connexion spirituelles. »

— Allison Agius, auteure de *Hidden Secrets, Buried Treasure*.

L'amour

et

L'intuition

L'amour

et

L'intuition

Comment créer un amour durable

Sherrie Dillard

Traduit de l'anglais par
Jo-Ann Dussault

Copyright © 2010 Sherrie Dillard
Titre original anglais : Love and intuition
Copyright © 2011 Éditions AdA Inc. pour la traduction française
Cette publication est publiée en accord avec Llewellyn Publications, Woodbury, MN, www.llewellyn.com
Tous droits réservés. Aucune partie de ce livre ne peut être reproduite sous quelque forme que ce soit sans la permission écrite
de l'éditeur, sauf dans le cas d'une critique littéraire.

Éditeur : François Doucet
Traduction : Jo-Ann Dussault
Révision linguistique : Féminin pluriel
Correction d'épreuves : Nancy Coulombe, Suzanne Turcotte
Conception de la couverture : Tho Quan
Photo de la couverture : © Thinkstock
Mise en pages : Sébastien Michaud
ISBN papier 978-2-89667-390-2
ISBN numérique 978-2-89683-228-6
Première impression : 2011
Dépôt légal : 2011
Bibliothèque et Archives nationales du Québec
Bibliothèque Nationale du Canada

Éditions AdA Inc.
1385, boul. Lionel-Boulet
Varennes, Québec, Canada, J3X 1P7
Téléphone : 450-929-0296
Télécopieur : 450-929-0220
www.ada-inc.com
info@ada-inc.com

Diffusion
Canada :   Éditions AdA Inc.
France :   D.G. Diffusion
                Z.I. des Bogues
                31750 Escalquens — France
                Téléphone : 05.61.00.09.99
Suisse :   Transat — 23.42.77.40
Belgique :   D.G. Diffusion — 05.61.00.09.99

Imprimé au Canada

Participation de la SODEC. $\int o \mathrm{D} \pm C$
Nous reconnaissons l'aide financière du gouvernement du Canada par l'entremise du Programme d'aide au
développement de l'industrie de l'édition (PADIÉ) pour nos activités d'édition.
Gouvernement du Québec — Programme de crédit d'impôt pour l'édition de livres — Gestion SODEC.

**Catalogage avant publication de Bibliothèque et Archives nationales du Québec et Bibliothèque
et Archives Canada**

Dillard, Sherrie, 1958-

    L'amour et l'intuition : comment créer un amour durable
    Traduction de: Love and intuition.
    ISBN 978-2-89667-390-2
    1. Amour. 2. Intuition. 3. Relations entre hommes et femmes. I. Titre.

BF575.L8D4414 2011   152.4'1   C2011-940984-4

À Amabel Constable et Benjamin Devoid.
Leurs luttes face à l'amour ont permis d'ouvrir
une précieuse porte.
Merci à Carol K. et à Carrie Obry.

TABLE DES MATIÈRES

Deuxième partie : SERVEZ-VOUS DE VOTRE INTUITION POUR VOUS GUÉRIR ET VOUS TRANS-FORMER, DE MÊME QUE LES AUTRES ET VOS RELATIONS

Troisième partie : L'INTUITION ET L'AMOUR INTIME

Quatrième partie : UNE AIDE VÉRITABLE DU MONDE ÉTHÉRÉ

INTRODUCTION

*Comprendre l'amour absolu est le travail
de l'âme. L'intégration de cette fréquence
supérieure de l'amour dans notre quotidien
est le travail de l'évolution humaine. Le pont
entre les deux est l'intuition, notre plus
puissante sagesse naturelle.*

Je me rappelle cette journée de mon enfance où je me suis assise sous les gros chênes dans ma cour. Après avoir essuyé mes mains sales, je les ai déposées dans celles de ma meilleure amie. Elle a alors tracé avec le bout de son doigt les lignes sinueuses et a regardé les petites lignes qui prolongeaient celles-ci. Elle m'a dit avec assurance que je me marierais jeune et que j'aurais deux enfants. Je savais qu'elle avait une tante qui lui avait enseigné à lire les lignes de la main, alors je l'ai crue. J'ai éprouvé un immense plaisir à l'idée de ce que l'avenir me réservait.

Des années plus tard, après avoir passé beaucoup de temps à explorer la beauté mystérieuse du monde spirituel, je suis devenue une jeune voyante enthousiaste et me suis alors retrouvée à répondre à des questions semblables pour les autres. Vais-je rencontrer l'âme sœur ? Comment puis-je améliorer ma relation avec mon partenaire ? Pourquoi est-ce que j'attire des relations insatisfaisantes ? M'aime-t-il ? Est-elle la bonne partenaire pour moi ? Comment puis-je pardonner à mon ancien amoureux tous ses mensonges et toutes ses trahisons ? Vais-je être de nouveau capable d'aimer et de faire confiance à quelqu'un ?

Le désir d'aimer et d'être aimé est une flamme dévorante qui brûle tous les autres désirs et préoccupations. En tant que voyante et conseillère en intuition, j'ai répondu à ces préoccupations et à d'autres semblables depuis les vingt-cinq dernières années. Plus que toute autre question que la vie soulève, j'ai constaté que les gens comptent avec dévotion et enthousiasme sur le royaume spirituel et invisible pour être conseillés dans leurs relations. Mes clients comprennent entre autres des financiers, des physiciens, des chercheurs scientifiques, des ingénieurs, ainsi que des écrivains, des artistes et des étudiants du monde entier. Ce sont des gens réfléchis qui gèrent intelligemment leur vie affairée axée sur l'efficacité, et qui, pourtant, cherchent dans le monde invisible et éthéré de l'aide pour leurs relations amoureuses.

La quête de réponses

Depuis mon enfance, lorsque mon amie de huit ans me lisait les lignes de la main, jusqu'à aujourd'hui, lorsque je réponds aux questions d'un homme d'affaires nerveux qui veut des conseils sur sa vie amoureuse, mon désir d'en savoir davantage sur la façon dont nous nous servons de notre intuition et dont nous aimons demeure puissant. Quand j'ai commencé à offrir professionnellement des lectures psychiques, je ne savais pas toujours d'où me provenaient les réponses. C'était également un mystère pour moi. Je «voyais» des gens dans mon esprit et je les décrivais à mes clients. J'«entendais» des mois et des jours et je percevais les traits de la personnalité d'un individu et son potentiel en tant que partenaire amoureux.

J'ignorais comment je savais ces choses. Je transmettais simplement aux gens l'information que je recevais. Plus tard, mes clients m'appelaient ou venaient à mon bureau pour me dire que j'avais eu raison. La personne que j'avais décrite était entrée dans leur vie, au moment où je l'avais prédit, et les gens mettaient fin à une relation au moment où je l'avais prédit. Je suis alors devenue une voyante très occupée. Mais, je ne comprenais toujours pas comment je savais les choses… et je voulais le découvrir.

En savoir davantage sur l'intuition

Dans ma quête de comprendre ma propre habileté en matière de clairvoyance intuitive, j'ai appris que l'intuition est une habileté naturelle que nous possédons tous. La «clairvoyance» est synonyme d'«intuition». Les deux mots font référence à notre habileté naturelle à percevoir les fréquences invisibles, inconnues et subtiles, et à nommer et donner une signification à ces vibrations. Pour simplifier les choses, j'utilise dans ce livre le mot «intuition» plutôt que «clairvoyance», alors qu'en fait, les deux s'équivalent.

La plupart des gens prennent conscience de leur intuition quand elle se manifeste sous forme de conscience spontanée et de connaissance instinctive d'une information sans qu'ils sachent de manière rationnelle comment ils le savent. Il s'agit, par exemple, de la conscience soudaine et irréfutable des pensées ou des sentiments d'une autre personne. Votre cœur bat plus vite, et une montée d'adrénaline inattendue envahit votre corps, la première fois que vous rencontrez une personne qui vous attire. La chose remarquable à propos de nos relations avec les autres est que la réceptivité intuitive est toujours présente. Même les gens qui rejettent leurs propres habiletés intuitives perçoivent des informations subtiles, et parfois pas très subtiles, à propos d'eux-mêmes et des gens importants dans leur vie. Pour d'autres, le fait d'être dans une relation, et l'intimité que cela crée, accroît grandement leurs sensibilités spirituelles. Après vingt-cinq ans de voyance, je sais maintenant que tout le monde reçoit intuitivement de l'information sous forme d'énergie et qu'avec un peu d'aide et de pratique, celle-ci peut devenir une source fiable de guidance. Malheureusement, nous ignorons ou rejetons souvent les appels de cette voix intérieure intuitive.

L'intuition en amour

Quand je me suis retrouvée célibataire après de nombreuses années de mariage, mon expertise concernant le lien entre l'intuition et l'amour s'est accrue. Cela faisait plus de dix ans que j'étais voyante professionnelle et j'étais certaine que, pour réussir à attirer et à garder une âme sœur, je pouvais me fier à mes dons intuitifs. J'avais entièrement tort! Malgré mon expérience professionnelle, j'avais de la difficulté à être à l'écoute de mon intuition dans mes propres relations. Je recevais de l'information plus précise pour un étranger assis sur mon canapé que pour mes propres préoccupations. En plus d'être frustrant, cela n'avait aucun sens. Comme l'intuition est une habileté naturelle que nous possédons tous, il me semblait raisonnable que tout le monde, y compris moi, puisse l'utiliser pour créer du bonheur et de la joie dans tous les aspects de la vie.

Il est difficile d'utiliser notre intuition dans nos relations parce que les relations sont très subjectives — et les émotions, les attentes, les schémas du passé et la douleur émotionnelle peuvent nous empêcher d'accéder à des instructions utiles et précises. Cette interférence ressemble aux parasites sur une ligne téléphonique défectueuse. J'étais déterminée à trouver une façon de franchir ces obstacles et à utiliser ce don naturel dans cet aspect très important de ma vie. J'ai consacré beaucoup de temps à acquérir de nouvelles techniques et à les essayer sur moi-même et sur mes clients. Ce faisant, j'ai découvert qu'en combinant le développement fondamental de l'intuition à l'énergie de l'amour absolu, et qu'en apprenant à contenir le pouvoir qui se cache derrière les émotions, je pouvais ouvrir en moi un canal pour recevoir intuitivement de l'information au sujet des relations.

Développer délibérément notre intuition concernant les relations n'est pas seulement une question de recueillir de l'information et d'observer des faits. C'est beaucoup plus profond. L'intuition concentrée sur l'amour permet d'entrer en lien avec les forces puissantes de l'âme, là où la transformation, la guérison et la joie profonde résident.

L'intuition en amour n'a pas de limites

Vous constaterez qu'en développant votre intuition en amour, vous jouissez d'un processus qui vous permet d'explorer vos préoccupations et vos problèmes relationnels. Vous trouverez dans ce livre les réponses à de nombreuses questions pressantes comme : comment puis-je attirer mon âme sœur ? Comment puis-je retrouver des sentiments positifs et de la passion dans

ma relation actuelle? Comment puis-je lâcher prise à
une relation malsaine?

Il n'y a pas de réponse unique, mais avec une
profonde introspection, nous allons trouver les réponses
qui s'appliquent à vous.

De plus, en ouvrant la porte de votre habileté intuitive innée, vous profiterez de nombreux avantages inattendus. En alignant votre intuition sur le pouvoir de
l'amour, vous pouvez changer votre vie de mystérieuses
manières Vous pourriez, par exemple, découvrir que
pouvez cheminer plus rapidement et résoudre les problèmes de communication et les malentendus. Vous
pouvez éliminer plus facilement ce sentiment de deuil
et de désespoir qui accompagne la fin d'une relation et
voir une douce lueur d'espoir. Vous pourriez, à votre
grande surprise, recevoir un appel téléphonique conci-
liant de la part de votre ancien partenaire. Les sentiments de solitude s'estomperont, et votre cœur débordera
d'amour. Une âme sœur pourrait apparaître dans votre
vie après des années d'échecs amoureux. Vous pourriez
sentir clairement la présence d'un être cher décédé.
Vous ressentirez intérieurement l'assurance troublante
qu'il existe une force sage et aimante qui vous guide. La
culpabilité et la colère feront place au pardon et à
la compassion. En connaissant une intimité accrue et le
genre de connexion profonde que vous avez toujours
voulu créer avec votre partenaire, vous deviendrez une
force de guérison pour les autres. L'intuition en amour
fait de nous des êtres entiers et nourrit nos vies d'une
multitude de façons.

Le processus

Dans mon premier livre *Discover Your Psychic Type : Developing and Using Your Naturel Intuition,* je souligne l'une des découvertes les plus importantes que j'aie faites durant ma carrière de voyante. Tout comme chaque individu possède des talents et des traits uniques, l'intuition s'exprime également de manière unique dans chacune de nos vies. J'ai découvert que, en grande partie, l'intuition s'exprime de manière naturelle dans notre vie de quatre manières différentes — et mon livre *Discover Your Psychic Type* offre de nombreuses suggestions sur la façon de comprendre et de développer ces habiletés uniques. Il a été prouvé qu'il constitue une source efficace pour développer votre intuition et apprendre à vous comprendre.

Dans le présent livre, j'utilise quatre types intuitifs dans le domaine de l'amour et des relations. Vous découvrirez votre type intuitif inné en amour et les traits relationnels uniques de chaque type. Votre type intuitif vous donne de l'information sur vous-même et le monde qui vous entoure, mais il offre également une vision de la façon dont vous aimez, de la façon dont ceux avec qui vous êtes en relation vous aiment, ainsi que vos forces et faiblesses en matière de relation amoureuse.

La première partie commence par un questionnaire visant à déterminer votre type intuitif en amour. Vous découvrirez comment il influence vos choix, vos décisions et votre comportement en amour et dans vos relations. Cette partie offre un processus fondamental en neuf étapes qui vous permettra de développer votre intuition dans le domaine spécifique de l'amour et des relations.

La deuxième partie vous indique comment utiliser avec succès votre intuition en amour, dans vos relations. Les relations servent de leçons en amour. Elles font ressortir des parties de vous qui ont besoin de guérir, de croître et de connaître la joie. Je vous offre de nouvelles façons, plus approfondies, de regarder vos relations et d'attirer encore mieux le bon partenaire, d'interagir avec lui et de créer une relation durable. La reconnaissance entière et l'expression de votre Moi le plus aimant constituent la véritable guérison. Il s'agit du passage de l'amour relationnel à un amour absolu et pleinement intégré au tréfonds de votre être dans vos relations et dans votre vie. Le besoin de guérir ne concerne pas seulement la douleur ou le traumatisme physique. Il peut s'agir d'une souffrance subtile qui résulte du fait de vivre dans notre monde. Vous ne pouvez pas ne pas être affectés par les peurs, les croyances négatives et les jugements du quotidien. Vous êtes né dans un monde qui continue d'apprendre ce qu'est l'amour. La guérison vise à atteindre votre plein potentiel sans contraintes. Cette partie explore ce genre de guérison.

Dans la troisième partie, nous allons examiner comment l'intuition en amour peut créer en vous une vibration et un magnétisme sensuels. Il existe de nombreuses facettes à l'intuition qui peuvent vous ouvrir à de nouveaux mondes et à de nouvelles expériences. En utilisant l'approche étape par étape, cette section vous indique comment utiliser votre intuition pour attirer l'âme sœur, accroître votre intimité et rehausser votre sensualité. En développant votre type d'intuition en amour sur le plan énergétique, vous attirez le genre de relations qui vous satisfait vraiment.

L'Univers déborde d'amour : à nous de nous l'approprier. Dans la quatrième partie, vous apprendrez à prendre conscience de l'amour et de la guidance qui sont toujours à votre disposition. Avec l'intuition délibérée, vous augmenterez votre habileté à communiquer et à participer avec vos anges et vos guides spirituels, ainsi qu'avec vos proches décédés. En vous alignant sur vos puissants alliés spirituels, vous donnerez la chance à un amour remarquable d'entrer dans votre vie.

Comment utiliser ce livre

Note : Les noms et les détails descriptifs des gens mentionnés dans ce livre ont été changés afin de préserver leur confidentialité.

Vous ne pouvez rien apprendre à propos de l'amour et de l'intuition en lisant simplement sur le sujet. Vous devez en faire l'expérience. Voilà pourquoi j'ai inclus des exercices faciles et des méditations pour tous les niveaux d'habileté intuitive. Chaque individu, qu'il s'agisse du novice en matière d'intuition ou du voyant chevronné, se verra habilité et encouragé à mener son potentiel intuitif à un niveau de compétence supérieur.

Même si vous doutez de vos habiletés intuitives, vous découvrirez vite le potentiel intuitif inné qui sommeille en vous.

Prenez votre temps pour assimiler chaque chapitre. Faites les exercices. Vous n'êtes pas obligé de maîtriser chaque étape avant de passer à la suivante. Certaines habiletés ou compréhensions peuvent être acquises rapidement, d'autres non.

Au cours de mes nombreuses années d'expérience en tant que voyante et conseillère professionnelle, j'ai croisé des célibataires solitaires et des couples malheureux. J'ai aussi observé des clients et des amis qui utilisaient leur intuition en amour pour attirer des partenaires aimants, semer de la passion dans leurs relations et devenir tendrement satisfaits d'eux-mêmes.

Que vous désiriez attirer l'âme sœur, guérir et revitaliser votre relation actuelle, explorer l'intuition en amour ou comprendre l'amour et les relations à travers la vision d'une voyante, j'espère que ces pages vous éclaireront et vous inspireront.

PREMIÈRE PARTIE

*Les neuf étapes
pour maîtriser
l'intuition en amour*

1

ÉTAPE 1 : ACCEPTEZ VOTRE INTUITION NATURELLE

Aussi loin que je me le rappelle, ma conscience intuitive a été accompagnée de sentiments d'amour et de connexion. Même quand la source de qui ou de ce qui m'aimait m'était cachée et inconnue, j'éprouvais du confort et de la chaleur quand je communiquais avec elle. Ce n'est pas tout le monde qui éprouve cette sensation. Pour beaucoup de gens, les phénomènes liés au sixième sens et à leur propre intuition leur paraissent étranges et abstraits. La pensée que nous sommes tous liés de manière invisible est difficile à accepter. Et pourtant, nous sommes toujours en relation.

Nous définissons notre monde, et le monde nous définit. L'interaction est constante. Les étoiles, qui parsèment le ciel, la nuit, cèdent à l'aube. L'aube cède au jour, qui renonce ensuite à sa lumière au profit de la noirceur. Nous sommes en sécurité dans ce rythme continu et nous vivons, sans le savoir, en relation avec tous les êtres vivants. Même si nous semblons être éparpillés, séparés et souvent opposés, notre envie d'amour et de connexion nous attire vers la vérité de notre propre unité originelle. C'est à travers le désir d'aimer et d'être aimés que nous sommes capables de briser notre sentiment de solitude et de prendre conscience de notre interconnexion.

L'amour renforce l'intuition

Votre connexion avec tout ce qui compose la vie s'exprime souvent à travers votre conscience intuitive spontanée. Même si elle est parfois silencieuse et à peine perceptible, votre intuition est toujours présente et essaie de vous guider vers le bonheur et l'accomplissement dans vos relations. Nous réprimons ou ignorons souvent cette voix intuitive résolue pour ensuite prendre conscience qu'elle avait raison et méritait qu'on s'y fie.

Vous pourriez, par exemple, nier ce sentiment subtil, mais persistant qui vous dit que, malgré votre attirance envers une certaine personne, la relation pourrait être problématique. Ou vous pourriez ignorer le sentiment que vous *savez* comment guérir une relation rompue. L'intuition s'exprime souvent à travers des sentiments surprenants, une douleur ou un cœur frémissant. Avez-vous déjà éprouvé le puissant sentiment de connaître quelqu'un que vous venez de rencontrer ou de ressentir une douleur déroutante à l'estomac ? Ce sont des messages intuitifs. Écoutez-les. Même quand il n'y a aucune raison apparente pour votre attirance envers une autre personne, vous pourriez plus tard découvrir que cette personne vous procure des bénéfices inattendus et vous apporte une nouvelle perspective positive dans votre vie.

Parfois, un message intuitif nous frappe et nous y prêtons attention. Cela m'est arrivé il y a des années, lorsque j'ai quitté la Nouvelle-Angleterre pour déménager en Californie du Nord. Le jour de mon arrivée, après un long trajet épuisant, j'ai remarqué un jeune homme qui pénétrait dans la maison voisine de ma nouvelle demeure. Dans un éclair de surprise, je me suis dit : « Oh ! c'est donc à cela qu'il ressemble. » J'ai aussitôt su intérieurement et de manière irréfutable que cet étranger allait devenir une personne importante dans ma vie. Et j'avais raison. J'ai fini par l'épouser.

Activer votre intuition

L'amour en soi semble activer l'intuition. L'intuition est le partage profond et muet entre deux âmes, et ce n'est pas une coïncidence si votre intuition semble plus forte quand vous commencez une relation. L'intimité et les sentiments amoureux, ainsi que l'affection entre deux individus intensifient la communication intuitive et non dite. Même si vous ne reconnaissez pas le puissant lien intuitif qui vous unit à l'autre, vous percevez continuellement et spontanément des messages. Vous pourriez, par exemple, éprouver des sentiments inattendus de tristesse, de joie, d'anxiété ou de stress et vous demander d'où ces émotions proviennent. Vous présumez que ce sont vos propres sentiments, alors que ce n'est pas toujours le cas. Avez-vous déjà eu soudainement conscience de quelque chose à propos d'un être cher qui n'est pas à vos côtés ? Vous vous êtes peut-être dit que ce n'était qu'un rêve ou votre imagination alors qu'en fait, cet être cher communiquait avec vous par le truchement de vos pensées et de vos sentiments.

Des réponses obtenues
dans des occasions fortuites

L'intuition ne nous envoie pas seulement des messages. Elle peut aussi nous entraîner dans ce qui semble être une circonstance ou une situation fortuite, où nous découvrons des réponses à nos questions et à nos préoccupations. Cela peut prendre la forme d'une rencontre fortuite ou d'un événement qui nous semble frustrant. Quand nous avons épuisé toutes les possibilités, il arrive souvent qu'une chose qui semble contraire à la logique surgisse de manière inattendue dans notre vie.

Darien
La première fois que Darien est venu me voir, c'était à la suite de la recommandation de sa sœur. Même s'il était timide au début, il m'a décrit avec enthousiasme, vers la fin de la séance, comment il avait rencontré sa nouvelle épouse. Il m'a raconté qu'il avait longtemps cherché la femme de ses rêves. Il participait à des activités pour célibataires et était un membre actif d'un site

de rencontres sur Internet. Même s'il avait rencontré beaucoup de femmes, aucune n'avait réussi à toucher son cœur.

Un jour, en allant au travail, il s'est arrêté à un feu de circulation. Soudain, une voiture compacte a embouti l'arrière de sa nouvelle berline, et sa tête a été violemment projetée en arrière. Il s'est garé sur le côté de la rue. En plus d'éprouver des douleurs à la tête, il était ennuyé parce qu'il allait être en retard à une réunion importante. Son agacement a fait place à de la frustration, quand il a vu que la voiture compacte était allée se garer dans un stationnement situé à un pâté de maisons plus loin. Darien est remonté à bord de son automobile pour se rendre dans le stationnement. Il est sorti et est allé cogner à la vitre de la personne qui l'avait embouti. Une petite femme aux cheveux foncés a ouvert sa portière et est sortie. Il l'a regardé dans les yeux et a presque oublié les dommages qu'elle avait causés à sa voiture neuve. Il m'a raconté qu'il a su, avec une conviction qu'il n'avait jamais ressentie, que cela n'était pas arrivé par hasard. Durant ces quelques secondes, il a senti que cette femme pourrait être celle qu'il avait cherchée toute sa vie.

Les différentes façons dont l'intuition agit

Beaucoup de connexions soudaines et intuitives se produisent par télépathie, qui est l'habileté à connaître les pensées d'une autre personne. La communication télépathique peut se produire de manière non intentionnelle ou délibérément entre deux individus ou au sein d'un groupe de gens qui savent comment envoyer et recevoir des messages. Souvent, la télépathie et la clairaudience, c'est-à-dire l'habileté à entendre intérieurement l'information intuitive, se produisent en même temps.

Anthony
Anthony, un conducteur de matériel lourd, s'est toujours fié à son intuition. Sa croyance a été récemment confirmée lors d'une expérience intuitive inattendue qu'il a connue en se rendant au travail, un matin où le trafic était intense. En roulant sur une section d'autoroute qui lui était familière, il s'est mis à penser à sa femme qu'il venait de quitter alors qu'elle dormait encore. Il avait beau essayer de chasser cette pensée, il éprouvait une sorte d'anticipation heureuse à son sujet. Il ne cessait d'entendre cette voix qui lui disait de retourner à la maison. Le message était tellement insistant qu'il a fait demi-tour. En arrivant, il s'est précipité dans la maison et a appelé sa femme. Il a entendu une faible réponse provenant de la salle de bains. Il a ouvert rapidement la porte et l'a aperçue, les larmes aux yeux, assise à côté du lavabo et tenant un bâtonnet blanc en plastique dans sa main. Elle l'a regardé tendrement en lui disant que le test était positif. Après des mois de tentatives, elle était enfin enceinte.

La voyance intuitive
et les sensations physiques

Les connexions intuitives peuvent souvent être senties dans le corps. On appelle «clairsentience» l'expérience de sensations intuitives spontanées dans le corps. Cela peut prendre la forme d'un serrement d'estomac, d'un pressentiment, d'un frémissement du cœur ou d'un picotement sur la peau ou sur le crâne. Cela se produit souvent quand vous rencontrez quelqu'un pour la première fois. Il pourrait alors s'agir de votre savoir intérieur qui vous envoie un message de compatibilité et de connexion avec l'autre ou qui vous avertit d'être sur vos gardes.

Claire

Mon amie Claire aime raconter comment elle a rencontré Kent, l'homme qu'elle a épousé, il y a de nombreuses années. Peu de temps après avoir obtenu son diplôme universitaire, Claire a poursuivi sa carrière en droit. Elle avait toujours voulu être avocate au bureau du procureur général et elle se dédiait entièrement à sa carrière et aux longues heures de travail que cela nécessitait. Avant d'aller travailler, un matin, elle s'est rendue très tôt au gymnase pour s'entraîner dans un cours de vélo en salle. Elle a senti son cœur s'arrêter quand un homme s'est installé sur le vélo voisin du sien. Il était d'une beauté ordinaire, pas du tout son genre, et elle n'était pas à la recherche de l'amour. Elle travaillait fort et interpréta sa sensation au cœur comme du surentraînement. Quelques jours plus tard, elle était de retour au gymnase, dans le même cours, avec le même homme assis près d'elle. Cette fois-ci, elle a senti des papillons dans son estomac, et quand il est venu près d'elle boire de l'eau à la fontaine, après le cours, elle a senti un frisson remonter sa colonne vertébrale.

Ces sensations physiques ont d'abord éveillé sa curiosité, étant donné qu'elle n'avait aucune attirance pour cet homme et qu'elle n'avait pas envie de fréquenter quelqu'un. Cependant, au cours des semaines suivantes, le même scénario s'est répété : il s'assoyait près d'elle et ils bavardaient après le cours. Au fil de leurs conversations, elle a découvert qu'ils avaient des intérêts communs et qu'il était lui aussi avocat. Un matin, il lui a demandé avec nervosité si elle voulait aller faire de la randonnée pédestre la fin de semaine suivante, et elle a accepté. Ils ont eu du bon temps et se sont donné rendez-vous pour une autre sortie plus tard dans la semaine. Ils ont encore une fois passé un bon moment et même si elle n'était toujours pas «prête» à fréquenter quelqu'un, son corps lui lançait un tout autre message. Après le dîner, au moment où il s'est approché d'elle pour lui dire au revoir, elle a senti une autre sensation dans sa colonne vertébrale. Elle lui a rendu passionnément son baiser et, comme elle le dit si bien, «le reste appartient à l'histoire».

Les sentiments intuitifs

Alors que certaines personnes comme Claire reçoivent l'énergie intuitive dans leur corps, d'autres absorbent inconsciemment les émotions et les sentiments des autres. Cela s'appelle l'«empathie», et c'est sans doute la forme de conscience intuitive spontanée la plus commune des relations. L'empathie est l'habileté à recevoir et à capter l'état émotif d'une personne ou d'un groupe. Il arrive très souvent que les gens ne soient pas conscients de leur capacité intuitive à ressentir les émotions des autres. Comme cela arrive si souvent et si naturellement, il est facile de prendre ces sentiments intuitifs pour les siens et de les laisser nous troubler et nous envahir. L'empathie est si commune entre les gens que nous n'en sommes souvent pas conscients ou que cela ne nous paraît pas inhabituel. L'empathie encourage la communication et l'intimité entre les gens. Quand nous ressentons ce que les autres ressentent, nous sommes plus susceptibles de comprendre et d'exprimer de la compassion envers eux. Cependant, le fait d'être trop empathiques peut nous empêcher de saisir des messages intuitifs importants. Il faut du temps et de l'entraînement pour trouver le bon équilibre entre capter l'énergie émotionnelle dans une relation et être capable d'être objectif et de voir clairement la situation.

Jalen

Jalen était obsédée par le pressentiment intuitif que son partenaire, Zach, s'intéressait à une autre femme. Elle avait senti, un ou deux mois plus tôt, que ses sentiments envers elle avaient changé et que, plus les jours passaient, plus il semblait devenir émotionnellement distant. Quand Jalen a exprimé à Zach ce qu'elle ressentait intuitivement, il lui a dit qu'elle était ridicule. Il a prétendu qu'il l'aimait énormément et qu'aucune autre femme ne l'intéressait. Comme il avait semblé déconcerté à l'idée qu'elle puisse penser qu'il voyait une autre femme et parce qu'elle avait l'impression de le blesser en le questionnant, Jalen s'est mise à douter de ses sentiments intuitifs. Elle les a donc ignorés. Quelques semaines plus tard, Zach lui a annoncé qu'il la quittait pour une autre femme qu'il fréquentait en secret depuis des mois.

Si elle s'était fiée à son intuition, cela ne l'aurait pas empêchée d'être blessée ou de sauver sa relation, mais cela l'aurait aidée à être à l'écoute des messages qui auraient pu la soutenir et la guider durant cette période difficile.

La réceptivité spirituelle

Nous recevons également des conseils, de l'aide et du soutien du monde de l'Au-delà. Cela se produit plutôt naturellement dans le quotidien, sans que vous le sachiez, certaines des idées qui semblent surgir en vous par hasard, de vos perceptions et de vos rencontres fortuites proviennent des anges, des guides et de vos êtres chers décédés. Pendant que vous faites l'expérience de qui vous êtes en tant qu'être humain, ils vous connaissent en tant qu'esprit et âme. Ils communiquent avec vous par l'entremise des rêves, de la prière, de la méditation, du monde naturel et des synchronicités dans le quotidien. Malgré les frontières physiques qui semblent nous séparer, nous sommes en constante communication avec tout ce qui compose la vie.

Au-delà de la logique

À mesure que vous augmenterez votre réceptivité intuitive, vous constaterez peut-être que l'intuition vous entraîne parfois dans une direction qui peut être surprenante ou contraire aux plans et désirs de votre ego. L'ego est cette partie de nous qui se sent séparée du grand tout. Il perçoit souvent l'amour comme un sentiment distant et inaccessible. L'intuition, au contraire, est toujours fermement enracinée dans l'interconnectivité de tout ce qui compose la vie. Elle n'est pas sous l'emprise des limites, des conditions et des jugements préconçus et elle peut contourner ce que vous croyez être possible. Quand vous êtes à l'écoute de votre intuition et suivez ce qu'elle vous dicte de faire, vous pourriez être surpris et mystifié par ce qui se produit dans vos relations.

Chase
J'ai fait la connaissance de Chase quand il est venu me voir sur l'insistance de sa femme, Fiona, qui m'avait récemment consultée pour une lecture. Ils s'étaient rencontrés dans le Midwest des États-Unis, au moment où

Chase était venu rendre visite à son frère. Sa belle-sœur et Fiona étaient des grandes amies, et quand Chase s'est littéralement cogné contre elle lors d'une rencontre familiale, ils ont vu des étincelles. Ils ont décidé d'essayer d'entretenir une relation, mais comme il avait un horaire de travail irrégulier, c'est Fiona qui devait se déplacer du Midwest jusqu'à la côte Est, où Chase habitait. Quand, un an plus tard, Chase a demandé à Fiona de l'épouser, elle a quitté son emploi et a emménagé chez lui.

Environ un an plus tard, la famille de Fiona a décidé qu'ils feraient tous ensemble un voyage en Europe. Depuis son mariage, Fiona n'avait pas souvent vu sa famille, elle était donc excitée à propos de ce voyage. Chase a réfléchi durant quelques jours à propos du voyage et a dit à Fiona que, même si c'était une idée formidable, ce n'était pas un bon moment pour lui de prendre congé du travail. Fiona s'est fâchée. Elle ne comprenait pas pourquoi ce voyage n'était pas important pour lui. Chase s'est senti frustré par ce qu'il croyait être de l'insistance de la part de Fiona pour qu'il l'accompagne en Europe. Après tout, elle serait avec sa famille, et ils auraient beaucoup de choses à faire ensemble. Il est devenu agacé, puis fâché que Fiona ne comprenne pas qu'il avait un horaire chargé. Plus il y pensait, plus cela le contrariait.

En se rendant au travail, quelques jours plus tard, Chase a senti la présence de son père décédé avec lui dans l'automobile. C'était une nouvelle sensation pour lui. Comme la mort de son père remontait à plus de cinq ans, il n'avait jamais ressenti sa présence de manière aussi réelle et tangible qu'à ce moment-là. Il a senti le caractère chaleureux et amical de son père qui lui assurait qu'il allait bien. Il s'est rappelé la personnalité calme et stable de son père. Chase pouvait toujours compter sur son père pour qu'il respecte ses engagements. C'était un homme digne de confiance qui parlait peu.

À mesure que la présence de son père s'estompait, Chase s'est mis à penser à Fiona. Il voulait qu'elle le comprenne et respecte ses besoins. Chase ne pouvait pas comprendre pourquoi sa femme était si exigeante. En repensant à leur dernière conversation, il a senti une douce présence se fondre en lui. Pendant un moment, il n'a pensé à rien et a de nouveau senti la forte présence de son père qui, cette fois-ci, le pressait d'aller en Europe. La fermeté du message l'a surpris, en partie parce que c'était contraire à ce qu'il voulait faire. Il n'aimait pas prendre l'avion ou se retrouver dans les foules. Il avait tellement de raisons de ne pas y aller, mais il n'arrivait pas à chasser le message de son père. Ce soir-là, Fiona a explosé de joie quand Chase est rentré à la maison et lui a annoncé qu'il voulait faire partie de l'aventure familiale en Europe.

Six mois après le voyage, la mère de Fiona est morte subitement. Maintenant, chaque soir, avant d'aller au lit, Chase jette un regard attendri sur la photo encadrée de Fiona, ses parents et lui, devant la tour Eiffel. Sur la photo, Fiona a un bras passé autour des épaules de Chase et l'autre autour de celles de sa mère. Elle n'a jamais eu l'air aussi heureux. La décision que lui avait suggérée son intuition était la bonne.

Les constatations intuitives qui peuvent changer une vie

Une constatation intuitive soudaine peut apporter des changements à long terme dans notre vie. L'intuition agit en dehors des paramètres du temps, de la distance et de la condition. Nous pouvons être aux prises avec un problème pendant une certaine période, puis sans savoir d'où cela vient, une constatation soudaine nous permet de prendre conscience de la situation.

Jeff

Jeff avait toujours été considéré par la plupart de nos amis communs comme un bel homme dynamique qui avait de la difficulté à s'engager dans une relation. Il n'avait aucun mal à attirer les femmes et à les fréquenter, mais ses relations ne duraient jamais longtemps. Même s'il prétendait vouloir s'engager dans une relation à long terme et peut-être même un mariage, Jeff semblait être incapable de trouver la bonne personne. Il butinait d'une femme à l'autre, sans être jamais satisfait ou heureux. Jeff disait que son propre comportement le déconcertait. Il pensait probablement avoir des problèmes avec l'engagement, mais il ne savait pas comment changer.

Un matin, pendant qu'il prenait sa douche après une partie de racquetball exténuante, il a eu la vision soudaine et profonde que son but dans la vie était d'apprendre à s'engager en amour et à se dévouer pour une autre personne. Jeff a pris conscience qu'il recherchait la bonne personne susceptible de le satisfaire, alors que, comme il en avait maintenant la certitude, il devait plutôt s'abandonner et aimer quelqu'un de manière désintéressée. Cela semblait simple, et pourtant, il en a été profondément troublé. Il savait hors de tout doute que c'était la vérité.

Il n'a eu aucune difficulté à changer son comportement après cette prise de conscience. Au lieu d'essayer d'impressionner et de charmer les femmes, il a commencé à se révéler plus en profondeur et à prêter une oreille plus attentive aux autres. Moins d'un an plus tard, il a rencontré Jamie, l'amie d'un collègue de travail. Elle était douce et gentille. Il a senti son cœur s'ouvrir en la voyant et a éprouvé une chaleur en sa présence dont il ne voulait jamais plus se passer.

Exercice

L'intuition est tellement interreliée à nos relations que nous en sommes rarement conscients. Et pourtant, nous disposons tous d'un système de soutien invisible qui nous observe, nous guide et nous dirige vers notre plus grand bien, même si nous ne nous en rendons pas compte. Plus vous prendrez conscience de votre intuition, plus vous constaterez qu'elle joue un rôle utile et important dans votre vie.

Votre journal intuitif

Votre première étape pour développer délibérément votre intuition dans vos relations est de prendre conscience de sa présence constante et de son caractère inné. Tenir un *journal intuitif* est une bonne façon de prendre conscience des moments où votre intuition interagit, ainsi que de vos forces, faiblesses et progrès généraux en ce qui concerne le développement de votre intuition. Vous trouverez dans le présent livre des exercices, des méditations et des visualisations qui nécessitent que vous notiez vos observations et vos expériences. Dans votre journal, vous pouvez également noter les pressentiments, les serrements d'estomac, les synchronicités, les rêves, les pensées ou sensations spontanées et les sentiments qui vous habitent. Même s'ils paraissent insensés, illogiques ou frivoles, notez-les tout de même.

Vous pouvez commencer votre journal intuitif en décrivant les fois où votre intuition s'est manifestée spontanément. Parfois, ce n'est qu'après un certain temps que nous sommes capables de voir et de comprendre que notre intuition était à l'œuvre. Souvent, ce qui semble être une erreur, une chance ou une occasion ratée correspond vraiment à la présence d'un savoir intérieur profond qui vous dirige dans la bonne direction. Réfléchissez aux fois où votre intuition vous a guidé. Ce simple exercice permettra de créer un pont entre votre conscience et votre intuition souvent cachée.

2

ÉTAPE 2 : DÉCOUVREZ VOTRE TYPE INTUITIF EN AMOUR

En prêtant davantage attention aux moments où vous prenez conscience de votre intuition, vous découvrirez vite que celle-ci est tout aussi unique que vous. La deuxième étape, pour développer votre intuition en amour, consiste à découvrir votre type intuitif inné dans le domaine de l'amour et des relations.

Même quand vous n'en êtes pas conscient, votre intuition absorbe silencieusement de l'information énergétique par l'entremise de vos pensées, vos émotions, votre corps ou votre champ énergétique. Vous êtes-vous déjà senti envahi par une vague d'émotions en vous demandant si ces sentiments venaient de votre partenaire ou avez-vous soudainement deviné les pensées d'une autre personne sans savoir comment ? Avez-vous déjà éprouvé de l'anxiété, de la tension ou du stress sans raison apparente pour plus tard découvrir que votre partenaire connaissait simultanément une expérience particulièrement stressante ? Vous avez peut-être déjà rêvé que vous rencontriez votre âme sœur, puis vous avez rencontré une personne qui ressemblait étrangement à celle que vous aviez vue en rêve.

Ce ne sont que des façons dont nous captons intuitivement de l'information. La réceptivité intuitive est tellement commune dans les relations que vous ne vous en rendez même pas compte. À force de vous familiariser avec cette façon particulière de recevoir naturellement de l'information intuitive, vous pourrez mieux utiliser ces moments d'intuition spontanés et en apparence fortuits, pour vous guider en toute confiance dans vos relations.

Votre type intuitif

Il existe quatre types intuitifs de base : mental, émotionnel, physique et spirituel. Chacun décrit la façon innée dont les gens absorbent et reçoivent naturellement l'énergie intuitive. L'amour est une énergie puissante, et votre type intuitif en amour vous indiquera la façon dont vous aimez et dont les autres vous aiment.

Le fait de comprendre votre prédisposition naturelle vous permettra de développer délibérément votre intuition avec plus de facilité et d'assurance. Vous découvrirez également sur quel plan énergétique (mental, émotionnel, physique ou spirituel) votre intuition s'exprime et comment vous exprimez votre amour.

Pour déterminer votre type intuitif en amour, prenez une feuille et indiquez vos réponses aux questions suivantes, puis déterminez votre profil en vous basant sur les instructions fournies à la fin du questionnaire. Vous aurez sûrement le sentiment que toutes les réponses s'appliquent à vous, alors choisissez celle qui correspond à votre *plus forte* tendance. Vous trouverez dans mon premier livre *Discover Your Psychic Type** un questionnaire plus exhaustif. Vous pouvez combiner les deux questionnaires, pour peaufiner votre intuition de manière à atteindre des niveaux de perception impressionnants.

1. Je suis plus à l'aise avec les personnes qui :
    a. partagent leurs idées ;
    b. partagent leurs sentiments ;
    c. participent à des activités ;
    d. visent la croissance spirituelle.

2. Quand une relation prend fin, je suis plus susceptible de :
    a. chercher à comprendre ce qui s'est produit et pourquoi ;
    b. pleurer et chercher le soutien de mes amis et de ma famille ;
    c. me tenir occupé, au travail et dans des loisirs ;
    d. méditer sur les leçons et le but de cette relation.

---

* En anglais seulement.

3. J'exprime le plus souvent mon amour :
    a. en comprenant les autres;
    b. en sentant ce que les autres ressentent;
    c. en rendant service aux autres;
    d. en offrant de l'inspiration et de l'énergie positive.

4. Quand je sens que mon partenaire s'éloigne :
    a. je partage mes impressions et j'essaie de discuter de ce que je sens à ce sujet;
    b. je dis à mon partenaire que je l'aime et j'essaie d'obtenir son amour de diverses façons;
    c. j'exprime davantage ma sensualité et ma sexualité;
    d. je ne dis rien, je médite et je cherche conseil dans mes rêves.

5. Je suis plus susceptible de rechercher l'aide des anges et des guides spirituels quand :
    a. j'ai besoin d'une solution à un problème;
    b. j'ai besoin de me sentir aimé;
    c. je suis plus à l'aise avec les fées et les esprits de la nature;
    d. je veux de la compagnie.

6. Je sais qu'une relation est terminée quand :
    a. nous ne partageons plus les mêmes idées et objectifs ou nous ne voyons plus les choses de la même manière;
    b. je ne ressens plus d'amour;

   c. je ne suis plus attiré physiquement ;

   d. j'ai appris ce que j'avais à apprendre dans cette relation.

7. Sans savoir comment, j'ai souvent l'impression de connaître :

   a. les pensées des autres ;

   b. les émotions des autres ;

   c. l'état de santé des autres ;

   d. les rêves et les aspirations des autres.

8. Voici ma description d'un rendez-vous amoureux idéal :

   a. nous aurions une longue et intéressante discussion au clair de lune ;

   b. mon cœur serait envahi d'une douce passion ;

   c. nous serions près l'un de l'autre, nous nous tiendrions par la main, nous nous blottirions l'un contre l'autre ou nous nous étreindrions chaudement ;

   d. j'aurais l'impression d'être en présence de l'âme sœur et d'être lié à elle sur le plan énergétique.

9. Sans qu'on me dise quoi que ce soit, j'ai l'impression de comprendre ce qui se passe dans une relation :

   a. en devinant intuitivement les pensées de mon partenaire ;

   b. en sentant l'énergie émotionnelle qu'il dégage ;

c. en sentant dans mon corps, surtout dans mes tripes, les tensions ou le stress;

d. je sais simplement, sans savoir comment, que je dois me fier à mes impressions et à mon savoir intérieur.

10. Quand je ne suis pas dans une relation amoureuse, ce qui me manque le plus, c'est :
   a. la synergie des pensées et des idées communes et la compréhension mutuelle;
   b. le fait d'avoir le cœur ouvert et empli d'amour, et de partager des sentiments profonds;
   c. d'être près de mon partenaire et de me détendre en partageant avec lui des activités et des plaisirs sensuels et sexuels;
   d. de ne pas réaliser le but de mon âme qui consiste à aimer profondément et à évoluer avec mon partenaire.

11. Je deviens impatient dans une relation amoureuse quand :
   a. je ne suis pas stimulé sur le plan intellectuel;
   b. l'intensité émotionnelle s'estompe;
   c. l'intimité physique ne m'excite plus;
   d. j'ai le sentiment d'avoir accompli ce que j'avais à accomplir dans cette relation.

12. Je ressens instantanément des affinités avec une personne qui :
    a. ouvre mon esprit et stimule en moi de nouvelles idées ;
    b. ouvre mon cœur ;
    c. transmet des picotements et des frissons dans mon corps ;
    d. m'inspire.

13. Quand je ne me sens pas aimé :
    a. j'essaie de comprendre pourquoi ;
    b. je ressens toutes sortes d'émotions comme de la tristesse et de la solitude ou de la frustration, ou de l'espoir et de l'optimisme ;
    c. je me sens tendu et épuisé ;
    d. je me sens déconnecté et détaché de mon corps.

14. Quand je suis amoureux, je peux facilement capter :
    a. les pensées de mon partenaire ;
    b. les émotions de mon partenaire ;
    c. l'état de santé et le bien-être de mon partenaire ;
    d. l'énergie spirituelle de mon partenaire.

15. Quand mes proches éprouvent des difficultés :
    a. j'écoute et j'offre des idées et des suggestions perspicaces ;
    b. je ressens ce qu'ils ressentent et je les encourage à exprimer leurs émotions ;

    c. je leur tiens la main, je leur prépare des repas et je fais leurs courses ;

    d. je prie pour eux, je leur envoie de l'énergie et j'interprète le message sous-jacent à leurs difficultés.

16. Je suis conscient de la présence d'êtres chers décédés quand :

    a. j'ai une nouvelle idée ou une inspiration salutaire ;

    b. je me sens réconforté et protégé ;

    c. je sens une odeur de parfum ou de cigare ou quand mon corps ressent des picotements chaleureux ;

    d. je les vois.

17. Le plus important pour moi est que mon partenaire :

    a. m'accepte ;

    b. partage passionnément ses sentiments avec moi ;

    c. m'aide ;

    d. suive le même cheminement spirituel que moi.

18. J'aimerais croire que la vie conspire merveilleusement à :

    a. m'enseigner comment aimer pleinement une autre personne ;

    b. satisfaire mon désir d'être en relation avec mon âme sœur ;

   c. m'aider à créer la meilleure vie et les meilleures relations possible

   d. me révéler mon but en amour.

19. Un de mes désirs secrets est :

   a. de saisir et de connaître les pensées des autres et de prédire l'avenir ;

   b. de guérir les autres avec le pouvoir de mon amour ;

   c. de transmettre la guérison aux autres par le toucher ;

   d. d'être un médium et un voyant et de transmettre des messages d'amour et de soutien qui proviennent du monde spirituel.

20. Je me sens le plus près des autres quand :

   a. nous partageons nos pensées ;

   b. nous partageons nos émotions ;

   c. nous pratiquons ensemble des activités qui nous plaisent ;

   d. nous partageons les mêmes idéaux spirituels.

21. La plus grande expression de l'amour est :

   a. la compréhension de l'être ;

   b. la compassion sincère, le pardon et l'amour inconditionnel ;

   c. les sentiments de ne faire qu'un avec tout ce qui compose la vie ;

    d. les sensations d'une énergie apaisante qui nous soulève au-delà du monde trivial pour nous transporter dans la félicité.

22. Dans la relation amoureuse absolue :
    a. la vérité de l'amour et de la vie me sera révélée ;
    b. mon cœur s'ouvrira et se transformera en un amour encore plus grand ;
    c. je vais me fondre dans l'autre et former une union complète ;
    d. je vais dépasser les limites du monde physique et atteindre la transcendance mystique.

Compilez vos résultats. Si la lettre dominante est :
    a. vous êtes un intuitif de type mental ;
    b. vous êtes un intuitif de type émotionnel ;
    c. vous êtes un intuitif de type physique ;
    d. vous êtes un intuitif de type spirituel.

La plupart des gens sont une combinaison des différents types. Soyez conscient de votre type prédominant en amour ainsi que du ou des types qui vous ressemblent le moins.

Exercice

Voici un exercice d'écriture spontanée qui vous aidera à explorer encore davantage votre type intuitif. Vous n'avez qu'à écrire durant un moment, sans vous arrêter, sans vous interroger ou censurer ce que vous notez. Cet exercice vous invite à plonger dans votre courant de conscience de manière à ce que votre voix intuitive s'exprime. Même si vous ne savez pas quoi écrire ou si ce que vous écrivez vous paraît insensé, continuez. Une partie plus profonde de vous finira par émerger.

Le courant de conscience
Pensez à une personne avec qui vous êtes ou étiez en relation. Pendant cinq minutes, sans vous arrêter ou lever votre crayon de la feuille de papier, écrivez à propos de cette personne. Notez tout ce qui vous vient à l'esprit ; ne vous censurez pas et ne vous révisez pas. Il n'y a pas de bonnes ou de mauvaises pensées. Vous ne pouvez pas commettre d'erreurs.

Après avoir terminé, fermez les yeux et laissez une image de cette personne se former dans votre esprit. Observez l'image et laissez toute information, pensée, impression, sensation ou tout sentiment surgir en vous. Demeurez dans cet état paisible de réceptivité pendant plusieurs minutes. Puis, ouvrez les yeux et rédigez un autre paragraphe sur cette personne.

Finalement, lisez ce que vous venez d'écrire. Quelles impressions vous sont venues ? Comment avez-vous décrit la personne ? Était-ce une description plutôt physique, émotionnelle, spirituelle ou mentale ? Quelle est votre relation avec cette personne ? Est-ce qu'un puissant lien émotif vous unit ?

Les réactions selon le type intuitif

Une personne intuitive de type *émotionnel* absorbe naturellement les émotions et les sentiments des autres. Elle est naturellement empathique ; elle a tendance à absorber ce que les autres ressentent et est une partenaire aimante et dévouée.

La personne intuitive de type émotionnel écrit habituellement à propos d'une personne qui suscite en elle des sentiments puissants et la décrit souvent en fonction de ses traits émotionnels.

Karen a écrit à propos d'un homme qu'elle fréquente depuis à peine quelques mois. Elle a décrit comment, lors de leur premier rendez-vous, où il régnait un certain malaise, elle a senti une étrange chaleur et douceur monter en elle, tandis qu'ils prenaient un café ensemble. Elle a éprouvé de la tendresse en le regardant simplement dans les yeux, et son cœur s'est ouvert.

Une personne intuitive de type *mental* devine par télépathie les pensées et les idées des autres et est sensible aux systèmes et aux schémas. Avec sa conscience intuitive pénétrante, elle comprend facilement les autres et trouve intuitivement des solutions aux problèmes et aux difficultés. Elle est capable de percevoir l'avenir.

Elle décrit l'intelligence de la personne, leurs idées communes ou énumère des faits à propos de celle-ci.

Jeff a écrit à propos de sa petite amie, Lana. Il a décrit sa récente promotion au travail, leurs buts personnels et professionnels communs et les idées qu'ils partagent sur la plupart des sujets.

Une personne intuitive de type *physique* absorbe surtout dans son corps l'énergie des autres et de son environnement. Elle peut aussi recevoir de l'information en tenant des objets dans ses mains, en regardant des photographies et en tenant les mains ou en caressant une autre personne. Elle absorbe l'information dans son corps et, pour cette raison, ne tient souvent pas compte de son habileté intuitive.

Une personne intuitive de type physique a tendance à décrire les traits physiques d'une autre personne. Il arrive aussi qu'elle décrive une expérience qu'ils ont partagée ensemble.

Roy a décrit sa femme, Clarice, comme étant attirante et d'agréable compagnie. Ils aiment tous les deux l'eau, et il a décrit longuement leurs vacances récentes au Costa Rica où ils ont fait de la plongée libre.

Une personne intuitive de type *spirituel* est sensible à l'énergie. Elle peut recevoir l'information par l'entremise de rêves prémonitoires, de visions et en étant spontanément consciente de la présence des anges ou des êtres chers décédés. Elle peut être une partenaire intéressante et sensible qui est souvent incomprise.

Une personne intuitive de type spirituel a tendance à décrire une personne en des termes plus éthérés. Elle est sensible à l'énergie de cette personne et découvre même de nouvelles informations à son sujet. Julie a écrit

à propos de son partenaire, Eddy. Elle a décrit sa profondeur et le lien qui unissait leurs âmes. Elle a exprimé
que leur lien allait au-delà des mots.

Vous allez sûrement décrire la personne de votre choix
de toutes ces façons. Cependant, essayez d'identifier
qu'elle est votre tendance et prenez en considération vos
premières observations. La plupart des gens possèdent
les caractéristiques de chacun des quatre types, mais
remarquent tout de même un type prédominant.

Des chemins différents,
mais une même destination

Même si chaque type reçoit différemment l'énergie
intuitive, l'information demeure la même. Prenez, par
exemple, l'histoire de Mona et de Duane. Mona voulait
attirer un partenaire affectueux et, pour y parvenir, a
décidé de faire appel à son intuition. Sans le savoir, une
âme sœur allait bientôt croiser sa route. Son nom est
Duane. Mona et Duane ont des amis communs, Lisa et
Ray.

Lisa et Ray ont décidé d'organiser une fête avec des
amis pour célébrer l'achat de leur nouvelle maison. Lisa,
une personne intuitive de type spirituel, est la meilleure
amie de Mona. Elle aimerait aider Mona à trouver un
partenaire affectueux. Lisa a rêvé à Mona une semaine
avant la pendaison de la crémaillère. Mona se trouvait
dans une superbe cathédrale et portait une robe de
mariée blanche pourvue d'une longue traîne. Elle était

debout devant un autel sur lequel il y avait des fleurs et des chandelles. Près d'elle, il y avait un jeune marié aux cheveux foncés. Ray, le mari de Lisa, se tenait à ses côtés. Ray entourait de son bras les épaules du mystérieux marié ; il souriait et chantait. Lisa a noté son rêve dans son journal et a eu l'intuition que Ray avait sans doute quelque chose à voir avec la rencontre de Mona avec son futur époux.

Le lendemain, Lisa a demandé à Ray d'inviter quelques-uns de ses amis à la fête. Ray a donc ajouté des compagnons de golf à la liste. Ce jour-là, au travail, il est passé près du bureau de Duane. Celui-ci venait d'être transféré et ne travaillait pour l'entreprise que depuis quelques semaines. Ray s'est arrêté et lui a posé quelques questions sur ses comptes, tout en prenant un porte-crayons antique qui se trouvait sur son bureau. Ray est un intuitif de type physique et quand il a pris le porte-crayons, il a aussitôt senti un lien chaleureux et positif qui l'unissait à Duane. Il a su qu'ils deviendraient amis et, plus tard, ce soir-là, il a demandé à Lisa de lui envoyer une invitation.

Mona est une personne intuitive de type émotionnel et quand elle a reçu l'invitation à la fête, elle a senti son cœur bondir de joie. Elle ne pouvait pas expliquer pourquoi, mais elle a flotté dans le bonheur toute la journée.

À l'autre bout de la ville, Duane a reçu son invitation et a remarqué que la fête avait lieu le dimanche 22 mai, à 14 h. Il s'est vite rendu compte que, chaque après-midi, il avait tendance à regarder l'horloge à 14 h et avait même commencé à se réveiller à 2 h du matin.

Comme c'est intéressant, s'est-il dit. Le 22 mai était la date d'anniversaire de son père et celui-ci était décédé deux ans plus tôt. Était-ce une coïncidence que le chiffre 2 surgisse sans cesse dans sa vie ? « Sûrement pas », s'est-il dit et il s'est empressé d'accepter l'invitation. Il savait que c'était important qu'il assiste à la fête. Duane est un intuitif de type mental.

Le jour de la pendaison de la crémaillère, Mona est arrivée tôt pour aider Lisa avec les derniers préparatifs. Elle se sentait étrangement positive et optimiste. Duane est également arrivé tôt, pensant qu'il pourrait également donner un coup de main. Quand Duane est entré dans la maison, son regard a aussitôt croisé celui de Mona, durant ce qui lui a paru une éternité. Mona était en train de déposer sur des plateaux en verre des bonbons à la menthe et des fraises.

Même si chaque personne avait ressenti de manière différente ce qui allait se produire, tout a semblé conspirer à réunir ces deux âmes sœurs, Duane et Mona.

En devenant de plus en plus sensible à la façon dont votre intuition s'exprime, vous pourrez développer pleinement votre potentiel intuitif, mais vous découvrirez également qu'il vous procure une manière unique de vous comprendre et de comprendre les autres.

Sept habiletés intuitives

Maintenant que vous êtes plus familier avec la façon dont vous recevez l'information intuitive, vous pouvez la développer encore davantage. Tout comme lorsque vous apprenez une langue étrangère ou un instrument de musique — avec les leçons, la pratique et la détermination —, vous pouvez apprendre à transformer les moments d'inspirations soudaines en une habileté intuitive fiable et efficace. Avec un peu de motivation et d'enthousiasme, vous pouvez maîtriser votre type intuitif inné et l'utiliser à volonté. N'allez surtout pas croire que les habiletés intuitives constituent un don rarissime. Cela ne fera que bloquer votre conscience intuitive inhérente qui vous est aussi naturelle que l'amour.

Voici sept habiletés intuitives à utiliser dans ce livre. Elles peuvent vous aider à gagner confiance en vous et à renforcer votre muscle intuitif.

1. Observez

Observez et écoutez. Prêtez attention à votre voix intérieure, à toute sensation physique, aux pensées tenaces, quoique subtiles, aux sentiments, aux images, aux éclairs de couleur ou de lumière, aux serrements d'estomac ou à toute autre sensation que vous pourriez ressentir. Ne vous attendez pas à ce que votre intuition s'exprime d'une manière particulière. Observez simplement, sans juger.

Essayez ce qui suit. Fermez les yeux et prenez quelques profondes respirations. Puis, répétez à plusieurs reprises : «Je suis l'amour.» Détendez-vous et observez. Dans votre journal, notez les sentiments, les sensations, les impressions et les images qui surgissent. Allez au-delà de vos pensées conscientes et observez les subtilités qui émergent.

2. *Imaginez*

L'imagination est la meilleure amie de votre intuition. L'imagination est la faculté que votre conscience utilise pour donner du sens à l'énergie qu'elle reçoit. La plupart des gens croient qu'ils se racontent simplement des histoires. Si c'est ce que vous croyez, super! Continuez.

Essayez ce qui suit. Imaginez-vous en train de faire une chose qui suscite en vous une grande joie. Que se passe-t-il? Notez-le dans votre journal, avec abandon. Ne jugez pas. Ne vous censurez pas. Notez simplement tout par écrit.

3. *Plongez*

Tant que vous ne plongerez pas, vous ne saurez jamais vraiment si votre intuition est exacte. L'esprit logique veut toujours maîtriser la situation. Empêchez-le de le faire. Suivez votre intuition même si ce qu'elle vous dicte semble impossible ou évident. Plongez!

Essayez ce qui suit. Pensez à un être cher qui est décédé. Imaginez cette personne assise devant vous. Elle a un message à vous transmettre. Répétez-le à voix haute. Plongez dans l'inconnu et imaginez quelles sont ses pensées. Ne vous inquiétez pas du résultat. Suivez simplement le processus.

4. *Acceptez de commettre des erreurs*

Quand vous développez votre intuition, il est aussi important de vous tromper que d'avoir raison. En apprenant à reconnaître les sensations et les sentiments subtils de votre intuition lorsqu'elle se manifeste, vous serez capable de faire la différence entre votre intuition et le bavardage de votre esprit.

L'information intuitive est souvent ressentie dans le corps comme un bourdonnement euphorisant et stimulant, ou un sentiment de légèreté et une énergie concentrée persistante. Mon amie Sara sait que sa perception intuitive est à l'œuvre quand elle a la chair de poule, des picotements dans les bras. Mais ce genre de sensibilité ne s'acquiert pas d'un seul coup ; vous allez sûrement vous tromper à quelques reprises.

Essayez ce qui suit. Tenez une lettre ou concentrez-vous sur un courriel non ouvert qu'un ami ou un être cher vous a envoyé. Fermez les yeux et imaginez les mots, les chiffres et toute autre information qui s'y retrouvent. Soyez à l'écoute de votre corps : comment réagit-il ? Quelles sensations ressentez-vous à propos du contenu de la lettre ou du courriel ? Notez dans votre journal tout ce qui vous vient à l'esprit.

5. *Recevez*
Prenez l'habitude d'accepter ce que vous recevez. Imaginez que vous êtes un canal ouvert à la sagesse et à l'amour qui vous sont transmis. Ne perdez pas votre temps à essayer de tout deviner à l'avance. Détendez-vous et soyez réceptif et ouvert à tout message intuitif. Soyez réceptif aux sensations corporelles, aux pensées, aux émotions, aux rêves, aux visions, aux images et aux éclairs d'inspiration — et acceptez sans juger cette expérience.

Essayez ce qui suit. Dans votre journal, notez toutes les réponses à ce qui suit : «Mon plus grand progrès en amour est...».

Ne réfléchissez pas trop. Laissez simplement les réponses venir à vous.

6. Interprétez

Ne tirez pas de conclusions hâtives ou n'essayez pas de trouver un sens aux impressions intuitives que vous recevez. Apprenez à être à l'aise avec le fait de ne pas savoir. Empêchez-vous de trop analyser le processus ou l'information. Pour interpréter avec précision votre information intuitive, vous devez écouter, être patient et la laisser évoluer à sa façon. Répétez les exercices de cette série d'habiletés. Une trop grande concentration ou analyse ne fait que réprimer le développement de l'intuition. Comme le bon vin, il faut du temps pour que l'interprétation de votre information intuitive vienne à maturité.

Essayez ce qui suit. Servez-vous de votre imagination et créez une image ou un symbole qui représente l'amour. Dessinez-le. Gardez-le à l'esprit pendant que vous lisez ce livre et dans le cadre de vos relations, pour mieux comprendre ce que ce symbole signifie pour vous.

7. Amusez-vous

N'ayez pas peur de rire de vous-même et de toutes les merveilleuses et folles impressions ou perceptions précises et erronées que vous recevez. Amusez-vous à découvrir des choses sur vous-même et sur l'amour. Ne vous prenez pas trop au sérieux. Plus vous riez, plus vous recevez de l'amour.

Essayez ce qui suit. Dans votre journal, notez la chose la plus ridicule que vous ayez faite en amour.

Mettez tout de côté, puis revenez-y
Notez vos impressions. Interprétez-les du mieux que vous pouvez. Puis, mettez-les de côté. Souvent, l'information et les conseils que nous recevons n'ont aucun sens au départ. Fermez votre journal et rangez-le. Quand vous y reviendrez plus tard, vous serez surpris de constater à quel point vous voyez les choses plus claire- ment après.

3

ÉTAPE 3 : LES PRINCIPES FONDAMENTAUX RECEVEZ — IMAGINEZ — INTERPRÉTEZ

Les gens sont souvent surpris, quand je leur dis que développer délibérément notre intuition n'est pas un phénomène mystique ou surnaturel. C'est plutôt un processus qui est relativement simple et direct. Pour développer l'intuition en amour, la troisième étape consiste à apprendre comment se construit l'intuition. Il s'agit de l'habileté à recevoir consciemment l'énergie, à la traduire en impressions et à interpréter ces impressions en information utile.

Recevez consciemment l'énergie

Chaque type intuitif — émotionnel, mental, physique et spirituel — reçoit l'énergie intuitive d'une manière particulière. En vous accordant du temps pour réfléchir et être à l'écoute de vous-même, vous pourrez mieux comprendre comment vous recevez cette énergie intuitive. Au début, il peut être difficile de distinguer les impulsions intuitives de vos réflexions conscientes habituelles. Quand vous êtes silencieux, dans un état méditatif, essayez d'identifier ces signes révélateurs de réceptivité intuitive.

Le type émotionnel. Le fait d'éprouver soudainement des sentiments et des émotions inexplicables est un signal intuitif courant chez une personne intuitive de type émotionnel. Les émotions intuitives peuvent sembler intenses ou floues. Il y a une différence subtile entre les émotions individuelles et les émotions qui sont absorbées intuitivement dans l'environnement. Si vous n'êtes pas certain de la provenance de ce que vous ressentez, concentrez-vous simplement sur ce qui se passe en vous et demandez-vous s'il s'agit de vos propres émotions. La réponse vous viendra étonnamment facilement.

Le type mental. Une personne intuitive de type mental reçoit l'information de manière concrète, ce qui est différent de la pensée linéaire. Le savoir intuitif concret donne l'impression que l'information vous arrive de nulle part. Il ne résulte pas d'un processus analytique ou du simple bavardage de l'esprit. C'est une information qui surgit au-delà de la pensée rationnelle et qui est souvent en contradiction avec notre esprit logique.

Le type physique. Une personne intuitive de type physique reçoit les impulsions intuitives sous forme de sensations corporelles, notamment dans l'estomac et dans le plexus solaire. Ces sensations peuvent être accompagnées d'un sentiment de savoir et de confiance, du sentiment d'avoir plus d'énergie physique ou d'être apathique et épuisé. La personne intuitive doit prêter attention à ses niveaux d'énergie physique habituels et à la façon dont elle se sent physiquement. Cela l'aidera à discerner les moments où elle reçoit de l'énergie intuitive et où les sensations physiques sont vraiment les siennes.

Le type spirituel. Une personne intuitive de type spirituel reçoit l'énergie intuitive sous forme de picotements ou de sensations d'expansion et de vibration accrue qui semblent l'entourer. L'intuition peut se manifester par la perception visuelle de différentes couleurs telles que le rose, le blanc, le mauve, l'or, le rouge ou le vert. Ce genre de personne intuitive peut également sentir aisément la présence d'anges ou d'êtres chers décédés. Beaucoup de personnes intuitives de type spirituel reçoivent l'information intuitive sous forme de rêves, de visions et de prémonitions.

Traduisez l'énergie en impressions

La prochaine étape pour maîtriser le pouvoir de votre type intuitif est de traduire l'énergie en impressions. Votre réceptivité intuitive est un aspect de votre nature multidimensionnelle que vous ne pouvez ignorer ou taire même si vous essayez. Nous possédons tous un processeur énergétique intérieur, à la fois magistral et complexe, qui peut déchiffrer et convertir l'énergie qui nous paraît insensée en information compréhensible. Maîtriser votre potentiel intuitif n'est pas aussi difficile qu'il le semble. Le don simple et souvent incompris de l'imagination est la clé qui donne accès à votre potentiel intuitif.

La question

Il y a une question essentielle à poser qui vous guidera dans votre processus d'interprétation de l'énergie intuitive. Elle peut faire la différence entre le fait que vous soyez dépassé et confus par l'énergie intuitive ou que vous deveniez une personne intuitive fort compétente. Voici la question : «Si cette énergie que je reçois était une image, quelle serait cette image?» Il importe peu que l'énergie prenne la forme de vagues émotionnelles, d'un savoir spontané, de picotements, de sensations physiques d'expansion, d'un sentiment d'oppression ou d'ondes énergétiques subtiles. Quelle est l'image?

Ensuite, fermez les yeux et laissez une image — de forme littérale ou figurative, un symbole, un chiffre, un nom, une lettre ou un mot — apparaître dans votre esprit. C'est ici que votre imagination et votre habileté à faire semblant entrent en jeu. N'essayez pas de forcer les choses, demandez simplement à votre savoir intérieur de traduire l'énergie en images. Attendez-vous à avoir l'impression de vous servir de votre imagination et de tout inventer. C'est le cas. L'imagination est un outil puissant que nous possédons tous et qui traduit l'énergie de haut niveau sous une forme que nous pouvons comprendre.

Entraînez-vous à transformer
l'énergie en image

Essayez cet exercice pour vous aider à transformer en image l'énergie que vous recevez. À la fin de chaque étape, notez l'expérience et l'information dans votre journal.

Pour commencer, assoyez-vous confortablement en silence. Détendez-vous et fermez les yeux. Puis, imaginez un symbole pour chaque sentiment suivant :

La vulnérabilité ;
la joie ;
le pardon ;
l'anxiété.

Encore une fois, fermez les yeux et imaginez maintenant que chaque sentiment suivant est une couleur. Quelle serait cette couleur ?

La compassion ;
l'affection ;
la peur ;
le désir.

Maintenant, fermez les yeux et sentez la texture des sensations suivantes :

Le plaisir ;
la déception ;

l'extase ;
la tristesse.

Enfin, fermez les yeux et imaginez que chacun des sentiments suivants est situé quelque part dans votre corps. À quel endroit ?

La gentillesse ;
l'aspiration ;
la paix ;
la sérénité ;
le stress.

Mettez-vous en état d'observation et laissez ces images et ces symboles évoluer et changer.

Interprétez les images intuitives

Pour interpréter les images intuitives, notamment celles rattachées à l'amour et aux relations, il faut utiliser à la fois l'hémisphère droit et créatif et l'hémisphère gauche et logique de votre cerveau. Quand vous demandez à recevoir des conseils intuitifs à propos de vos relations, vous vous reliez à une énergie personnelle et subjective. Les messages intuitifs qui ne vous concernent pas personnellement peuvent être plus objectifs et impartiaux. L'information qui ne nous affecte pas émotionnellement est souvent plus facile à recevoir et à interpréter.

Par exemple, si vous vous servez de votre intuition pour savoir dans quel mois la maison d'un ami sera

vendue, vous êtes susceptible de recevoir une information concrète. Vous pourriez capter le nom du mois ou
les premières lettres de celui-ci ou encore une saison,
ou peut-être voir une image d'une occasion spécifique,
comme les célébrations du 4 juillet.

Si vous demandez à votre intuition de vous indiquer
quelle sera l'issue d'une relation, vous êtes susceptible de
recevoir des impressions émotionnelles. Les impressions
émotionnelles, subjectives et personnelles ne sont pas
toujours claires et directes. La réponse ne sera pas nécessairement un oui ou un non. Votre information pourrait plutôt prendre la forme d'un conseil pour favoriser
votre croissance intérieure, d'étapes pour améliorer la
relation ou de la sensation de connaître les pensées, les
sentiments ou le caractère de l'autre personne.

Les images, les symboles et les métaphores
Il est enrichissant de développer votre intuition en
amour, mais cela peut parfois devenir frustrant. Ne vous
découragez pas ! L'énergie émotionnelle peut être floue,
difficile à définir et changeante. Pour rendre le défi
encore plus grand, l'émotion et l'intuition parlent le
même langage. Elles sont toutes les deux des énergies
puissantes qui communiquent sous forme de métaphores, de symboles, d'impressions, de sensations et de
vibrations. Beaucoup de gens ne reconnaissent pas leurs
propres habiletés intuitives parce qu'ils s'attendent à ce
que l'information vienne de manière claire, logique et
linéaire. C'est rarement le cas. Il faut du temps et de la

patience pour apprendre à écouter, saisir, déchiffrer et interpréter les messages intuitifs et leurs significations.

Pour comprendre le sens qui se cache derrière les impressions intuitives, les images, les symboles et les métaphores, vous devez puiser dans votre savoir intérieur. Certains symboles, couleurs, chiffres et images possèdent des interprétations universelles. Par exemple, l'image d'un océan symbolise habituellement la conscience collective, Dieu ou l'amour. La couleur rouge est souvent associée au pouvoir ou à l'énergie active. Le chiffre trois se retrouve dans de nombreuses pratiques religieuses et peut signifier la magie, l'intuition ou le corps, l'esprit et l'âme. Même s'il peut être utile de connaître ces définitions courantes, personne ne peut interpréter mieux que vous ce que vous recevez. Même si vous n'en êtes pas conscient, vous possédez un code de compréhension interne que vous avez utilisé toute votre vie. En développant vos habiletés intuitives, vous apprendrez à vous fier à ce code.

Par exemple, si je demandais à un groupe de dix personnes d'imaginer un symbole pour l'abondance, la maladie ou la paix, j'obtiendrais sûrement dix réponses différentes.

Les messages intuitifs qui se cachent derrière une émotion
Parfois, les images que vous recevez évoqueront une émotion ou un sentiment particulier. Prêtez-y attention et fiez-vous à ces messages. Ne résistez pas aux sentiments qui accompagnent une intuition.

Je reçois parfois des messages intuitifs sous forme de souvenirs. Une fois, alors que j'étais dans ma voiture et que je me rendais à un rendez-vous surprise, j'ai été envahie de souvenirs de l'école secondaire. Je me suis vue marcher dans un corridor en particulier où se trouvaient des athlètes et des élèves «branchés». Ils avaient l'air confiants et sûrs d'eux, et en passant près d'eux, je me rappelle m'être sentie à la fois dévisagée et ignorée.

Peu de temps après, j'étais assise en face d'un bel homme qui semblait m'examiner tout en étant réservé ; il ne semblait pas vraiment vouloir me connaître. *Ah ha !* me suis-je dit. *Cela me semble familier.* Le souvenir encore frais de mon passage à l'école secondaire m'est revenu. J'ai réalisé que ce ne serait pas à ce rendez-vous que je créerais le genre de lien que je désirais.

Comment interpréter les messages intuitifs
Voici quelques suggestions pour interpréter vos impressions intuitives en amour :

- Ayez l'esprit du débutant. Faites comme si une énergie sage et aimante avait quelque chose à vous enseigner.

- Laissez suffisamment d'espace aux images pour qu'elles puissent respirer et changer.

- Demandez à vos impressions, à vos images, à vos métaphores et à vos symboles de communiquer avec vous. Que veulent-ils vous dire ?

- Engagez un dialogue avec les images. Posez une question à la fois. Demandez qui, quoi, comment, pourquoi? L'information intuitive surgit souvent mieux avec des questions simples et uniques. Prêtez attention à la réponse.

- L'énergie est vivante. Vos impressions vivent par elles-mêmes. Ce ne sont pas des objets inertes.

- Fiez-vous à vos premières impressions.

- Servez-vous de votre intuition pour interpréter les images. Une bonne interprétation intuitive fait appel aux deux hémisphères du cerveau. Laissez votre pensée rationnelle suggérer une interprétation. Servez-vous de votre hémisphère droit (intuitif) pour confirmer l'information et vous indiquer ce qui semble exact.

- Si votre image renferme des chiffres, des lettres, des mots ou des noms, faites une association libre pour en trouver le sens. Par exemple, le chiffre quatre pourrait signifier quatre jours, semaines ou mois. Déterminez intuitivement ce qui semble exact pour vous. Certains mots et noms possèdent un sens littéral. Par exemple, si le nom *Thomas* apparaît dans votre image, il peut s'agir du nom d'un individu qui est associé de manière significative à votre question. Les noms de villes et de lieux comme Chicago ou le gymnase pourraient effectivement signifier ces endroits.

- Servez-vous de votre type intuitif pour vous guider dans votre interprétation des images et des symboles. Une personne intuitive de type émotionnel peut se concentrer sur les sentiments émotionnels associés aux images. Une personne intuitive de type mental peut se concentrer sur toute pensée ou certitude de savoir. Une stratégie qui fonctionne bien pour la personne intuitive de type physique consiste à tenir un cristal, une pierre ou un objet en verre et à imaginer qu'il renferme l'énergie de l'image. Cela ressemble à la boule de cristal utilisée par la voyante. La personne intuitive de type physique a plus de facilité à comprendre l'image une fois qu'elle est concentrée sur un objet. Quant à la personne intuitive de type spirituel, elle peut trouver une plus grande signification aux symboles et aux images en demandant l'aide d'un guide spirituel, d'un ange ou d'un être divin.

- Attendez-vous à être surpris.

- Sachez que même si une image semble confuse au début, vous en comprendrez plus tard le sens sous le coup d'une inspiration soudaine.

- Prenez votre temps et ne forcez pas les choses. Détendez-vous et essayez de suivre simplement le processus.

Comment formuler la question

Une fois que vous aurez confiance en votre habileté à interpréter vos impressions intuitives, vous voudrez être guidé dans chaque aspect de votre vie amoureuse. Gardez à l'esprit que les débutants négligent souvent l'importance de la question. Une question claire et simple est la clé pour accéder à de l'information spécifique. Quand je fais des lectures, les gens me demandent souvent de leur dire tout ce que je reçois. Même si j'apprécie leur confiance en moi, je sais qu'une question est comme un boomerang. La réponse que vous obtiendrez sera directement proportionnelle à chaque aspect de votre vie ou préoccupation que vous soumettez à l'univers créatif. Les questions ouvrent la porte pour que l'amour et la sagesse y pénètrent.

Il est préférable de vous concentrer sur une question à la fois et d'en poser une qui permette d'obtenir des conseils plutôt qu'un simple oui ou non. Ceci est particulièrement important pour les questions relatives aux relations ou à l'amour parce que vous composez alors essentiellement avec une énergie émotionnelle. L'énergie émotionnelle n'est ni statique, ni factuelle. Elle est plutôt de nature changeante et adaptable. Formulez votre question de manière à favoriser votre croissance et votre transformation. Tout comme vos relations, vous êtes une création évolutive. Quand vous vous ouvrez au pouvoir de l'intuition en amour, vous devez savoir que vous obtiendrez moins de résultats concrets. Vous deviendrez plutôt de plus en plus excité par l'aventure dans laquelle l'amour vous entraîne.

Le triangle de la guidance intuitive

Pour vous entraîner, commencez avec la question : « Qu'est-ce qui sabote mes tentatives d'attirer mon âme sœur ? » Ou encore : « Que puis-je faire pour améliorer ma relation avec... ? »

Dans cet exercice et dans les autres exercices de ce livre, nous utilisons le symbole du triangle. Le triangle est un symbole de la réunion de trois esprits : votre esprit, l'esprit d'une autre personne et l'esprit de l'amour. Il s'agit d'un symbole pour la formation d'un amour véritable.

- Pour vous détendre, assoyez-vous ou étendez-vous et prenez de profondes respirations. Inspirez profondément, puis expirez en relâchant le stress et la tension. Concentrez-vous sur votre respiration en inspirant la détente et en expirant le stress.

- Pensez à votre question et répétez-la plusieurs fois. Sentez l'énergie croître en vous à mesure que vous dirigez votre attention sur la question. Continuez de respirer profondément et de vous détendre. Inspirez et expirez dans un état d'ouverture et de réceptivité.

- Maintenant, en vous servant de votre imagination, créez l'image d'un triangle dans votre esprit. Remarquez le plus de détails possibles à propos de ce triangle.

- Placez votre question au centre du triangle. Visualisez les mots, créez un symbole qui représente la question ou imaginez-vous à l'intérieur du triangle. Faites ce qui vous semble le plus naturel. Servez-vous de votre imagination et essayez différentes façons de placer l'énergie de la question à l'intérieur du triangle. Trouvez la méthode avec laquelle vous vous sentez le plus en phase.

- Maintenant, imaginez qu'à l'extérieur du triangle, le long des trois côtés, il y a des photos, des symboles et des images qui représentent la guidance associée à votre question.

- Vous pourriez avoir l'impression de tout inventer, et c'est le cas. Bon travail! Faites appel à votre imagination pour créer des images. Ne vous préoccupez pas de savoir si elles ont un sens ou non. À mesure que les images surgissent dans votre tête, notez-les par écrit ou dessinez-les. Puis, fermez les yeux et continuez de jongler avec l'énergie créative et avec votre imagination.

Quand vous avez l'impression d'avoir reçu tout ce que vous pouvez, ouvrez les yeux et regardez ce que vous avez écrit ou dessiné.

Choisissez l'image ou le symbole qui vous paraît le plus puissant ou qui capte votre intérêt. Notez vos pensées, vos souvenirs ou les associations que vous faites avec l'image. Engagez un dialogue avec l'image ou une autre forme de communication. Si l'image possédait une voix, que vous dirait-elle ?

Demeurez neutre et ouvert à ce qui surgit en vous. Servez-vous de votre intuition pour interpréter encore plus en profondeur les images et les symboles.

Vous devrez peut-être répéter cet exercice à quelques reprises pour être en mesure de vous fier à ce que vous recevez et de l'accepter. C'est une nouvelle façon de faire les choses. Avec le temps, cela vous semblera plus naturel, et vous découvrirez que l'énergie répond à vos requêtes de façons surprenantes.

Trisha

J'ai effectué cet exercice avec Trisha, une femme d'affaires dans la trentaine. Trisha se sentait compétente et au sommet dans tous les aspects de sa vie, sauf en amour. Elle avait vécu une relation intense de trois ans qui s'était mal terminée un an plus tôt. Elle était certaine, alors, que la relation mènerait à un mariage, mais elle a pris fin à la suite de l'infidélité de son partenaire. Après, Trisha n'avait plus fréquenté d'hommes. Elle avait peur d'être de nouveau blessée et refusait tous les rendez-vous amoureux.

Trisha a posé la question : «Comment pourrais-je retrouver le goût de fréquenter un homme?»

Voici son expérience :

«Quand j'ai fermé les yeux et que j'ai commencé à me détendre, j'ai d'abord ressenti du stress et de l'anxiété. Je n'ai pas l'impression d'être très intuitive, alors j'avais peur d'échouer. J'ai cependant continué de respirer profondément et j'ai commencé à sentir l'énergie croître. En tant que personne intuitive de type émotionnel, j'ai été envahie de sentiments. J'ai continué de respirer et de me détendre et je me suis concentrée sur ma question. J'ai soudainement senti l'énergie grandir, ce qui m'a surprise. À l'extérieur du triangle, j'ai vu un tourbillon de cercles vert émeraude et mauves. J'ai remarqué un squelette au bas du triangle. Sa peau pelait, mais il n'était ni effrayant, ni dégoûtant, ce qui m'a également surprise. Le squelette dégageait plutôt une lumière vive. Et un faisceau lumineux l'entourait. J'ai ouvert les yeux et j'ai noté les couleurs que j'avais vues, puis j'ai dessiné le squelette.

Avec la technique de l'association libre, j'en suis venue à la conclusion suivante : la couleur verte m'avait paru très nourrissante. J'avais eu l'impression qu'elle me disait de mieux manger. Tout en prêtant l'oreille au message, j'ai réalisé que je n'avais pas mangé de légumes frais depuis des semaines. Je ne m'attendais pas à recevoir des conseils diététiques, mais je savais qu'il était important que je prenne mieux soin de moi.

Quand j'ai demandé au squelette quel message il avait à me transmettre, il m'a répondu que je devais regarder sous la surface. Il m'a dit que je pouvais m'ouvrir à un autre homme à mesure que j'apprenais à le connaître. J'ai réalisé que j'avais toujours cru que je devais être ouverte et vulnérable dès ma première rencontre avec un partenaire potentiel. Cela me paraît tellement évident maintenant, mais jusqu'à ce que je fasse cet exercice, je n'étais pas consciente que je pouvais m'ouvrir lentement dans une relation. Je m'obligeais à être émotionnellement ouverte avant de me sentir en sécurité. J'ai appris une nouvelle façon de prendre soin de moi. Maintenant, j'ai vraiment envie de fréquenter quelqu'un. »

La capacité vient avec l'entraînement

Continuez de mettre en pratique cette troisième étape importante du développement de votre intuition. Avec le temps, vous pourrez percevoir, capter et communiquer l'énergie intuitive plus rapidement et plus facilement. Et ne vous inquiétez pas, prenez tout le temps dont vous avez besoin. Votre intuition ne vous abandonnera jamais ; il y aura toujours des occasions de vous fier à elle.

4

ÉTAPE 4 : LA FAÇON DONT VOUS VOUS SERVEZ DE VOTRE INTUITION REPRÉSENTE LA FAÇON DONT VOUS AIMEZ

Votre type intuitif décrit la façon dont vous entrez en relation, sur le plan énergétique, avec les autres et avec votre environnement. Il montre également de manière unique la façon dont vous exprimez votre amour. Votre prédisposition intuitive innée joue un rôle déterminant dans ce qui vous attire et dans vos préférences amoureuses ; elle vous donne également un aperçu de vos forces et faiblesses dans vos relations. Votre type intuitif vous fournit un modèle pour que vous puissiez faire l'expérience de tout le potentiel de l'amour. Vous découvrirez que la façon dont vous vous servez de votre intuition représente la façon dont vous aimez.

Aimer selon votre type intuitif

Vous augmenterez votre réceptivité intuitive et la précision de votre intuition en combinant les éléments de base de la réceptivité intuitive de l'énergie, en créant des impressions et des images à partir de cette énergie et en les interprétant en fonction de votre type intuitif.

Les exercices suivants vous aideront à développer la force de chaque type intuitif, même les types qui varient du vôtre. Ils vous permettront de capter l'énergie que les personnes intuitives de type émotionnel, mental, spirituel ou physique saisissent naturellement. En prêtant attention à la facilité et à l'intensité avec lesquelles vous ressentez l'énergie dans chacun des cas, vous pourrez également mieux déterminer votre propre type intuitif.

L'exercice de base est le même pour tous les types intuitifs. Ce qui varie, cependant, c'est ce sur quoi vous vous concentrez. Prêtez attention à tout ce qui surgit en vous durant les exercices et n'oubliez pas de toujours de noter vos expériences dans votre journal.

Exercice
Pour commencer, pensez à une personne avec qui vous êtes en relation. Vous pouvez choisir la même personne que celle à qui vous avez pensé dans l'exercice précédent ou vous pouvez penser à quelqu'un d'autre.

Pour vous détendre, assoyez-vous ou étendez-vous et prenez de profondes respirations. Inspirez profondément, puis expirez en relâchant le stress et la tension.

Concentrez-vous sur votre respiration en inspirant la détente et en expirant le stress.

Maintenant, servez-vous de votre imagination et créez l'image d'un triangle. Observez-le. De quelle couleur est-il? En quoi est-il fait? Quelle est ou à quel endroit se trouve sa force ou sa faiblesse? Captez l'essence de ce triangle le plus profondément possible.

Au centre du triangle, imaginez une image de la personne que vous avez choisie. Que remarquez-vous à son sujet? Que porte-t-elle? Notez son expression et le plus de détails possibles. Captez les sentiments de cette personne. Quels sont ces sentiments?

Captez l'énergie émotionnelle : imaginez un symbole pour l'amour. Il peut s'agir d'un cœur, d'une rose rouge ou de tout ce qui vous vient naturellement. Imaginez ce symbole de l'amour à l'extérieur du triangle. Placez le symbole à l'intérieur du triangle avec la personne de votre choix, tout en envoyant de l'amour à celle-ci. Remarquez tout changement qui se produit. Le symbole ou la personne pourrait changer ou se transformer. De nouvelles images pourraient apparaître à l'intérieur ou à l'extérieur du triangle. Faites appel à votre imagination et captez toute émotion subtile qui surgit.

Captez l'énergie mentale : imaginez que vous pouvez transmettre en pensée à la personne le fait que vous aimeriez mieux la comprendre et la connaître. Visualisez un symbole pour «comprendre». Par exemple, un cœur penché qui est ouvert ou deux cœurs ouverts fusionnés symbolisent le verbe «comprendre», sur le plan énergétique. Utilisez le symbole qui vous vient naturellement.

Imaginez-le à l'extérieur du triangle, puis placez-le à l'intérieur avec cette personne.

Remarquez tout changement qui se produit. Le symbole pourrait changer ou se transformer. Communiquez avec la personne qui se trouve dans le triangle. Posez-lui des questions simples, une à la fois. Écoutez, observez et prêtez attention aux pensées qui surgissent en vous, même si elles vous paraissent évidentes ou inventées.

Captez l'énergie spirituelle : imaginez que vous pouvez capter l'aura ou le champ énergétique de la personne de votre choix. Imaginez-la à l'intérieur du triangle, immergée de couleurs. Quelles sont ces couleurs ? Si elles ne sont pas claires, prenez les couleurs qui vous semblent appropriées.

Imaginez que vous êtes au centre du triangle, aux côtés de la personne. Imaginez que votre énergie change les couleurs dans le triangle. Quelles nouvelles couleurs apparaissent quand vous êtes ensemble ? Captez les couleurs et imaginez que chacune possède une vibration et un sens différents. Que symbolise pour vous chacune de ces couleurs ?

Captez l'énergie physique : imaginez la personne à l'intérieur du triangle et captez l'énergie de son corps physique. Notez la partie de son corps qui semble la plus intense et les endroits qui vous attirent le plus. Sentez-vous une vibration et une énergie ou un manque de vitalité ? Imaginez que vous pénétrez dans le triangle et que vous vous tenez face à la personne. Comment vous sentez-vous? Vous sentez-vous en sécurité, à l'aise, passionné, attiré sexuellement? La personne se sent-elle en symbiose et à l'aise avec vous? Concentrez-vous sur votre propre corps. Quelles sensations surgissent en vous?

Notez dans votre journal tout ce que vous avez expérimenté. Même si cela n'a aucun sens, vous devriez y revenir plus tard pour approfondir davantage les messages intuitifs.

Les types intuitifs en amour

Notre intuition innée et la façon dont nous aimons sont interreliées. Tout comme l'intuition, l'amour est une force qui nous relie les uns aux autres de manière mystérieuse.

Comme le disait le dalaï-lama : «Nous pouvons vivre sans religion et sans méditation, mais nous ne pouvons survivre sans affection humaine.» Lorsque vous comprenez l'interaction entre l'amour et l'intuition, vous vous dotez de nouveaux outils avec lesquels vous pouvez créer des relations positives et enrichissantes. Cela vous aide à mieux connaître les nuances souvent inexprimées de l'amour et rehausse votre confiance en votre habileté intuitive.

Pour chaque type intuitif, la voie de l'amour est unique et interpelle les dons de l'âme et les défis amoureux que chaque type doit surmonter.

L'amour et les personnes intuitives
de type émotionnel

Les personnes intuitives de type émotionnel sont sur la Terre pour ressentir, partager et exprimer de l'amour. À travers les nombreuses nuances et variations de l'expression amoureuse, du bonheur, des déceptions, de la tristesse et de l'extase, elles raffinent et perfectionnent le noble potentiel du cœur.

Ces personnes absorbent naturellement l'énergie émotionnelle de leur environnement. Elles possèdent beaucoup d'empathie et, sans s'en rendre compte, elles prennent souvent les émotions des autres pour les leurs. Les personnes intuitives de type émotionnel désirent connaître des liens du cœur intenses. Elles rêvent de l'âme sœur, d'une *flamme jumelle*, avec qui partager leur passion émotionnelle, leur grand désir et leurs aspirations spirituelles. Une personne de type émotionnel peut éprouver subitement des sentiments puissants et tenaces envers une autre personne sans savoir pourquoi, ni quoi faire de ces sentiments. Elle est souvent envahie de vagues d'émotion inexpliquées pendant qu'elle s'adonne à des activités courantes comme laver la vaisselle ou conduire une voiture. Ces vagues peuvent aussi surgir soudainement, au milieu de la nuit. Comme elle ressent les émotions, cette personne intuitive peut très bien appeler ou aller voir un ami ou un être cher au moment où cette personne en a besoin ou est en crise. Il lui arrive de se sentir dépassée par l'intensité émotionnelle qui lui vient facilement des autres et de son environnement. Les personnes intuitives de type émotionnel cherchent à rendre service et à guérir en puisant dans leurs grandes réserves d'amour.

Les personnes intuitives de type émotionnel aiment aimer. Elles ouvrent pleinement leur cœur dans leurs relations et s'attendent à ce que les autres en fassent autant. Elles supportent plus facilement les montagnes russes des émotions et savent exprimer de la tendresse, du pardon et de la compassion. Ce type intuitif peut sentir de manière empathique le chagrin et le besoin de soutien des autres, et il est capable de partager avec dévouement de profondes réserves d'amour avec ses amis, sa famille et même des étrangers.

Les personnes intuitives de type émotionnel sont souvent attirées par des relations dans lesquelles elles peuvent aider ou guérir l'autre. Elles ont le désir d'élever les autres dans leur royaume du pur amour, car elles croient que l'amour peut tout guérir. Voilà pourquoi elles doivent maintenir un équilibre entre leur besoin de créer de profonds liens émotionnels et leur connaissance du caractère de l'autre personne et de l'effet qu'il peut avoir sur elles. Dans leur quête de l'amour idéal, elles sont trop souvent prêtes à sacrifier leur propre bien-être.

Une personne intuitive de type émotionnel exprime un amour absolu dans la passion, l'aspiration, le désir, le dévouement et l'abnégation de soi dont elle fait preuve envers les autres.

C'est dans sa quête d'aimer pleinement avec toute son âme qu'elle fusionne avec un plus grand amour et connaît la plénitude.

Aimer une personne intuitive de type émotionnel, c'est accepter ses sentiments et son intensité émotionnelle qu'elle a souvent de la difficulté à maîtriser. Exprimez-lui de la tendresse, de l'attention et de la compassion et laissez-la vous aimer.

Pour les personnes intuitives de type émotionnel, l'amour est synonyme :

d'ouverture du cœur ;
de chaleur ;
d'affection ;
d'intensité émotionnelle ;
de gestes romantiques ;
d'actes de bonté.

Laura

Laura s'arrête au marché en rentrant du travail pour acheter la bière préférée de son petit ami, Jess. Elle sait qu'il a eu une dure journée. Elle l'a senti vers 14 h 30, alors qu'elle était assise à son bureau. Laura l'ignorait, mais à cette heure-là, Jess subissait une évaluation de son travail et, pendant qu'il écoutait son patron exigeant, il avait imaginé que Laura était à ses côtés. Le simple fait de baigner dans la chaleur de son amour l'avait aidé à traverser la journée.

L'amour et les personnes
intuitives de type mental

Les personnes intuitives de type mental vivent au niveau de la pensée, des idées et de la conscience. Pour ces personnes, l'amour est la vérité, purement et simplement. Il est la clé qui donne accès au grand mystère de la vie, et c'est en aimant quelqu'un qu'elles peuvent mieux comprendre et donner un sens à la vie.

En amour, les forces des personnes intuitives de type mental sont la compréhension, le savoir et la capacité de prédire les schémas de comportement et la télépathie. Dans leurs relations, elles cherchent à comprendre les autres et désirent être connues et valorisées. Elles aspirent à être reconnues et pleinement acceptées telles qu'elles sont. Avec leur don télépathique naturel, les personnes de type mental sont susceptibles de vouloir connaître les pensées secrètes et intimes de leurs proches et devinent souvent intuitivement ce qu'ils pensent sans qu'ils le sachent. Elles peuvent percevoir les schémas de comportement des autres, comprendre ce qui les motive et prédisent souvent ce dont un être cher a besoin et ce qu'il désire. Être aimé par une personne intuitive de type mental, c'est être mis à nu. Cela peut être excitant et dévorant ou donner le sentiment d'être menacé et vulnérable.

Une personne intuitive de type mental peut facilement et naturellement capter les pensées et les idées des autres. Elle ressent intuitivement les choses à partir de modèles de compréhension et de la synchronicité des événements. Elle peut décrire sa connaissance profonde des motifs et des comportements des autres comme relevant de la logique et du sens commun. Les personnes intuitives de type mental ont souvent des dons prémonitoires, une habileté à percevoir les événements futurs. Elles apportent dans leurs relations une profonde compréhension et des idées visionnaires.

Les personnes intuitives de type mental ont tendance à avoir une vision d'ensemble dans leur relation et elles travaillent fort pour atteindre ce qu'elles croient possible. Leur habileté à percevoir intuitivement l'énergie mentale d'une relation peut même devenir prémonitoire et leur permettre de connaître la tournure d'une relation avant même qu'elle ne commence. Cette vision de l'avenir signifie qu'elles risquent de perdre la magie d'être dans le moment présent. Une personne de type mental peut ne pas comprendre la nature sensible des autres et avoir de la difficulté à exprimer ses émotions. Comme elles sont tellement tournées vers l'énergie mentale des relations, ces personnes peuvent être incapables d'interpréter les signes de tendresse et d'intimité émotionnelle. Elles expriment leur affection en posant des questions et en comprenant l'autre de manière objective plutôt qu'en faisant des gestes de tendresse. Elles ont davantage tendance à savoir qu'à ressentir les choses.

Une personne de type mental exprime son amour par des états de conscience élevés, de la compréhension compatissante et de la sagesse, ainsi que par un désir d'enseigner aux autres et de les éclairer. Pour ce type intuitif, c'est en aimant pleinement quelqu'un que la vérité de la vie est révélée.

Aimer une personne intuitive de type mental, c'est apprécier son esprit intuitif et souvent prophétique et accepter son besoin de savoir, de comprendre et de donner un sens à la vie.

Pour les personnes intuitives de type mental, l'amour est synonyme :

de compréhension ;
de communication ;
d'acceptation ;
de considération ;
d'approbation sans porter de jugement ;
de reconnaissance de leurs idées.

Peter
Peter et Natasha ont beaucoup d'intérêts en commun. Ce sont tous les deux des intuitifs de type mental, à la fois curieux et intelligents, qui se sont rencontrés à une exposition holistique. Natasha y avait été invitée pour faire gratuitement des prévisions astrologiques et, quand elle a examiné la carte du ciel de Peter, elle a su qu'il était un homme exceptionnel. Depuis ce jour, il y a plusieurs années, ils ont constaté que les étoiles étaient bien alignées : chaque jour, leur amour et leur compréhension l'un de l'autre ne cessent de grandir.

L'amour et les personnes intuitives
de type spirituel

Pour les personnes intuitives de type spirituel, l'amour n'est pas une simple émotion, mais une réalité tangible. C'est une énergie et une vibration agréables à leurs sensibilités intuitives finement aiguisées. C'est en cheminant dans l'amour qu'elles sont capables de perfectionner et de purifier l'expression de leur âme authentique.

Les personnes de type spirituel sont particulièrement sensibles à la vibration des autres et savent percevoir l'essence de leur âme. Elles sont donc portées à recevoir de l'information intuitive par l'entremise de visions, de rêves et de la perception des auras et des champs énergétiques. Par exemple, elles peuvent rêver à un être cher qui est décédé et se sentir réconfortées et liées à cette personne ou être naturellement capables de sentir la présence de guides spirituels, d'anges et de fantômes. Les phénomènes paranormaux inattendus sont communs dans la vie d'une personne intuitive de type spirituel.

Elles sont souvent attirées par les autres simplement parce qu'elles perçoivent intuitivement qu'elles sont liées. Par exemple, elles peuvent avoir l'impression d'avoir connu la personne avant ou croire qu'elles ont des leçons spirituelles à apprendre ou un but précis à remplir avec cette personne. La personne de type spirituel apporte à l'être cher une profonde perspicacité, une conscience psychique pénétrante et des sentiments spontanés d'union transcendante.

Une personne de type spirituel peut obéir à un appel mystique qui la pousse à se dévouer pour une personne en étant attirée par celle-ci d'une manière qui ne lui semble ni logique, ni rationnelle ou pratique. Les personnes de type spirituel disent souvent qu'elles savent que quelqu'un est spécial pour elles parce qu'elles ressentent davantage d'énergie, de stimulation et d'intensité ou de la joie et de l'allégresse quand elles pensent à cet individu. Elles peuvent être amusantes, insouciantes et imprévisibles dans leurs relations. Elles peuvent également être un peu déroutantes et difficiles à comprendre. Leur vie spirituelle ou religieuse peut l'emporter sur les besoins et les désirs de leur partenaire. Pour certaines personnes intuitives de type spirituel, leur relation la plus significative peut être avec Dieu, les anges, les esprits de la nature ou la Déesse-mère.

Une personne de type spirituel peut être impulsive, changeante et insaisissable. Elle est susceptible de mettre fin à une relation aussi mystérieusement qu'elle a commencé. Elle peut rêver ou percevoir brièvement que la relation est terminée et rompre les liens. Elle va simplement faire ses bagages et partir.

Le défi en amour pour la personne de type spirituel est d'être pleinement dans la relation et de s'engager et de communiquer sur les plans mental, émotionnel et physique. Elle vit trop souvent dans sa propre réalité éthérée, inconsciente de son profond besoin d'intimité et de partage.

En amour, le réel désir de la personne de type spirituel est de se libérer des restrictions et des limites du monde matériel et de créer une union mystique. C'est paradoxalement en se dévouant et en partageant son Moi authentique avec l'être aimé qu'elle connaît une réelle liberté spirituelle.

Aimer une personne intuitive de type spirituel, c'est lui accorder sa liberté, apprécier sa spontanéité et être sûr qu'elle est reliée à un courant de sagesse et de vérité éthéré. Mais surtout, sachez que vous ne vous ennuierez jamais !

Pour les personnes intuitives de type spirituel, l'amour est synonyme :

- d'énergie ;
- de picotements ;
- de but commun ;
- de sentiments de connexion malgré la distance physique ;
- de rêver à l'autre ;
- de coup de foudre ;
- de surmonter tous les obstacles ;
- de sentiment d'être connues et appréciées au niveau de l'âme.

Jim et Mary Anne

Jim et Mary Anne sont tous les deux des intuitifs de type spirituel. Ils s'aimaient et ont décidé de quitter la Caroline du Nord pour la Nouvelle-Angleterre. Ils avaient prévu se marier avant, mais ne sont jamais passés à l'acte. Ils avaient également planifié de déménager en septembre, mais n'avaient finalement empilé toutes leurs possessions dans leur voiture qu'à la fin de novembre. Ils n'avaient pas de carte routière, de nourriture ou de vêtements chauds. Ils se disaient qu'ils achèteraient en chemin ce dont ils avaient besoin. Pourquoi la Nouvelle-Angleterre ? Ils avaient découvert au début de leur relation que lorsqu'ils étaient enfants, ils rêvaient tous les deux d'habiter là-bas. Cette coïncidence était tout ce dont ils avaient besoin pour se lancer dans l'aventure.

L'amour et les personnes intuitives de type physique

Les personnes intuitives de type physique possèdent un lien intuitif inné avec le monde tridimensionnel et le corps physique. Pour elles, l'amour n'est ni éthéré, ni difficile à saisir. Il est réel, concret, vigoureux et sensuel. Elles peuvent déplacer des montagnes pour ceux qu'elles aiment.

Les personnes de type physique communiquent leur amour par les caresses et possèdent un don de guérison particulier. Elles peuvent s'imprégner de l'énergie de leur environnement et sentir involontairement les douleurs, les maux et les sensations physiques des autres. Le futur père qui prend du poids et souffre de nausées le matin quand sa partenaire est enceinte en est un exemple. Les personnes de type physique se fient souvent à leur intuition et à leur instinct, et peuvent capter chez les autres de l'information intuitive en leur tenant la main, en les massant ou en étant simplement assises près d'eux. Elles possèdent souvent le don de la *psycho-métrie*, c'est-à-dire l'habileté à recevoir de l'information psychique sur les autres en tenant un objet personnel ou une photo.

Les personnes de type physique sont naturellement liées au monde physique et sont souvent attirées par des relations dans lesquelles elles se sentent détendues, à l'aise et facilement excitées sexuellement.

Ces personnes peuvent percevoir le Divin dans tout et confondent souvent une attirance physique avec une connexion divine. Elles peuvent être démonstratives sur le plan physique et être d'excellents partenaires sexuels. Mais elles ne saisissent pas toujours les nuances de l'amour. Pour se sentir aimées, elles ont besoin de démonstrations physiques comme des caresses, des étreintes et des relations sexuelles. Les personnes de type physique se sentent stressées quand elles sont loin de l'être aimé et peuvent avoir besoin d'être constamment en contact pour se sentir unies à l'autre. Elles ont un grand besoin de partager des activités avec leur partenaire, qu'il s'agisse de cuisiner un repas ou de faire du rafting; toute activité stimulera et renforcera leur lien avec leur partenaire.

Les personnes de type physique aiment la vie. Elles se dévouent souvent, avec une passion acharnée, envers ceux dans le besoin et pour des causes et des projets qui viennent en aide aux autres. Leur amour est synonyme de rendre service et de trouver leur force dans l'action.

Les personnes de type physique peuvent involontairement se lier si étroitement à quelqu'un qu'elles lui prennent son énergie. L'autre personne se sent alors vidée et épuisée. Leur défi est d'exprimer ce qu'elles ressentent et pensent. Ces personnes intuitives ont parfois de la difficulté à identifier leurs sentiments et à les communiquer ; elles préfèrent rendre service et agir pour exprimer leur amour. Les sentiments, l'amour et les émotions peuvent les déconcerter et les rendre perplexes, et l'idée de fusionner spirituellement avec une autre personne peut être un concept trop abstrait.

Les personnes de type physique entrent en communion avec les états supérieurs de l'amour en étant conscientes de la beauté divine, de la perfection de l'âme dans la forme et de l'expérience transcendante de l'union sexuelle et spirituelle.

Aimer une personne intuitive de type physique, c'est apprécier son besoin de démonstrations physiques d'amour. Cela peut prendre la forme d'aider, de rendre service, de guérir par le toucher ou de connaître une intimité sensuelle. Laissez-la exprimer son amour par des actes physiques.

Pour les personnes intuitives de type physique, l'amour est synonyme :

de caresses ;
d'étreintes ;
de promenades à deux dans la nature ;
de temps passé ensemble ;

de soutien tangible et aide dans les tâches ménagères.

Quinn

En rentrant du travail, Quinn cueille des herbes le long de la route. Il sait que Jules va être heureux de boire une tisane apaisante après une longue journée de travail. Avant de franchir la porte de leur maison, il s'arrête pour prendre le courrier. Il n'y a qu'une petite enveloppe dans la boîte aux lettres. Il la prend et ressent un sentiment chaleureux ; un petit rire monte en lui. Il remarque que l'adresse de l'expéditeur est celle de leurs amis et il imagine qu'il s'agit d'une invitation à une fête du solstice. En entrant dans la maison, Quinn entend la voix de Jules dans la chambre à coucher. Il passe la tête à la porte et aperçoit Jules étendu sur le lit, le visage souriant. Rien ne pourrait rendre Quinn plus heureux.

Les types intuitifs ensemble

Connaître votre type intuitif et le type des personnes avec qui vous êtes en relation approfondit le degré d'intimité, favorise la communication et renforce l'acceptation mutuelle. Les relations nous donnent l'occasion de remettre en question nos jugements préconçus et nos croyances limitatives sur l'amour et la façon dont nous l'exprimons.

Voici ce qui est arrivé à Lynnette quand elle a mieux compris le type intuitif de son mari.

Lynnette

Lynnette est femme mince, douce et sensible, à la peau pâle ; c'est une intuitive de type émotionnel. Un jour, elle m'a appelée et m'a dit que son mari voulait me rencontrer pour une lecture. Quand Barry est venu le samedi matin suivant, il m'a serré la main d'une poigne ferme, s'est présenté et s'est assis. J'ai commencé la lecture et j'ai aussitôt senti l'énergie et la passion de son cœur. Je lui ai dit qu'il était l'une des personnes les plus centrées que j'avais vues depuis longtemps et qu'il savait ce qu'il voulait dans la vie. Bien centré dans son esprit, son cœur, son âme et son cœur, il voulait servir son pays en étant infirmier dans l'armée. C'était le parfait exemple d'un intuitif de type physique. Son cheminement spirituel le poussait à être passionnément au service des autres.

Plus tard, quand j'ai vu Lynnette, je lui ai dit combien son mari était un homme vraiment centré sur son cœur. Elle m'a regardé d'un air étonné. Elle n'avait jamais envisagé que son grand désir de rendre service faisait partie de son cheminement spirituel et que cela venait du plus profond de son cœur. Lynnette aime les arts et les moments de réflexion. C'est ainsi qu'elle exprime sa spiritualité, soit de manière plus poétique et fluide. Elle voulait se sentir davantage liée spirituellement avec Barry et le fait de savoir qu'il exprimait la sienne d'une façon différente l'a aidée à se rapprocher de lui.

Votre type va évoluer et changer

Même si chaque type intuitif vit et exprime l'amour de manières distinctes, vous constaterez que vous possédez un peu de chaque type en vous. Les types sont fluides, changeants et répondent au but ultime de notre âme dans nos relations amoureuses.

Comme la plupart des gens, j'ai fait l'expérience de chaque type intuitif à un moment donné de ma vie. Au quotidien, mon type prédominant est spirituel, puis émotionnel. Cependant, dans mes relations amoureuses, l'intuitive de type émotionnel en moi occupe toute la place, et pour créer un équilibre, je dois consciemment adopter le comportement des types mental et physique. Il m'arrive aussi de passer au type intuitif prédominant de mon partenaire. Quand je le fais, je réussis alors à mieux saisir et comprendre son point de vue.

Vous constaterez également qu'en étant plus conscient du courant intuitif qui circule silencieusement en vous dans vos rapports amoureux, vous pourrez mieux choisir consciemment de vous servir de vos forces intuitives les moins prédominantes. En d'autres termes, si vous êtes un intuitif de type mental, vous pourriez choisir de vous concentrer sur votre corps physique pour obtenir des signes intuitifs ou vous pourriez ouvrir votre cœur et sentir ce que ressent votre partenaire de type émotionnel. Changer votre façon de percevoir les messages intuitifs vous aide à mieux saisir le point de vue de votre partenaire et, de ce fait, d'encore mieux comprendre ce dernier. Rappelez-vous que la perception est la réalité.

5

ÉTAPE 5 : LÂCHEZ PRISE ET AUGMENTEZ VOTRE RÉCEPTIVITÉ INTUITIVE

Le développement de l'intuition est un processus de raffinement intérieur et, à un moment donné, peu importe votre type intuitif, les blessures émotionnelles et les déceptions du passé vont commencer à refaire surface. La cinquième étape pour développer votre intuition en amour consiste à ouvrir votre cœur et à vous débarrasser des vieilles blessures et des émotions négatives. Il s'agit d'un processus de lâcher-prise naturel qui permettra à une nouvelle forme d'amour et à une énergie vitale d'entrer dans votre vie. Quand les blessures émotionnelles refont surface, servez-vous de cette occasion pour guérir et approfondir votre habileté intuitive.

Lâcher prise à ce qui ne vous sert plus permet de libérer votre intuition de manière à ce qu'elle soit plus précise. Laissez aller les blessures qui vous ont été injustement affligées. Cessez de croire que vous ne méritez pas d'être aimé ou que l'amour est conditionnel et limité. Ouvrez votre cœur et lâchez prise. Pour aimer, vous devez vivre dans le présent.

Les blessures émotionnelles non guéries et les croyances limitatives envoient un signal dans le monde et attirent des conditions semblables dans notre vie. *Qui se ressemble s'assemble* est une loi universelle qui continue d'être en vigueur. (Les lois universelles définissent la façon dont l'énergie prend forme et se redéfinit de manière constante et uniforme dans notre Univers.) Les blessures, la rancœur et la peur attirent dans notre vie des individus et des circonstances qui renforcent ces émotions. Quand vous êtes ouvert et acceptez les sentiments agréables de l'amour, et que vous vous débarrassez de la négativité, l'Univers vous rend la pareille.

Confondre l'énergie émotionnelle inconsciente avec l'information intuitive

La négativité émotionnelle attire non seulement des expériences émotionnelles négatives, elle interfère également avec votre clarté intuitive. Quand votre énergie émotionnelle est encombrée de lourdes émotions non guéries, la guidance intuitive que vous recevez est alors biaisée. Nous prenons souvent une peur et une blessure inconscientes qui refont surface pour une information intuitive. Quand cela se produit, l'information reçue est non seulement trompeuse et déroutante, elle nous maintient également dans des schémas difficiles dont nous essayons de nous débarrasser. C'est ce qui est arrivé à Karen.

Karen

Karen, une femme de quarante-cinq ans et mère de deux adolescents, était mariée depuis seize ans à Ezra, un concepteur de logiciels. Depuis quelques mois, elle se sentait déprimée et croyait que c'était à cause de son mariage malheureux. Karen croyait que son intuition lui dictait de mettre fin à son union et elle est venue me consulter dans l'espoir que je confirmerais qu'elle avait raison. Je n'ai pas pu le faire. Mon intuition me disait que la source de la dépression de Karen n'était pas son mariage. Ses sentiments de tristesse signalaient plutôt le travail qu'elle avait besoin d'effectuer sur elle-même. Rompre son mariage ne la rendrait pas plus heureuse. Quand je le lui ai dit, elle a paru soulagée et confuse. Karen a reconnu qu'elle avait renoncé à beaucoup de choses dans la vie et qu'elle se sentait impuissante à apporter des changements positifs. Je l'ai aidée à comprendre que son intuition pouvait la guider et lui servir de refuge intérieur durant son difficile processus d'épanouissement personnel. Elle a semblé encouragée et prête à travailler de cette façon avec son intuition.

La croyance qu'elle allait résoudre ses problèmes en quittant son mari n'était pas venue de l'intuition de Karen. C'était plutôt ses sentiments d'impuissance et de frustration qui motivaient ses pensées.

Discerner la guidance intuitive de l'énergie émotionnelle inconsciente

Il peut être confondant de discerner les impressions non biaisées et impartiales des impressions alimentées par les croyances, les émotions et les pensées enfouies en nous. C'est parce que nos pensées et nos émotions sont de l'énergie. Il est facile de capter cette énergie et de la prendre pour de l'information objective. C'est particulièrement vrai quand nous nous servons de notre intuition pour obtenir de l'information et de la guidance à propos d'une relation intime.

J'ai toujours trouvé intéressant de pouvoir facilement me mettre en mode réceptif et objectif sur le plan intuitif quand je fais des lectures pour les autres, et ce, malgré ce que je ressens ou ce qui se passe dans ma vie personnelle. Et pourtant, ce n'est pas toujours le cas quand je le fais pour moi.

Comme tout le monde, je suis biaisée quand il s'agit de mes propres questionnements. J'ai constaté qu'en prenant quelques minutes pour clarifier mes idées et mes émotions avant d'accéder à mon intuition, j'obtenais une information beaucoup plus claire et objective.

L'énergie émotionnelle selon le type intuitif

Chaque type intuitif doit être conscient des signes évidents qui indiquent la présence d'émotions refoulées et négatives.

Une personne intuitive de type émotionnel éprouvera des émotions plus intenses et sentira souvent en elle une accumulation de la pression émotionnelle. Cela prend souvent la forme de sentiments puissants et extrêmes qui semblent disproportionnés par rapport à la situation.

Une personne intuitive de type mental est souvent obsédée par des pensées négatives. Si vous ne savez pas pourquoi vous êtes incapable de cesser de penser à une situation ou si vous êtes aux prises avec des pensées répétitives, demandez-vous quel sentiment ces pensées dissimulent. Les pensées obsessives sont presque toujours alimentées par des émotions non reconnues.

Une personne intuitive de type physique éprouvera des émotions refoulées sous forme de douleurs et de maux, comme des maux de tête, des maux d'estomac, des allergies, des troubles menstruels ou de l'asthme. Si vous souffrez de troubles chroniques ou êtes fatigué la plupart du temps, vous avez de vieilles émotions que vous devez évacuer.

Une personne intuitive de type spirituel ne se sent pas connectée, centrée et ancrée. Elle pourrait éprouver la plupart du temps de la tension et de l'anxiété, ou passer beaucoup de temps à rêvasser et à fantasmer. La personne intuitive de type spirituel pourra mieux se concentrer et revenir dans le moment présent, en se libérant de l'énergie émotionnelle.

La méditation intuitive

Faire régulièrement de la méditation peut aider à maintenir dégagés les canaux émotionnels. Pour vous libérer des émotions négatives qui sont bloquées en vous, il suffit de vous asseoir et de laisser les sentiments et les émotions faire surface. La méditation permet à la voix intuitive d'être entendue, car elle tranquillise l'esprit et apporte du calme et de la paix dans une vie stressée. La méditation fait taire le bavardage intérieur constant et nous permet de communiquer avec notre centre intuitif.

Vous pouvez obtenir le calme procuré par la méditation de différentes façons. Vous pouvez simplement fermer les yeux et laisser votre corps se détendre progressivement, tout en vous concentrant sur votre respiration. Souvent, en tournant votre attention sur votre voix intuitive, toutes sortes de sensations, de sentiments et de pensées surgissent. Il arrive aussi que la méditation vous procure très peu de sensations, de sentiments et d'énergie intuitive. C'est tout à fait normal. Prêtez simplement attention à ce que vous ressentez sans juger ce qui se produit. Vous deviendrez alors plus confiant et à l'aise avec l'exercice.

La méditation suivante peut vous guider pour écouter, ouvrir et dégager les canaux intuitifs. Pendant que vous ressentez, écoutez, relâchez et rejetez ce qui n'est pas de l'amour, vous créez un espace plus énergétique pour recevoir l'essence pure de l'amour.

La fleur du cœur

- Assoyez-vous ou étendez-vous confortablement et imaginez que vous respirez et que vous vous détendez. Prenez de profondes inspirations et sentez l'air circuler en vous. Puis, expirez tout stress et toute tension. Continuez de respirer ainsi jusqu'à ce que vous commenciez à vous détendre.

- Laissez l'air circuler dans votre corps et libérer doucement le stress et la tension.

- Tout en continuant de respirer et de vous détendre, laissez monter en vous les émotions. Ne vous attardez pas à ce qui surgit en vous et ne laissez pas ces émotions vous distraire. Prêtez-y simplement attention, puis lâchez prise. Continuez de ressentir et de vous détendre, en laissant les couches d'émotions refoulées faire surface. Expirez pour vous libérer de tout ce qui surgit.

- Au moment où les pensées fortuites et le bavardage de l'esprit qui accompagnent habituellement la médiation font surface, concentrez-vous de nouveau sur votre respiration. Inspirez profondément et expirez la tension et le stress de vos pensées triviales et limitatives.

- Concentrez-vous sur les parties de votre corps pour identifier le moindre signe de raideur, de tension ou de stress. Inspirez et imaginez que la raideur ou la tension est une boule d'énergie émotionnelle. Nommez ces sensations et, tout en expirant, libérez-vous-en.

- Imaginez qu'il y a au-dessus de votre tête une douche d'où s'écoule une énergie de lumière blanche. Cette énergie vous arrose entièrement et nettoie toute négativité de votre champ énergétique.

- Cette douche vous revitalise de son énergie de lumière blanche. Inspirez-la.

- Dans cet état de détente et de paix, imaginez que votre cœur s'ouvre. Comme une fleur qui s'épanouit, imaginez que chaque pétale de votre cœur s'ouvre et absorbe l'amour. Avec votre souffle, envoyez cet amour et cette compassion dans votre corps. Imaginez que cet amour transforme la négativité, le stress, la tension et les blessures émotionnelles en une énergie pure et vivifiante. Continuez cet exercice de respiration purificatrice. Nettoyez-vous de tout ce qui ne vous sert plus.

- Imaginez que votre respiration est de l'amour qui circule dans votre corps et qu'il vous revigore et vous guérit.

Demeurez assis en silence aussi longtemps que bon vous semble. Puis, quand vous vous sentez prêt, ouvrez les yeux.

Notez, dans votre journal, ce qui vient de se produire en vous.

Une fois que vous vous serez ouvert aux sentiments positifs et aimants, votre intuition deviendra plus précise. L'amour est une énergie positive et vivifiante. Dans sa forme la plus pure, l'amour n'est pas limité par le temps et l'espace. Il est naturellement psychique, car il existe partout et en tout temps. Quand vous accédez intuitivement à l'amour dans sa forme la plus pure, votre intuition est imprégnée de son énergie pure et vibrante.

Absorber l'énergie des autres

Tout comme il est important de libérer l'énergie émotionnelle qui ne vous sert plus, il est également nécessaire de relâcher les sentiments et les émotions négatives que vous recevez intuitivement des autres. Les relations éveillent en nous toutes sortes de sentiments. En plus d'être affectés par nos propres émotions, nous sommes également influencés par l'énergie émotionnelle que nous percevons involontairement chez les autres. Sans le savoir, beaucoup de gens sont constamment en état de réceptivité intuitive ; ils absorbent les émotions et les sentiments qui les entourent.

Les personnes intuitives de type mental absorbent les émotions des autres dans leurs propres pensées. Pour elles, percevoir les émotions de quelqu'un d'autre peut créer un bombardement d'idées et un bavardage intérieur continu. La personne de type mental peut soudainement être envahie par les problèmes et les préoccupations d'un être cher et, comme les idées et les solutions lui viennent si rapidement et facilement, elle a tendance, sans qu'on le lui demande, à offrir des suggestions et des conseils pour résoudre la situation.

Les personnes intuitives de type émotionnel deviennent confuses et dépassées par l'ampleur des émotions qu'elles absorbent des autres. Ce type intuitif peut devenir confus et être incapable de distinguer ses émotions de celles des autres. Sans comprendre pourquoi, il lui arrive d'éprouver des sentiments à propos de gens ou de lieux ou de se réveiller la nuit aux prises à des émotions intenses et confuses.

Les personnes intuitives de type physique absorbent dans leur corps les émotions et les sentiments des autres. Il leur arrive d'être mal à l'aise et anxieuses quand elles sont près de certaines personnes, et même de tomber malades. En présence d'une autre personne, elles peuvent aussi éprouver un élan d'énergie.

Les personnes intuitives de type spirituel absorbent l'énergie émotionnelle dans leur champ énergétique. Il leur arrive de rêver à d'autres, même à des individus qu'elles connaissent à peine. Cela m'arrivait souvent durant mon enfance. Je me rappelle une fois, alors que j'avais environ dix ans, je faisais la file derrière une femme, avec ma mère, à la caisse de l'épicerie. Même si nous ne la connaissions pas et ne lui avions pas parlé, j'ai fait un rêve troublant à propos d'elle, cette nuit-là.

L'énergie émotionnelle des autres peut vider une personne intuitive de type spirituel et lui donner l'impression d'être déconnectée de sa propre intuition et de son centre spirituel. La personne peut même finir par se sentir déprimée et découragée.

Jenny

Jenny est un exemple de personne intuitive attentionnée qui répond aux besoins énergétiques d'une autre personne. Jenny travaille dans un studio de photographie très fréquenté et spécialisé dans les photographies de famille et de mariage. Jenny est venue me consulter parce qu'elle voulait discuter de ses plans de carrière. Comme elle se considérait comme une artiste, elle a accepté cet emploi au studio pour payer ses études. Mais elle a fini par quitter l'université et s'est mise à travailler jusqu'à dix heures par jour à photographier des enfants et leur famille. Le studio appartient à Damian, un homme envers qui elle est entièrement dévouée, même si cela crée une certaine confusion chez elle.

Quand je me suis concentrée sur le champ énergétique de Jenny, j'ai été surprise par la vague de potentiel que j'ai ressentie. Son âme était comme un jardin en technicolor de possibilité créative qui n'attendait qu'à pousser. J'ai dit à Jenny ce que j'avais ressenti, et elle m'a honteusement avoué qu'elle savait de quoi je parlais.

Je lui ai dit que, pour tirer le maximum de son potentiel créatif, elle devait s'éloigner de la photographie pour se concentrer sur d'autres formes d'art. En entendant ces paroles, son visage s'est couvert de larmes. Elle m'a répondu que même si elle savait qu'elle allait un jour assouvir la passion de sa vie, elle était pour le moment entièrement dévouée à son travail dans le studio. Son patron, Damian, lui avait souvent dit qu'il la soutiendrait si jamais elle voulait retourner aux études et qu'il la laisserait travailler à temps partiel. Cependant, Jenny savait combien Damian avait besoin d'elle.

Si elle est aussi dévouée envers Damian depuis quelques années, c'est en raison d'un rêve qu'elle a fait. Dans ce rêve, Damian était venu la chercher pour lui dire qu'il avait besoin d'elle. Jenny s'était réveillée convaincue qu'il y avait un lien amoureux qui les unissait et que, pour des raisons qu'elle ne pouvait pleinement comprendre, elle devait être dans sa vie pour le soutenir. Jenny m'a raconté que depuis ce rêve, elle a senti que Damian avait besoin d'elle. Il lui arrive, certains jours, de sentir son énergie lui demander du soutien et de l'aide.

Jenny a accepté de reporter son désir artistique pour répondre à la requête non formulée de Damian. Elle ressent si profondément ses besoins émotionnels qu'elle ne peut se résoudre à quitter son emploi.

Jenny captait non seulement intuitivement les besoins et l'énergie émotionnelle de Damian, mais elle y répondait d'une façon qui n'était pas dans leur meilleur intérêt. Comme ils veulent aider, beaucoup de gens aimants et bien intentionnés baignent dans l'énergie des autres et même de leur environnement. Malheureusement, cela ne procure pas l'effet désiré. Quand vous supportez le fardeau de leurs problèmes, de leur stress et de leur malheur, vous n'apportez aucune aide. Vous risquez de vous sentir confus et vidé de votre énergie.

Comment savoir quand vous êtes influencé
par l'énergie d'une autre personne
Absorber l'énergie émotionnelle des autres peut être un phénomène très subtil. Il faut de l'attention et de la pratique pour prendre conscience des moments où vous captez les émotions, les pensées et les croyances de quelqu'un d'autre.

Pour savoir si vous absorbez de l'énergie non désirée, prenez conscience des sentiments tels que la dépression, la colère, le désespoir et la frustration quand vous êtes en présence de quelqu'un ou peu de temps après l'avoir quitté. Vérifiez également les sensations de votre corps comme la lourdeur, la fatigue ou la langueur. Vos pensées sont-elles éparpillées ou agitées ou êtes-vous inquiet ou anxieux quand vous êtes avec une personne en particulier ? D'autres signes évidents que vous absorbez l'énergie toxique de quelqu'un d'autre sont le sentiment d'être détaché de votre corps, distrait ou mal ancré ou la vague sensation de ressentir un bourdonnement intérieur.

Si vous éprouvez l'une de ces sensations ou de ces émotions et que vous ne savez pas vraiment si elle vous appartient ou si vous l'avez absorbée de quelqu'un d'autre, faites l'exercice suivant.

Prenez conscience de ce que vous absorbez
Cette visualisation va vous aider à prendre conscience de la façon dont les autres vous affectent et de ce que vous pouvez percevoir intuitivement chez eux.

Commencez en choisissant une personne avec qui vous êtes en relation.

- Détendez-vous et fermez les yeux.

- Respirez profondément.

- Maintenant, imaginez un cercle le plus claire-ment possible, dans ce cercle, imaginez qu'il y a une sphère lumineuse de couleur dorée. Cette sphère vous représente.

- Détendez-vous et respirez profondément.

- Imaginez que vous êtes une sphère d'une énergie d'une autre couleur (rouge, mauve, orange, etc.). Inventez-la. Laissez cette sphère pénétrer dans le cercle à côté de votre sphère dorée.

- Observez ce qui se produit. Est-ce que les cou-leurs fusionnent ? Une couleur est-elle plus rayonnante que l'autre ? Se lient-elles ou se repoussent-elles ? Est-ce qu'une couleur recouvre l'autre ?

- Maintenant, imaginez-vous dans le cercle avec la personne de votre choix. Comment vous sentez-vous ? Que se produit-il ?

- Demeurez avec cette énergie le plus longtemps possible pour l'observer, l'écouter et la ressentir.

- Quand vous êtes prêt, ouvrez les yeux et notez dans votre journal tout ce que vous avez ressenti.

Abby

Pour effectuer cet exercice, mon élève Abby a choisi son petit ami. Quand elle a visualisé le cercle et s'est vue sous la forme d'une sphère dorée, elle s'est sentie légère et rayonnante. Quand son petit ami est entré dans le cercle sous la forme d'une sphère mauve, la sphère dorée d'Abby a semblé diminuer. La sphère mauve de son petit ami a empli le cercle et elle s'est sentie envahie.

Quand Abby s'est visualisée en train de pénétrer dans le cercle, elle s'est aussitôt sentie anxieuse et stressée. Elle a pris conscience de la façon dont elle percevait intuitivement et absorbait l'inquiétude et l'anxiété de son petit ami. Elle a réalisé qu'elle absorbait son stress à propos de son travail. Il n'était pas heureux dans son emploi et avait de la difficulté à en trouver un autre.

Cela l'a aidée à réaliser combien elle était non seulement affectée par l'énergie de son petit ami, mais aussi par d'autres gens dans sa vie.

Ce constat a aidé Abby à demeurer intérieurement centrée en présence des autres. Elle a davantage pris conscience de sa tendance à absorber les problèmes et les émotions des autres. Elle a appris à les aimer sans absorber leurs sentiments. Cela s'est vite avéré positif. Elle s'est sentie plus calme et moins anxieuse et a pris l'habitude d'envoyer chaque jour à son petit ami de l'énergie empreinte d'amour et de soutien. Ils ont tous les deux semblé bénéficier de cette approche.

Libérez-vous de l'énergie des autres

Pour vous libérer de ce que vous captez intuitivement, il suffit de prendre conscience de l'influence de l'énergie des autres sur vous. Même si vous n'êtes pas entièrement certain de capter intuitivement les maux, les douleurs, les pensées, les émotions ou la négativité des autres, concentrez-vous simplement sur le fait que vous en êtes conscient et décidez fermement que peu importe l'énergie que vous absorbez, elle sera redonnée à la personne ou envoyée dans l'énergie purificatrice de l'amour inconditionnel.

Aimez-vous et ayez de la compassion pour votre désir d'aider et de prendre soin des autres. Imaginez qu'une énergie d'amour purificatrice, sous forme de lumière blanche, coule sur vous et que les obstacles, les préoccupations et les émotions de ceux qui font partie de votre cercle amoureux sont emportés et transformés.

6

ÉTAPE 6 : MAÎTRISEZ LE POUVOIR DES ÉMOTIONS

Nous venons d'explorer la façon de nous libérer des émotions refoulées et de l'énergie absorbée chez les autres, mais que faire du flux constant des émotions qui font normalement partie des relations ? Du désir sensuel à l'apathie, de la compassion à l'aspiration, de la joie à la déception et de l'espoir au désespoir, vous êtes sûrement passé par toutes ces gammes d'émotions dans le cadre de vos relations.

Pour développer délibérément et avec précision notre intuition dans nos relations, nous devons composer avec les émotions — les merveilleux sentiments romantiques de même que les sentiments confus. Ce n'est pas un secret que les émotions constituent une forme puissante d'énergie. Pour développer votre intuition en amour, la sixième étape consiste à apprendre à transformer la puissance remarquable des émotions et à les utiliser dans votre meilleur intérêt. Le fait de maîtriser le pouvoir de vos émotions sera non seulement bénéfique dans votre vie, et ce, de manière indicible, mais cela vous permettra aussi d'accroître votre potentiel intuitif et la précision de ce que vous percevez.

Établir une nouvelle relation avec l'énergie émotionnelle

Les émotions sont de l'énergie, une puissante énergie utile que nous pouvons maîtriser et utiliser. En matière d'intuition et d'émotions, le vieil adage «si vous ne pouvez pas les battre, ralliez-vous à eux» est de bon conseil.

Les émotions font partie intégrante de qui nous sommes et de la vie. Nous aimerions parfois les éradiquer et nier leur présence, mais ce ne sera jamais possible. Les émotions sont des indicateurs qui nous donnent de l'information sur qui nous sommes et sur la façon dont nous prenons soin de nous, en plus de nous révéler le caractère des autres.

Vous n'êtes pas vos émotions
L'ego, cette partie de vous qui se sent séparée et éloignée de la source de l'amour, se perd souvent dans les émotions et devient dépassé et impuissant. Cela arrive au meilleur d'entre nous. Les relations peuvent provoquer des réactions émotionnelles intenses, profondes et parfois étonnantes.

Quand vous vous engouffrez dans le tourbillon des émotions, essayez ces simples étapes :

- Identifiez ce que vous ressentez. Nommez-le.

- Embrassez pleinement la puissante énergie de vos sentiments. Plus vous acceptez de les ressentir, plus vite leur intensité s'estompera et l'émotion passera.

- Prenez conscience que vous n'êtes pas ce que vous ressentez.

- Reconnaissez que vos émotions n'ont aucun pouvoir sur vous. Vous avez le choix de réagir comme il vous plaît et d'agir ou non en fonction de ce que vous ressentez.

L'intelligence émotionnelle psychique

Quand vous vous alignez sur la puissance de l'énergie émotionnelle, vous augmentez votre habileté intuitive. La précision de votre intuition dépend de votre habileté à vous concentrer sur les impulsions énergétiques invisibles sans être influencé par votre bavardage intérieur et les montagnes russes des émotions.

Depuis quelques années, l'importance de l'intelligence émotionnelle est de plus en plus prouvée. Des théories démontrent que, chez un individu, l'intelligence émotionnelle est aussi importante pour réussir dans la vie que tout autre type d'intelligence. L'intelligence émotionnelle nous permet de maintenir un équilibre malgré le climat émotionnel qui prévaut. Il s'agit là d'un élément essentiel pour assurer une réceptivité intuitive claire et précise.

L'intelligence émotionnelle décrit une variété d'habiletés émotionnelles. Parmi certains des aspects importants, notons :

- la capacité de percevoir et de nommer les émotions que nous ressentons ;

- l'habileté à percevoir ce que les autres peuvent ressentir ;

- l'habileté à harmoniser nos émotions avec notre environnement et les émotions des autres ;

- la capacité de comprendre comment les émotions évoluent et changent ;

- l'habileté à maîtriser nos émotions dans le but d'atteindre nos objectifs[1].

Votre intuition combinée à ces habiletés donne un puissant duo. Comme vous l'avez sans doute découvert, pour posséder une intuition précise, l'un des plus grands défis est d'être capable de distinguer la voix de votre ego hyperactif de la guidance claire et pure de l'amour. Au lieu d'interférer avec votre guidance intuitive, vos émotions peuvent devenir d'importantes alliées.

---

1. Daniel Goleman, *L'intelligence émotionnelle*, Paris : R. Laffont, 1997, 421 p.

Les exercices suivants vous montreront comment utiliser la force de vos émotions pour vous élever à des niveaux supérieurs de conscience intuitive.

Accroître l'intelligence émotionnelle intuitive

Les quatre exercices suivants vous aideront à développer et à accroître votre intelligence émotionnelle intuitive. Répétez-les souvent afin de renforcer et de peaufiner votre perception intuitive.

En faisant ces exercices, demeurez conscient de votre type intuitif dominant et utilisez les techniques décrites précédemment pour transformer les signaux intuitifs en information utile. La personne intuitive de type émotionnel reçoit l'intuition sous forme d'énergie émotionnelle, celle de type mental, sous forme de pensées, celle de type physique, sous forme de sensations dans le corps et celle de type spirituel, sous forme de sensations énergétiques, de vibrations et de couleurs. Prêtez attention à ces signaux intuitifs parfois subtils et rappelez-vous que peu importe la façon dont vos perceptions intuitives initiales surgissent, vous pouvez créer des images, des symboles, des visions ou des métaphores à partir de celles-ci pour en tirer une guidance plus approfondie.

Vous pourriez recevoir très peu d'information intuitive claire. Si c'est le cas, prêtez attention à vos rêves, à vos rêves éveillés et aux synchronicités. Nous recevons souvent l'information énergétique au moment où nous

nous en attendons le moins, même des jours ou des semaines après que nous l'ayons demandée. Il est possible que durant les exercices, vous ne teniez pas compte de certaines impressions et informations que vous jugez sans importance. Voilà pourquoi il est important de noter immédiatement ce que vous percevez, dans votre journal. Rappelez-vous que vous êtes votre source la plus fiable pour interpréter les images, les symboles, les impressions, les sentiments, le savoir intérieur et les sensations corporelles qui vous viennent. En recevant les diverses impressions durant chaque exercice, prenez le temps de les examiner. Ne vous empressez pas de les interpréter. Demandez-vous quelles associations et significations certains symboles et images ont pour vous. Évitez de trop analyser vos premières réponses.

Une qualité de l'intelligence émotionnelle est l'habileté à maîtriser vos émotions dans le but d'atteindre vos objectifs. Par exemple, vous vous êtes récemment disputé avec votre partenaire à propos de la façon de dépenser et d'économiser de l'argent. Les gens qui possèdent une très grande intelligence émotionnelle prendraient ces sentiments de frustration et de stress qu'ils éprouvent l'un envers l'autre et les canaliseraient en action positive. Ils pourraient, par exemple, décider d'établir chacun un budget, puis accepter de faire tous les deux des compromis de manière à en venir à s'entendre mutuellement sur un plan financier.

Transformer l'émotion en prise de conscience
Les émotions fortes et les sentiments puissants bien
canalisés peuvent rehausser et renforcer la conscience
intuitive. Au lieu d'être intuitivement induit en erreur
et confus par les émotions, vous pouvez vous en servir
pour accroître votre habileté intuitive.

Même si cet exercice peut être effectué pendant que
vous éprouvez des sentiments intenses, il est préférable
de le faire quand vous vous sentez plus calme et
équilibré.

- Pensez à une question à propos de laquelle vous
  aimeriez être guidé intuitivement. Notez-la par
  écrit. Par exemple :

  Vais-je rencontrer un partenaire amoureux ?
  Que puis-je faire pour connaître plus d'amour dans ma
  vie ?
  Que puis-je faire pour améliorer ma relation avec… ?

- Après avoir noté votre question, fermez les
  yeux, et inspirez et expirez profondément. Puis,
  rappelez-vous un moment de votre vie qui suscite en vous un sentiment puissant. Rappelez-
  vous un souvenir ou un événement qui éveille
  une émotion. Acceptez tout ce qui vous vient à
  l'esprit. Il peut s'agir d'un moment où vous avez
  été déçu, excité, transporté de joie ou chagriné.

- Sentez dans votre esprit et votre corps l'intensité de ces sentiments. Ils ne sont ni positifs, ni négatifs, ce n'est que de l'énergie. Sentez-les sous forme d'énergie.

- Ensuite, sentez la force puissante qui se cache derrière ces sentiments. Imaginez que cette force puissante circule facilement en vous et élimine toute résistance ou tout obstacle pouvant interférer avec votre habileté à recevoir une guidance intuitive claire. Au lieu de réprimer l'intensité de vos émotions ou de vos sentiments, détachez-vous-en et ne les jugez pas comme bons ou mauvais. Acceptez plutôt leur pouvoir et leur résonance. Imaginez-vous en train d'inspirer cette énergie dans votre corps à partir du sommet de votre crâne jusqu'à la plante de vos pieds.

- Continuez de faire circuler cette énergie dans votre corps, en sentant celui-ci s'emplir d'une énergie vitale et puissante. Vos sentiments se sont maintenant transformés en pure énergie. Vous pourriez sentir des picotements ou une vibration subtile à mesure que cette énergie circule en vous.

- Imaginez l'énergie flotter comme un rayon de lumière blanche et projeter votre question sur celui-ci. Cette lumière blanche possède une intelligence et de la compassion.

- Écoutez et recevez, soyez ouvert à la guidance qui vient vers vous. Demeurez dans cet état de réceptivité le plus longtemps possible.

- Servez-vous de votre imagination pour créer des symboles, des images, des chiffres, des lettres ou des mots avec l'énergie qui vous vient intuitivement. Vous pourriez éprouver la sensation de savoir instantanément quelque chose ou le sentir dans vos tripes. Ne jugez pas ou n'essayez pas de penser ou de comprendre ce que vous recevez. Essayez de demeurer le plus ouvert possible.

- Après avoir reçu autant d'information qu'il vous semble possible, prenez quelques profondes respirations et revenez pleinement dans votre corps. Ouvrez les yeux et, sans trop réfléchir à ce que vous avez reçu, notez par écrit vos impressions et l'information.

Comme ci-dessus, prenez le temps d'interpréter vos impressions, en vous rappelant que cette guidance pourrait ne pas être claire immédiatement. Ne vous découragez pas s'il vous faut des jours ou même des semaines pour la comprendre.

La psychométrie émotionnelle
Quand vous possédez une grande intelligence émotionnelle, vous êtes non seulement capable d'identifier ce

que vous ressentez, mais aussi ce que les autres ressentent. Vous pouvez alors prendre des décisions qui valident consciemment ces sentiments et leur donnent du pouvoir.

Par exemple, les personnes qui possèdent une grande intelligence émotionnelle peuvent souvent détecter ce que leur partenaire ressent, en se fiant à ses expressions faciales et à la position de son corps.

La perception intuitive pousse cette habileté au-delà des limites de simplement sentir les émotions d'une personne présente dans votre champ énergétique. En d'autres termes, la personne n'a pas besoin d'être physiquement présente pour que vous sentiez ses émotions et son état d'esprit. Avec la perception intuitive, vous avez le pouvoir d'être conscient de l'état émotionnel ou de la situation d'une personne, peu importe le temps et l'espace.

L'exercice suivant donne un cadre pour percevoir intuitivement les émotions et l'état d'esprit d'une autre personne qui n'est pas présente. Avec de la pratique, il devient plus facile de distinguer vos sentiments de ceux qui vous proviennent des autres.

Cet exercice fait appel à la psychométrie, c'est-à-dire l'habileté à recevoir intuitivement des impressions sur une personne à partir d'un objet qui lui appartient. Il est préférable de faire cet exercice avec les objets d'une personne que vous ne connaissez pas très bien. Moins vous en savez sur elle, plus vous aurez confiance que vos impressions intuitives sont claires et précises. Vous aurez besoin d'un effet personnel comme un bijou ou une montre, ou vous pouvez utiliser une photographie de la personne. Une fois que vous vous sentez plus confiant à propos de votre habileté intuitive, vous pouvez utiliser cette technique avec quelqu'un que vous connaissez mieux.

- Assoyez-vous dans une position confortable, et inspirez et expirez profondément. Fermez les yeux et prenez encore quelques profondes respirations pour vous détendre. Prenez conscience des pensées qui vous viennent à l'esprit et prenez-en note. Puis, concentrez-vous sur votre respiration et laissez aller ces pensées. Continuez de respirer et de vous détendre, laissez les émotions et les sentiments surgir en vous. Nommez-les à mesure que vous les percevez. Vous pourriez vous sentir nerveux, excité ou dubitatif; peu importe vos sentiments, acceptez-les.

- Prenez l'objet ou la photographie. Tenez-le, fermez les yeux et prenez quelques profondes respirations. Sentez-vous comme un canal clair et ouvert à recevoir les émotions et les sentiments du propriétaire de l'objet. Vous êtes un espace ouvert qui laisse pénétrer l'énergie émotionnelle.

- Prenez conscience de ce qui se passe dans votre cœur. Quels sentiments émergent? Respirez en ouvrant votre cœur et en recevant l'énergie. Que ressentez-vous ? Nommez ces sentiments.

- Prêtez attention à votre ventre et à votre plexus solaire. Nommez les sensations que vous ressentez dans ces régions. Vous ressentirez peut-être plus d'une sensation. En nommant ces émotions et ces sentiments, prenez intérieurement conscience de l'exactitude de vos perceptions. Est-ce qu'elles sonnent vraies dans votre corps ?

- Respirez et soyez à l'écoute de votre corps. Prenez quelques minutes pour respirer et vous détendre, et laissez votre corps vous révéler d'autres impressions et sensations.

- Tenez l'objet ou la photographie, et imaginez qu'il communique avec vous. Que vous dirait-il s'il pouvait parler ? Demeurez ouvert et écoutez ; prenez quelques minutes pour demeurer en état de réceptivité.

Quand vous êtes prêt, notez dans votre journal les sentiments, les émotions, les impressions ou les sensations que vous avez éprouvés durant cette méditation. Servez-vous de votre intuition pour interpréter ce que vous avez reçu.

Harmonisez vos émotions

L'intelligence émotionnelle correspond aussi à l'habileté à harmoniser vos émotions avec les autres et avec votre environnement. Imaginons que vous rentrez chez vous, un soir, fâché à propos d'une situation qui s'est produite au travail durant la journée. Votre intelligence émotionnelle vous permettra d'ajuster vos sentiments afin de ne pas entrer dans la maison et de critiquer immédiatement votre partenaire. Vous pourrez plutôt entrer et vous mettre en harmonie avec l'humeur positive de ce dernier.

La conscience intuitive est l'habileté à reconnaître vos sentiments, sans être exagérément influencé par ceux-ci au contact de quelqu'un d'autre. Cela vous permet aussi de recevoir une guidance intuitive qui peut affecter positivement vos relations avec les autres.

Il est souvent difficile de capter clairement l'énergie d'un amoureux potentiel ou d'un partenaire. Nos contacts connaissent des hauts et des bas et sont chargés d'émotion ; nous avons parfois de la difficulté à communiquer. Nous pouvons être tellement plongés dans notre propre expérience que nous sommes incapables de reconnaître ce que les autres vivent. Malheureusement, quand nous avons le plus besoin de guidance supérieure pour améliorer ou guérir nos relations, nous sommes souvent incapables de l'obtenir. Cet exercice offre un moyen d'entrer en lien avec l'autre et de recevoir une guidance utile et salutaire.

Harmonisez vos émotions avec celles d'une autre personne
Commencez en pensant à une personne avec qui vous êtes actuellement en relation ou l'étiez dans le passé.

- Pensez à des circonstances, à des conditions et au lien que vous avez eu avec cette personne. Que ressentez-vous à propos de cette personne et de votre relation? Vous sentez-vous blessé, confus ou anxieux à propos de cette personne ou de votre relation? Notez par écrit tout ce qui vous vient à l'esprit en étant franc et direct.

- Après avoir noté tout ce qui vous vient à l'esprit, assoyez-vous en silence et prenez quelques profondes respirations. Maintenant, étendez-vous ou assoyez-vous confortablement pendant un bref moment. Fermez les yeux, respirez profondément et envoyez l'énergie de votre souffle dans toute partie de votre corps qui est douloureuse ou tendue. Inspirez une énergie de lumière blanche et expirez tout stress ou tension qui se trouve dans votre corps. Inspirez de nouveau et chassez les pensées, les inquiétudes, les préoccupations de la journée — lâchez prise.

- Tout en respirant, imaginez qu'une bulle de lumière blanche commence à vous entourer. Vous sentez les parois de cette bulle devenir plus fortes et protectrices. Elle ne laisse pénétrer que ce qui est pour votre plus grand bien. À l'intérieur des parois de cette bulle, lâchez prise et libérez-vous de tout sentiment et de toute émotion dont vous n'avez plus besoin. Les sentiments de stress, d'anxiété, de peur, de chagrin et de négativité s'envolent facilement et traversent les parois de la bulle.

- Quand vous avez l'impression de vous être libéré de tout ce que vous pouviez, imaginez que vous invitez dans cette bulle une personne avec qui vous aimeriez améliorer votre relation. Laissez l'esprit de cette personne s'approcher. Offrez-lui de la gentillesse et de la compassion. Faites-lui savoir que vous aimeriez que votre relation s'améliore. Observez l'énergie de la personne. Choisit-elle d'entrer dans la bulle avec vous ? Si vous sentez de la résistance, acceptez-la.

- Demandez à l'énergie de la personne de vous révéler ce qu'elle aimerait que vous sachiez. Écoutez et demandez de percevoir intuitivement la vérité de cette personne. Continuez de respirer profondément et d'écouter, en prêtant attention aux sentiments et aux sensations qui surgissent en vous. Recevez le point de vue de cette personne. Sentez ce qu'elle ressent.

- Quand vous avez l'impression d'avoir reçu tout ce que vous pouviez, remerciez la personne d'avoir partagé son énergie avec vous. Imaginez que la bulle commence à grandir et à vous envoyer de l'amour et de l'harmonie à tous les deux.

- Harmonisez vos deux énergies et inspirez de la paix et de la sérénité. Quand vous êtes prêt, imaginez que la bulle se dissout et vous transmet à tous les deux de l'énergie. Ouvrez les yeux et notez ce que vous venez de vivre.

La prémonition émotionnelle

L'intelligence émotionnelle est la capacité de comprendre comment les émotions évoluent et changent, et comment nous pouvons apprendre de ces émotions. C'est également l'habileté à lâcher prise aux blessures du passé et à vivre plus pleinement dans le moment présent en ayant le cœur et l'esprit ouverts. Vous pourriez, par exemple, être fâché en raison d'un commentaire désobligeant que votre partenaire vous a fait. Avec le temps, cette colère se transforme en blessure et votre colère fait place à de la tristesse. Puis, vous êtes prêt à lâcher prise à la blessure et à pardonner. Et vous vous sentez alors plus fort et confiant grâce à votre capacité à pardonner.

La conscience intuitive et psychique peut vous guider sur la façon dont vous avez besoin de changer et d'évoluer pour connaître la joie et la sérénité que vous désirez. Par exemple, certaines personnes sont très seules. La solitude est une sorte de souffrance dont il est difficile de se libérer en raison de sentiments d'impuissance. La conscience intuitive peut vous aider à adopter un état d'esprit plus positif. Elle peut vous offrir une forme de perception prémonitoire vous permettant de voir la joie et l'amour que vous connaîtrez à l'avenir et auxquels vous aspirez. Vous pourriez aussi prendre intuitivement conscience d'un moment dans le passé où vous avez connu l'état émotionnel que vous désirez.

En prenant conscience que vous vivez ce que vous désirez le plus, vous pourrez quitter l'état d'esprit émotionnel dans lequel vous vous enlisez.

Pensez à une émotion ou à un état d'esprit que vous aimeriez changer. Il est possible que vous souffriez encore d'une situation ou d'un événement passé. Vous avez peut-être été déçu ou trompé ou vous avez subi une perte qui vous bouleverse. Prenez un moment pour réfléchir aux sentiments que vous aimeriez transformer. Notez-les par écrit, même ceux qui vous semblent difficiles et troublants. Puis, pensez à la façon dont vous préféreriez vous sentir. Voulez-vous vous sentir en paix plutôt qu'en colère ou éprouver de l'acceptation et de l'espoir plutôt que de la tristesse? Pour vous aider à remplacer les sentiments négatifs par des sentiments positifs, essayez l'exercice suivant.

- Notez un sentiment ou une émotion qui persiste et que vous aimeriez transformer ou chasser. Puis, assoyez-vous en silence et fermez les yeux. Prenez quelques longues inspirations et imaginez la tension et le stress disparaître à mesure que vous expirez. Continuez d'inspirer, puis expirez la tension et le stress.

- Tout en continuant de respirer profondément, prêtez attention à votre corps, en commençant par le sommet du crâne, et notez tout endroit où vous sentez l'émotion ou le sentiment sur lequel vous vous concentrez. Respirez en vous concentrant sur cette partie du corps et imaginez que vous vous libérez de ces sentiments. Continuez d'inspirer et d'expirer ces sentiments.

- Quand vous avez l'impression de vous être libéré le plus possible de ces sentiments, prêtez attention à ce que vous préféreriez ressentir, par exemple, de l'amour, de la joie, de la sérénité, de la paix, de l'acceptation. Inspirez ces sentiments et ces émotions.

- Imaginez un moment ou un lieu où vous avez ressenti l'émotion que vous aimeriez actuellement ressentir. Vous aurez sans doute l'impression de tout inventer, et c'est sans doute le cas. La ligne est mince entre l'imagination et la réalité prémonitoire extrasensorielle. En vérité, vous inventez votre avenir, alors voyez grand! Voyez-vous recevoir de l'amour, vivre dans la joie et le bonheur, être pardonné et entouré de paix et de sérénité.

- Observez-vous dans un environnement qui sert votre plus grand bien. Faites-en un lieu le plus réel possible. Imaginez l'ambiance, les couleurs et l'atmosphère. Gardez cette vision le plus longtemps possible, en notant les détails et l'essence. Que se produit-il dans cette image, et où êtes-vous? Êtes-vous seul ou y a-t-il quelqu'un avec vous? Si oui, à quoi ressemble cette personne? À quel moment dans l'avenir cela se produit-il? Laissez-vous imprégner de toute information.

- Puis, respirez et imaginez que cette image se déplace dans votre corps, là où étaient enlisés les sentiments négatifs et douloureux. Inspirez cette image dans votre cœur, ouvrez ce dernier et engagez-vous à créer un avenir qui sert votre plus grand bien.

- Chassez les émotions négatives et emplissez-vous d'émotions positives. Imaginez que vous êtes empli de joie et de paix, à mesure que vos difficultés se transforment.

Notez les impressions, les sensations et l'information qui vous viennent. Prenez votre temps pour interpréter vos impressions. Confirmez les sentiments positifs que vous venez d'éprouver et ayez l'intention d'en faire de nouveau l'expérience.

Quand les émotions cessent de dominer votre humeur et vos actions, vous ressentez alors un calme intérieur. Il s'agit d'un pouvoir authentique. Dans la vie, la véritable liberté est la capacité de gérer nos émotions, nos pensées, nos comportements et nos actions de manière à attirer, manifester et ressentir de l'amour et de l'abondance. Continuez de mettre en pratique cette sixième étape du développement de votre intuition en amour, soit l'habileté à transformer et à utiliser vos émotions. Cela vous permettra de maîtriser vos réactions émotionnelles, aussi bouleversantes soient-elles, et de les utiliser pour votre plus grand bien.

7

ÉTAPE 7 : ACCUEILLEZ L'AMOUR ABSOLU

L'amour est simplement de l'amour. Mais l'est-ce vraiment? Pour apprécier le lien entre l'intuition et l'amour, nous devons comprendre la différence entre l'amour relationnel, c'est-à-dire basé sur la personnalité, et l'amour absolu, c'est-à-dire l'amour basé sur l'âme.

Dans sa forme absolue, l'amour est une énergie divine de force vitale qui est au cœur de chaque être vivant. Il est le *ciment* de l'Univers et une énergie électrisante. Cet amour est sage, empathique et ne connaît aucune limite. Il unit et nous démontre que nous ne faisons qu'un avec tout ce qui est. L'amour absolu attire les âmes sœurs éloignées l'une vers l'autre et il peut guérir tout problème, toute blessure et toute relation. Rien de ce que nous affrontons dans notre vie ou dans nos relations n'est plus puissant que l'amour absolu. Il est naturellement intuitif du fait qu'il transcende le temps, l'espace et les situations. Quand nous interagissons avec cet amour, nous déclenchons le pouvoir de l'intuition.

Nous connaissons l'amour relationnel à travers le prisme de nos croyances, de nos émotions, de nos jugements, de nos biais et de nos expériences. Nous connaissons habituellement l'amour relationnel dans nos relations avec les autres, et il peut être embrouillé par la peur et la défensive. C'est l'amour qui déçoit et blesse, tout en nous poussant à continuer de regarder les autres dans les yeux avec l'espoir d'y trouver notre salut.

Bien que la source de l'amour que nous exprimons à quelqu'un d'autre soit basée sur la personnalité, l'amour que nous recherchons si ardemment émane de l'âme. Le véritable travail de l'amour est donc de nous unir à sa source pure et, par le fait même, au bonheur.

La septième étape du développement de l'intuition en amour consiste donc à accueillir l'amour absolu.

Comment vous relier intuitivement à l'amour absolu

J'aime demander à mes clients et à mes amis à quel moment ils ont éprouvé le plus haut degré d'amour absolu. Sans hésitation, ils me donnent le plus souvent une ou deux formes. Ils me disent qu'ils ont connu l'amour absolu avec un animal de compagnie ou par une sorte de lien mystique avec le monde naturel.

Un matin par semaine, l'un de mes amis — un artiste accompli — se réveille à 4 h et grimpe pendant une heure sur une montagne escarpée pour aller observer le lever du soleil. Il me dit que cela lui permet d'ouvrir son cœur à l'amour de l'Univers et que cela l'inspire durant toute la semaine.

Quand vous êtes en présence de l'amour absolu, vous avez l'impression que tout va bien, même si la vie vous prouve le contraire. Vous ressentez alors intérieurement que votre vie a un sens et un but et que vous êtes aimé. Vous percevez que votre vie est reliée au grand tout et que vous n'êtes pas seul. Nous avons tous connu des moments pareils. Ils se produisent quand nous sommes en réflexion, quand nous écoutons le chant mélodieux d'une rivière limoneuse, durant nos moments d'intimité avec un amoureux ou peut-être quand notre chat ronronne sur nos cuisses.

Une rencontre avec l'amour

Il y a quelques années, j'ai rencontré l'amour absolu et il m'a transformée de nombreuses façons, notamment en augmentant ma sensibilité psychique. À ce moment-là, je travaillais à temps partiel au conseil des arts de ma communauté en tant qu'artothérapeute auprès d'enfants qui souffraient de handicaps physiques et mentaux. Le reste du temps, j'œuvrais en tant que voyante et médium. J'aimais ces deux activités, même si j'avais parfois de la difficulté à ne pas absorber le chaos et le désarroi qui accompagnent souvent le fait de travailler auprès d'enfants handicapés.

Déterminée à transmettre l'énergie salutaire de l'art à des jeunes agités, j'ai convaincu le conseil des arts de me laisser offrir un cours d'art dans une école alternative d'adolescents qui avaient été expulsés de l'école publique en raison de leur comportement turbulent ou violent. Doutant grandement que cela fonctionne, ils ont accepté avec réticence. Au début, le temps que je passais auprès de ces élèves était épuisant; ils ne montraient aucun intérêt. Il a fallu des mois avant qu'ils ne me fassent suffisamment confiance pour essayer d'explorer ce que je leur enseignais. Avec le temps, je les ai apprivoisés, et ils ont commencé à s'intéresser à moi et à l'art. Moi, par contre, je suis devenue de plus en plus anxieuse et tendue avec eux. Je rentrais chez moi épuisée et je demeurais éveillée, la nuit, en état de panique. L'agressivité et le caractère imprévisible des élèves auxquels j'étais confrontée à l'école avaient fini par me vider de mon énergie. Même si j'aimais les élèves, j'avais de plus en plus de difficulté à être en leur présence. Mes barrières psychiques n'étaient pas suffisamment solides pour empêcher les vagues d'intensité émotionnelle et mentale m'envahir. J'ai songé à quitter l'école ou à cesser de travailler en tant que voyante, mais j'ai finalement décidé de poursuivre les deux et de terminer l'année scolaire.

Un matin, en arrivant dans le stationnement de l'école, j'ai vu un groupe de garçons qui jouaient au basket-ball. Près du terrain, il y avait un jeune qui se tenait isolé dans un coin. C'était Rick. Rick était petit pour son âge. Il était né prématurément avec le syndrome d'alcoolisme fœtal d'une mère alcoolique et toxicomane. Son beau-père était violent envers lui, et Rick portait encore sur ses bras des marques de brûlures de cigarettes. Rick avait été placé dans une famille d'accueil à l'âge de huit ans. Il avait maintenant quinze ans et vivait dans un foyer de groupe avec cinq autres garçons. Je suis sortie de ma voiture et je suis restée là, complètement paralysée à regarder Rick. Il n'était pas très dégourdi et faisait souvent l'objet de blagues et de farces cruelles.

En le regardant, mon cœur a commencé à s'ouvrir, et pas juste un peu. Mon cœur s'est ouvert comme si une digue venait de se briser. Une force circulait en moi, qui n'était pas *moi*, et je ne pouvais pas l'arrêter. J'avais l'impression que c'était de l'amour, mais pas le genre d'amour auquel j'étais habituée. Ce n'était pas mon amour; c'était une énergie puissante, intelligente et tendre qui aimait ce garçon avec compassion. Je savais que je devais renoncer à l'idée de maîtriser la situation. Cet amour semblait savoir ce qu'il faisait. J'ai continué de regarder Rick, qui était appuyé contre la clôture rouillée, et il m'a salué de la main. J'ai fait de même et j'ai alors commencé à le voir comme un garçon précieux et vulnérable, et non pas comme l'adolescent en colère et potentiellement menaçant auquel j'étais habituée. J'ai éprouvé des sentiments semblables à ceux d'une mère qui voit pour la première fois son minuscule nouveau-né; il était magnifique. J'ai vu l'âme de Rick.

J'aurais cru qu'un tel moment de transcendance se serait produit pendant que je me trouvais dans un lieu serein, en pleine nature, ou après une profonde méditation spirituelle. Mais non! J'étais là, debout près d'une clôture rouillée, fatiguée, nerveuse et voulant simplement que la journée prenne fin.

Cet événement m'a énormément changée. La nervosité, l'anxiété et le stress qui m'accompagnaient à l'école ont disparu. Ce serait un euphémisme de dire que j'en ai été surprise. Je pouvais dorénavant marcher au milieu de la tension et de la colère avec le sourire aux lèvres, sans en être affectée.

J'ai également connu un changement dans mon travail de voyante. Après cette ouverture de mon cœur, la guidance et l'information que je recevais étaient plus claires et précises, et je n'étais plus épuisée après une séance. Le nombre d'appels et de demandes de consultation a également augmenté, et j'ai senti que mon travail de voyante avait vraiment une raison d'être. L'amour qui avait éclaté de mon cœur en direction de Rick circulait également en moi et s'exprimait sous forme de conscience psychique.

Comment vous sensibiliser à l'amour absolu

L'énergie de l'amour absolu peut devenir une partie intégrante de votre habileté intuitive. L'amour est une énergie qui répond à votre intention et à votre volonté. Il vous suffit d'invoquer le pouvoir de l'amour absolu, pour demander sa présence éclairée. Ouvrez simplement votre cœur et invitez l'amour absolu à circuler en vous. Il n'est jamais loin et répondra à votre appel.

Quand votre intuition est alignée sur l'amour absolu, la guidance que vous recevez est créative, euphorisante, lucide et sert votre plus grand bien. Pour suivre le courant de l'énergie de l'amour absolu, il vous suffit d'ouvrir votre cœur. L'amour est partout; il attend simplement une invitation.

Pour vous assurer que votre intuition suit bien le courant de cette forme supérieure d'amour, entraînez-vous à distinguer la vibration de l'amour absolu de son cousin éloigné, l'amour relationnel.

Essayez ce qui suit. Mettez-vous dans un état de réception intuitive et posez-vous les questions suivantes. Elles illustrent la différence entre être à l'écoute de la conscience de votre amour relationnel basé sur l'ego et être à l'écoute de la sagesse de l'amour absolu de votre âme :

Puis-je distinguer la voix de ma sagesse intérieure de mon constant bavardage et dialogue intérieur?

Puis-je sentir la différence entre mes réactions émotionnelles conditionnées et le courant positif de l'amour revitalisant?

Est-ce que je sais quand mon corps devient tendu en raison du stress, de l'anxiété et de la peur et quand je suis dans un état d'expansion et de réceptivité et que mon cœur est ouvert?

Est-ce que je sais quand je suis ouvert à une guidance supérieure et quand je puise dans mes pensées et mes croyances conscientes et inconscientes?

Il y a certaines caractéristiques qui vous aideront à savoir si vous êtes en lien ou non avec l'amour absolu.

Durant vos moments de méditation, de visualisation ou de contemplation, vérifiez les indications suivantes. Vous pourriez ressentir ces signaux subtils au plan émotionnel, mental, physique et spirituel.

Être relié aux vibrations d'amour supérieures procure...

- des frissons et non de la monotonie;
- de l'inspiration et non de la familiarité;
- de l'acceptation et non le besoin de contrôler;
- de l'euphorie et non de la confusion;
- de la légèreté et non de la lourdeur;
- de l'expansion et non de la contrainte;
- de l'ouverture et non de la fermeture;
- de la générosité et non de l'avidité;
- le désir de donner et non de recevoir;
- de la stimulation et non de l'épuisement.

Quand vous êtes relié à l'amour absolu, la guidance, l'information et les conseils que vous recevez intuitivement vous ouvrent à de nouvelles perspectives, à de nouvelles façons de régler les problèmes et vous motivent à vous libérer de la négativité que vous éprouvez envers vous-même et envers les autres. Vous comprendrez mieux les leçons qui se cachent derrière vos questions et vos préoccupations, et serez inspiré à évoluer et à grandir. Vous prendrez conscience de la façon dont les événements se produisent pour votre plus grand bien plutôt que de vous inquiéter des résultats et de vouloir réussir à tout prix.

L'information intuitive basée sur l'ego est une forme d'autoprotection qui repose sur la peur et qui dépend des circonstances extérieures; cette information vise à maîtriser ou à manipuler les autres ou les conditions. De plus, l'information que vous recevez est moins précise, souvent confuse et moins fiable; elle ne peut pas vraiment vous être bénéfique. L'intuition basée sur l'amour absolu vous fournira une guidance précise qui est positive, salutaire et qui peut transformer votre vie. L'intuition provenant de l'âme de l'amour vous permettra de cesser de résister à l'idée de changer, de repousser vos limites et d'ouvrir votre cœur avec amour; elle vous donnera la force de pardonner et de guérir vos souffrances.

Pour vous relier à l'énergie de l'amour absolu, vous devez demeurer ouvert à la guidance, même si elle entre en conflit avec ce que vous aviez l'intention de faire.

L'échelle intuitive
L'exercice suivant vous permet de développer étape par étape vos habiletés pour détecter l'énergie subtile de l'amour absolu. Les personnes intuitives se butent souvent à l'incapacité de reconnaître d'où provient la guidance qu'elles reçoivent ou de s'y fier. Vous pourriez, par exemple, vous demander si l'information que vous recevez provient de vos propres pensées biaisées et inconscientes ou d'une source supérieure plus éclairée. Cet exercice vous aidera à faire la différence.

1. Pensez à une question qui concerne une relation que vous entretenez actuellement avec quelqu'un. Par exemple : «Est-ce que ma relation avec Sandy va s'améliorer?»

2. Identifiez et nommez vos sentiments entourant la question : «Son comportement me rend inquiet et confus.»

3. Identifiez ce que vous désirez : «Je veux me sentir plus proche de lui et plus positif à propos de ce qui nous unit.»

4. Pensez à des réponses possibles à votre question : «Je peux lui parler. Je peux lâcher prise. Je peux mettre fin à notre amitié. Je peux attendre et voir ce qui va se produire. Je peux m'aimer et me concentrer sur moi. Je peux voir ce qui arrive comme une leçon nécessaire pour savoir ce qu'est vraiment l'amour. Je peux prier pour nous deux.» Envisagez autant de possibilités que vous le pouvez.

5. Recevez la guidance intuitive.
   • Prenez une profonde inspiration, fermez les yeux et continuez de vous concentrer sur votre respiration jusqu'à ce que vous vous sentiez détendu. Libérez-vous de toute émotion ou de toute pensée qui surgit pendant que vous respirez profondément.

- Lorsque vous sentez que vous êtes réceptif, demandez quelle possibilité sert votre plus grand bien.

- Continuez de respirer profondément. Prenez conscience de chaque possibilité, l'une après l'autre. Prêtez attention aux sensations, aux émotions ou aux sentiments d'énergie accrue que vous ressentez pendant que vous imaginez chaque possibilité.

   Voyez une image de vous-même qui met en application chaque possibilité. Comment vous paraît chacune d'entre elles ? Soyez à l'écoute de toute information qui surgit.

6. Imaginez que vous et l'autre personne êtes entourés de la lumière blanche de l'amour. Rappelez-vous que même si vous ne pouvez pas voir clairement la lumière blanche, votre intention suffit.

Selon votre type intuitif, vous devrez prêter une attention particulière à ces vibrations supérieures de l'énergie subtile de l'amour absolu qui émanent de vos émotions, de votre corps physique, de votre savoir intérieur et de sensations accrues de picotement et de frémissement.

Voici comment l'une de mes élèves a décrit son expérience dans son journal : « En examinant chaque possibilité, j'ai clairement compris que prendre soin de moi-même était mon meilleur choix. Je savais que je devais renoncer à la relation pour le moment. Je le savais, car en imaginant cette possibilité, j'ai éprouvé une sensation d'énergie accrue et de bien-être. Un sentiment de paix et de détente a traversé mon corps, et mon cœur s'est calmé. J'ai également pris conscience que j'avais attiré cette relation pour apprendre à accepter les gens tels qu'ils sont. »

Il est possible que vous n'éprouviez pas une sensation aussi claire que cette élève. Vous pourriez plutôt avoir une impression de savoir ou voir un symbole ou une image qui renforce le choix le plus positif.

Répétez cet exercice jusqu'à ce que vous vous sentiez confiant à propos de la ligne de conduite qui sert votre plus grand bien.

Laissez l'amour vous guider

Une fois que vous pouvez faire la différence entre les sensations de l'amour absolu et celles de l'amour relationnel, attendez-vous à connaître des changements positifs dans votre habileté intuitive et dans votre vie amoureuse. L'exercice suivant vous aidera à aligner votre intuition sur l'amour absolu de manière à mieux comprendre une relation actuelle et à envisager un avenir positif.

Exercice sur la guidance de l'amour
Commencez avec une question. Pensez à une question relative à une relation et notez-la par écrit. Servez-vous

de votre imagination pour trouver un symbole qui représente votre question.

- Fermez les yeux et prenez quelques profondes inspirations. Expirez en chassant le stress et la tension. Continuez d'inspirer profondément et d'expirer jusqu'à ce que vous vous sentiez détendu.

- Une fois que vous êtes détendu, imaginez les contours d'un triangle. Notez sa couleur et sa substance.

- Au centre du triangle, imaginez une image de vous-même avec le symbole et l'énergie de votre question.

- Demandez à l'amour absolu de circuler en vous. Imaginez que la vibration de l'amour absolu emplit le triangle. Inspirez et ouvrez votre cœur. Sentez cet amour comme un frisson qui remonte le long de votre colonne vertébrale. Une fois que vous sentez la présence de l'amour absolu, poursuivez l'exercice.

- Le centre du triangle vous représente dans le moment présent. Mettez-vous en état de récep- tivité et laissez émerger tout symbole ou toute image qui vous représente actuellement. Prêtez attention aux sensations ou aux sentiments que vous éprouvez. Demeurez concentré sur les images et écoutez-les.

- Quand vous êtes prêt, concentrez-vous sur la base du triangle. Elle représente l'énergie passée qui entoure votre question. Laissez émerger tout symbole, image, information, sentiment ou sensation. Demandez à votre guidance intérieure ce que vous devez chasser de votre passé.

- Quand vous êtes prêt, concentrez-vous sur le haut du triangle. Imaginez que cette zone représente l'énergie future de votre question. Ouvrez-vous à la présence de l'amour absolu. Demandez à être guidé dans une voie qui sert votre plus grand bien. Prêtez attention aux symboles, aux images, aux sentiments, aux pensées, aux lettres, aux mots ou aux sensations qui émergent. Concentrez-vous sur ceux-ci et laissez-les changer et évoluer.

Quand vous êtes prêt, ouvrez les yeux et notez dans votre journal tout ce qui vient de se produire en vous.

Jen

Jen est venue me consulter parce qu'elle était inquiète et préoccupée par son mariage et son avenir. Elle ne savait pas quoi faire ou vers qui se tourner. Jen est dans la fin de la vingtaine. Elle est mariée à Rex depuis quatre ans et a un jeune garçon. Elle travaille la nuit et va à l'école le jour. Elle est très occupée dans la vie et a peu de temps pour simplement s'asseoir et se détendre. Jen m'a raconté qu'elle sentait depuis quelque temps que son mari ne l'aimait plus. Nous avons poursuivi la séance, et il m'est devenu apparent qu'il y avait un autre homme dans la vie de Jen. Quand je lui ai posé la question, elle m'a avoué qu'elle voyait en secret l'un de ses collègues de travail. Elle m'a dit qu'elle savait qu'elle avait de la difficulté à demeurer fidèle et qu'elle se sentait coupable de voir cet autre homme. Elle m'a dit qu'elle ne méritait pas Rex. C'était un homme bon et il méritait mieux. Même si elle aimait toujours Rex, elle avait l'impression qu'elle devait mettre un terme à son mariage.

Jen voulait être guidée et avoir une meilleure vision de sa relation avec Rex. Je l'ai donc aidée à effectuer l'exercice du triangle. Voici ce que Jen a appris :

Jen s'est vue au centre de son triangle. Le centre était sombre, et elle était debout près d'un petit lac à l'eau trouble. Il y avait des nuages sombres dans le ciel, et elle tremblait. Jen se sentait triste. Elle a également vu un anneau ou un cercle doré dans le ciel. Elle avait beau essayer, elle ne parvenait pas à le saisir. Sa grand-mère, qui était décédée plusieurs années auparavant, était également dans le triangle. Elle semblait entraîner Jen vers la base du triangle.

À la base du triangle, Jen a vu la maison où elle avait grandi. De grosses taches rouges ne cessaient d'apparaître. Elle a entendu la voix fâchée de son père et elle s'est vue dans la cour arrière, en train de regarder le ciel.

Quand Jen s'est déplacée dans le haut du triangle, elle a senti des teintes pâles de rose et d'or. Elle a senti la présence d'anges. Son corps s'est détendu, et elle a éprouvé un frisson d'amour qui la réconfortait. Puis, elle a vu la lettre *A* et l'image d'une charrue et de champs couverts de fleurs fraîchement plantées. Elle a éprouvé un sentiment de paix.

Quand Jen a terminé l'exercice, je lui ai demandé d'interpréter ce qu'elle avait reçu comme information. Elle semblait un peu nerveuse, mais je lui ai dit de me donner simplement ses impressions et d'avoir confiance en son habileté à en discerner le sens. Elle m'a dit qu'elle avait d'abord été surprise de la puissance et de la clarté des images. Elle savait que le ciel et les nuages sombres au centre du triangle représentaient sa confusion. Elle avait l'impression que le lac représentait son énergie émotionnelle ; elle était trouble. L'anneau doré dans le ciel symbolisait sa croyance que le bonheur dans son mariage était hors de sa portée. Quand sa grand-mère était apparue, elle s'était sentie réconfortée parce que Jen aimait et avait confiance en sa grand-mère. Elle savait que cette dernière l'entraînait vers une information importante pour l'aider à comprendre son propre comportement et ses sentiments.

À la base du triangle, Jen a pris conscience de la maison dans laquelle elle avait vécu jusqu'à l'âge de dix ans. C'était avant que ses parents divorcent. Son père buvait beaucoup et il lui arrivait souvent de piquer des crises de rage et de colère. La couleur rouge représentait la peur et la colère qu'elle éprouvait encore. Jen savait qu'elle devait chasser ces sentiments pour pouvoir guérir ses blessures du passé. Quand elle s'est vue enfant, en train de regarder le ciel, des vagues de compassion l'ont envahie. Elle s'est rappelé qu'elle avait l'habitude de prier les anges pour qu'ils l'emportent avec eux.

Puis, Jen s'est déplacée dans le haut du triangle avec les anges. Ils l'ont élevée à une vibration supérieure, tout comme ils le faisaient quand elle était enfant. Jen s'est mise à pleurer, en sentant leur amour. Elle savait que les anges lui disaient qu'elle devait labourer la terre de son passé et lâcher prise. Elle savait que les fleurs représentaient sa croissance positive. Il y avait des champs et des étendues de belles fleurs. Elle savait que son avenir serait parsemé d'amour. Au début, elle a cru que la lettre *A* signifiait adultère, mais quelque chose lui disait que ce n'était pas cela. Elle a plutôt déduit que la lettre représentait le mois d'avril. C'était le mois de son anniversaire de mariage, et elle savait qu'elle devait faire des efforts pour réussir ce dernier. La paix qu'elle avait ressentie résulterait de sa propre guérison.

Jen est une intuitive de type mental. C'est donc en ayant le sentiment de savoir intérieurement et de comprendre qu'elle a reçu la majeure partie de l'information. Celle-ci semblait surgir dans sa conscience quand elle se concentrait sur les images et les symboles. Elle a également pu se fier à la précision de son interprétation en raison du sentiment de confiance et d'assurance qu'elle a éprouvé en trouvant un sens aux divers symboles et images.

Continuez de mettre en pratique cette septième étape du développement de votre intuition en amour en invoquant consciemment la présence de l'amour absolu chaque fois que vous faites appel à votre intuition. Avec le temps, vous vous ouvrirez naturellement à ce puissant courant d'énergie d'amour. Non seulement votre intuition s'épanouira, mais votre vie amoureuse sera également transformée, et ce, de manière positive.

8

ÉTAPE 8 : FAITES L'EXPÉRIENCE DE VOTRE ÉNERGIE D'AMOUR

Vous êtes amour. Je sais que cela peut sembler un concept flou et mystique. Mais ce ne l'est pas. C'est souvent ainsi que je ressens les gens quand je fais des lectures intuitives. Même s'ils sont venus dans mon bureau en se sentant sceptiques et bougons, dès que je commence à me concentrer sur leur énergie, je sens de l'amour.

Malgré les difficultés et les défis auxquels vous êtes confronté, vous êtes un être puissant qui est relié au courant de l'amour absolu. Savoir que vous êtes amour commence souvent par savoir que vous êtes une énergie.

Pour développer délibérément votre intuition dans vos relations, la huitième étape consiste à faire l'expérience de qui vous êtes sous forme d'énergie d'amour.

Apprendre à vous connaître
en tant qu'énergie

Le corps physique est composé de millions de minuscules cellules qui sont constamment en mouvement. Même si notre corps semble solide, il est dans un processus constant de croissance et de déclin, étant donné que les cellules changent, meurent et naissent chaque microseconde. Le corps est un réseau d'énergie miraculeuse, complexe et entremêlée. Nous sommes une énergie qui est tellement multidimensionnelle que nous pouvons à peine comprendre le phénomène et nous possédons encore moins le vocabulaire pour le décrire.

Chaque corps physique est entouré d'une aura ou d'un champ énergétique. Ce champ électromagnétique est visible avec la photographie Kirlian qui capte les différentes couleurs vibratoires de l'aura. Dans cette toile complexe d'énergie tourbillonnent des centres énergétiques appelés chakras — le terme sanskrit pour cercle ou roue. Le champ énergétique contient sept chakras principaux, qui sont alignés verticalement à partir de la base de la colonne vertébrale jusqu'au sommet du crâne. Chaque chakra possède une fonction spirituelle et intuitive. Tout comme nos organes possèdent des fonctions spécifiques pour maintenir notre corps en santé, les chakras jouent chacun un rôle dans notre bien-être. Il existe de nombreux livres qui décrivent en détail les chakras. Je vais en donner une brève description et indiquer comment vous pouvez vous en servir pour vous aider à développer votre propre langage de l'amour, lorsque vous méditez.

Chacun des sept chakras peut recevoir l'énergie pure de l'amour absolu. Chacun possède une fréquence d'amour qui peut favoriser ou réprimer l'habileté à donner et à recevoir de l'amour.

C'est par le septième chakra, aussi appelé le chakra couronne, situé au sommet du crâne, que l'amour s'exprime en nous donnant l'impression d'être reliés à l'amour divin et d'être capables de sentir la présence des anges, des êtres chers décédés et des bienveillants guides spirituels. C'est par ce chakra que les personnes intuitives de type spirituel reçoivent l'énergie de l'information intuitive.

Le sixième chakra, situé entre les deux sourcils, est parfois appelé le « troisième œil ». C'est par le sixième chakra que l'amour circule sous forme d'intelligence divine. Il contient l'énergie mentale, les pensées, les croyances et le don spirituel de la clairvoyance. Les personnes intuitives de type mental ont plus de facilité à recevoir l'information intuitive par ce chakra.

Le cinquième chakra, situé dans la gorge, est le chakra de l'expression de soi et de la volonté. L'amour circule par ce chakra sous forme de partage mutuel et d'acceptation de soi et des autres dépourvue de tout jugement. Le cinquième chakra nous encourage à communiquer de manière authentique avec les autres et avec le monde.

Le quatrième chakra ou chakra du cœur reçoit l'énergie sous forme d'émotion et de sentiment. Dans ce chakra, l'amour est exprimé sous forme d'abondance infinie et de compassion. Le quatrième chakra reçoit et exprime l'amour dans toutes ses variations. Les personnes intuitives de type émotionnel reçoivent essentiellement l'information intuitive par ce chakra.

Le troisième chakra est situé dans le plexus solaire. L'amour circule dans ce chakra sous forme de puissance compatissante et de capacité à aimer et à prendre soin de soi. Les personnes intuitives de type physique sont plus susceptibles de recevoir l'information intuitive par les premier, deuxième et troisième chakras.

Le deuxième chakra, situé sous le nombril, exprime l'amour sous forme d'action créative. Il renferme l'énergie de nos finances, de notre sexualité, de nos relations et de notre créativité. Ce chakra exprime l'amour sous forme de sensualité, de sexualité, de gentillesse et de générosité.

Le premier chakra, situé à la base de la colonne vertébrale, correspond à l'énergie de notre lien avec le monde physique. L'amour circule par ce chakra sous forme d'énergie physique, d'endurance et d'engagement courageux envers les choix qui améliorent la vie de tous les êtres vivants.

Notre corps énergétique et nos chakras sont comme des fleurs qui s'ouvrent et reçoivent le courant positif et vivifiant de l'amour. C'est sur le plan énergétique que nous entrons en contact avec les autres dans notre environnement et notre Moi multidimensionnel pour donner et recevoir cet amour. L'intuition est la faculté que nous possédons tous pour comprendre et accroître le courant d'amour pur et source de vie auquel nous avons accès en tout temps.

Posez-vous les questions suivantes. Elles vous permettront de comprendre comment vos chakras agissent dans vos relations.

1. Suis-je capable de sentir la présence de l'amour, peu importe mon état civil?

2. Suis-je capable de discerner le but et les leçons inhérentes à mes relations?

3. Suis-je capable d'exprimer ma vérité à ceux que j'aime?

4. Est-ce que l'amour et non la peur motive mes décisions et mes choix dans mes relations?

5. Suis-je à l'aise d'exprimer mon amour sous forme de compassion et non sous forme de contrôle et de manipulation?

6. Suis-je à l'aise d'exprimer mon amour sous forme de sensualité passionnée?

7. Est-ce que je démontre mon amour aux autres et au monde par des actes de bonté, par mon dévouement et en rendant service?

Développez votre vocabulaire intuitif de l'amour

Votre voix intuitive peut vous aider à saisir les différentes formes d'expression de l'amour absolu. Dans l'exercice suivant, vous vous servirez de votre imagination avec chacun des sept chakras pour créer des images et des symboles qui vous aideront à définir et à considérer l'amour. Faites confiance à ce qui vous vient à l'esprit. Nous possédons déjà un code symbolique de compréhension, et l'intuition nous aide simplement à en prendre davantage conscience.

Le septième chakra

- Fermez les yeux et prenez de profondes respirations pour vous détendre. Laissez les pensées et les émotions surgir pendant que vous respirez. Prenez-en note et chassez-les en expirant. Continuez de respirer et de chasser tout stress ou toute tension.

- Lorsque vous vous sentez détendu, imaginez qu'un tourbillon doré d'énergie se trouve au-dessus de votre tête. Imaginez que vous pouvez inspirer de l'amour, en tant qu'énergie divine, par le sommet de votre crâne.

- Continuez de respirer en laissant émerger une image qui représente l'amour en tant qu'énergie divine. Il peut s'agir d'un symbole, d'un objet,

d'une couleur ou d'une image de bande dessinée. Acceptez ce qui vous vient à l'esprit et
continuez de respirer profondément.

• Ouvrez les yeux et dessinez ou notez dans votre
journal ce qui vous est venu à l'esprit.

Le sixième chakra

• Fermez les yeux et continuez de respirer profondément et de vous détendre. Imaginez qu'un
tourbillon d'énergie mauve entoure votre tête.
Imaginez que cette énergie est l'amour qui s'exprime en tant que sagesse. Inspirez cet amour.

• Continuez de respirer et laissez émerger une
image qui représente l'amour en tant que sagesse.
Il peut s'agir d'un symbole, d'un objet, d'une
couleur ou d'une image de bande dessinée.
Acceptez ce qui vous vient à l'esprit et continuez
de respirer profondément.

• Ouvrez les yeux et dessinez ou notez dans votre
journal ce qui vous est venu à l'esprit.

Le cinquième chakra

• Fermez les yeux et continuez de respirer profondément et de vous détendre. Imaginez qu'un
tourbillon d'énergie bleue entoure votre cou et
vos épaules. Imaginez que cette énergie est
l'amour qui s'exprime en tant qu'acceptation de
soi. Sentez cet amour et inspirez-le.

- Continuez de respirer en laissant émerger une image qui représente l'amour en tant qu'acceptation de soi. Acceptez ce qui vous vient à l'esprit et continuez de respirer profondément.

- Ouvrez les yeux et dessinez ou notez dans votre journal ce qui vous est venu à l'esprit.

Le quatrième chakra

- Fermez les yeux et continuez de respirer profondément et de vous détendre. Imaginez qu'un tourbillon d'énergie verte entoure votre cœur et votre poitrine. Imaginez cette énergie sous forme d'amour compatissant. Sentez cet amour et inspirez-le.

- Continuez de respirer en laissant émerger une image qui représente l'amour en tant que compassion. Il peut s'agir d'un symbole, d'un objet, d'une couleur ou d'une image de bande dessinée. Acceptez ce qui vous vient à l'esprit et continuez de respirer profondément.

- Ouvrez les yeux et dessinez ou notez dans votre journal ce qui vous est venu à l'esprit.

Le troisième chakra

- Fermez les yeux et continuez de respirer profondément et de vous détendre. Imaginez qu'un tourbillon d'énergie jaune entoure votre taille et votre plexus solaire. Imaginez cette énergie sous forme de pouvoir. Sentez cet amour et inspirez-le.

- Continuez de respirer en laissant émerger une image qui représente l'amour en tant que pouvoir. Acceptez ce qui vous vient à l'esprit et continuez de respirer profondément.

- Ouvrez les yeux et dessinez ou notez dans votre journal ce qui vous est venu à l'esprit.

Le deuxième chakra

- Fermez les yeux et continuez de respirer profondément et de vous détendre. Imaginez qu'un tourbillon d'énergie orange entoure le bas de votre corps. Imaginez cette énergie sous forme d'action créative. Sentez cet amour et inspirez-le.

- Continuez de respirer en laissant émerger une image qui représente l'amour en tant qu'action créative. Il peut s'agir d'un symbole, d'un objet, d'une couleur ou d'une image de bande dessinée. Acceptez ce qui vous vient à l'esprit et continuez de respirer profondément.

- Ouvrez les yeux et dessinez ou notez dans votre journal ce qui vous est venu à l'esprit.

Le premier chakra

- Fermez les yeux et continuez de respirer profondément et de vous détendre. Imaginez qu'un tourbillon d'énergie rouge entoure vos hanches, vos jambes et vos pieds, et qu'il vous relie à la terre. Imaginez cette énergie comme ne faisant qu'un avec tout ce qui compose la vie. Sentez cet amour et inspirez-le.

- Continuez de respirer en laissant émerger une image qui représente l'amour comme ne faisant qu'un avec tout ce qui compose la vie. Acceptez ce qui vous vient à l'esprit et continuez de respirer profondément.

- Ouvrez les yeux et dessinez ou notez dans votre journal ce qui vous est venu à l'esprit.

Après avoir effectué chacun de ces exercices, contemplez les symboles et les images que vous avez notés dans votre journal. Il n'est pas nécessaire de comprendre entièrement ce qui vous est venu à l'esprit. Vous pouvez méditer sur chacun de ces symboles et approfondir votre vocabulaire intuitif de l'amour. Pour mieux comprendre et apprendre de ces symboles, laissez-les communiquer avec vous. Même si vous avez l'impression d'inventer vos impressions, ayez confiance qu'elles ont un message à vous transmettre. Continuez de travailler avec l'énergie ; vous vous sensibiliserez plus tard aux diverses expressions de l'énergie de l'amour et deviendrez plus confiant pour interpréter ce que vous recevez intuitivement.

Lorsque vous ferez appel à votre intuition, vous pourrez vous servir des symboles qui vous sont venus à

l'esprit dans le cadre de cette huitième étape du développement de votre intuition en amour, pour vous
guider dans votre interprétation et votre compréhension
de l'énergie que vous pourriez recevoir.

9

ÉTAPE 9 : ACCUEILLEZ
LA TRANSFORMATION

L'intuition en amour représente beaucoup plus que la simple cueillette d'information. C'est une invitation à vous transformer, et ce, profondément. Il ne s'agit pas «d'essayer de changer» ou de lutter contre les difficultés. C'est plutôt une occasion d'aller au-delà de vos limites et de vos schémas inconscients de comportement. À mesure que vous vous transformez, vos relations s'imprègnent d'une énergie positive.

La neuvième étape du développement de l'intuition en amour consiste à accepter que, pendant que vous explorez et développez le lien entre l'intuition et l'amour, vous allez changer, évoluer et vous transformer.

L'intuition est un catalyseur de transformation. Une pensée ou une idée intuitive, une guérison émotionnelle ou un message persistant permet de prendre spontanément conscience d'un nouvel élément. Même si l'information reçue peut sembler irréaliste ou illogique, elle vous incite à changer de point de vue et d'attitude, et à grandir au-delà de votre zone de confort.

Il est possible que vous essayiez parfois d'ignorer ou de faire taire l'information intuitive parce qu'elle est contraire à la façon dont vous avez l'habitude d'agir ou qu'elle entre en conflit avec la façon dont les autres vous perçoivent. Et pourtant, c'est exactement l'occasion de saisir le moment. C'est souvent ces messages persistants et illogiques qui sont les plus puissants.

Approfondir le processus intuitif

L'information intuitive nous permet d'avoir davantage de possibilités. Une fois que nous savons une chose, nous la connaissons pour toujours et nous sommes transformés à tout jamais. Cette conscience accrue entraîne de nouveaux choix, de nouvelles occasions et de nouvelles décisions.

Une information intuitive peut transformer une relation qui stagne, donner espoir là où règne le désespoir, permettre de comprendre les schémas inconscients de comportement, guérir les blessures émotionnelles et nous transporter de joie et d'amour. La conscience intuitive nous donne la liberté de créer le genre de relations que nous désirons.

L'intégration de l'information intuitive dans notre vie est un processus. Même si la guidance intérieure peut nous donner la solution à un problème ou prédire un événement, le travail plus profond de transformation passe souvent par une série d'impressions intuitives.

Favoriser la transformation

Cet exercice en quatre étapes intègre les principes fondamentaux de l'intuition et comprend l'utilisation de la visualisation pour favoriser la transformation.

1. Déterminez quelle est votre intention
Pensez à une relation que vous aimeriez transformer, ou à un comportement ou un schéma négatif en vous que vous aimeriez changer ou guérir.

Notez en détail votre préoccupation. Quelle émotion ou quels sentiments évoque-t-elle en vous ? Qu'aimeriez-vous le plus changer ? Imaginez les sentiments et les émotions que vous aimeriez connaître. Ayez l'intention d'en connaître des nouveaux.

2. La visualisation intuitive
- Assoyez-vous ou détendez-vous dans un endroit confortable et tranquille, et fermez les yeux. Prenez quelques profondes respirations. Inspirez profondément et sentez votre corps s'emplir d'énergie et se détendre. Sentez l'oxygène circuler dans votre corps. Expirez en libérant la tension ou le stress.

- Imaginez un endroit dans la nature, vaste et dégagé, semblable à un désert. Des teintes de rouge, d'orange et de brun colorent le paysage.

Les ombres des faucons survolent les immenses rochers et les collines. Une douce brise vous aide à vous sentir détendu et en paix. Vous êtes exposé à tout ce qui est bon dans la vie.

- Vous remarquez un chemin qui mène à un canyon sec. Vous suivez le chemin et remarquez le soleil qui se couche au loin. Le chemin vous mène de l'autre côté des rochers qui sont rouge foncé et de différents tons de brun. Vous entrez dans le canyon à la tombée de la nuit et vous apercevez le croissant de lune.

- Au milieu du canyon, il y a une planche en pierre sur laquelle brûle doucement un feu de joie. Vous êtes attiré par le feu. Il est chaud et revigorant. Le feu est là pour vous et il a besoin d'être alimenté. Vous pouvez y lancer tout sentiment, événement du passé, limitation ou expérience insatisfaisante dont vous n'avez plus besoin ou que vous ne désirez plus. Prenez votre temps et imaginez que vous lancez dans ce feu tout ce qui ne vous sert plus. Même si ce que vous ressentez n'est pas clair, imaginez que vous déposez toute l'énergie dans un sac et que vous lancez le sac dans le feu.

- Après vous être libéré de tout ce que vous pouvez, regardez-le brûler. Le feu consume toute la vieille énergie. Observez le feu mourir et le bois se transformer en cendres, et laissez la fumée se dissiper.

- Une nouvelle énergie est maintenant prête à émerger des cendres. En vous servant de votre imagination, créez une image qui représente la nouvelle énergie qui entre dans votre vie. Il pourrait s'agir d'une image de vous dans l'avenir, ou un symbole ou un objet qui signifie un désir qui se réalise. Après vous être débarrassé du vieux, vous créez de l'espace pour de nouveaux degrés d'intimité, de satisfaction et d'expériences et pour attirer de nouvelles personnes et occasions dans votre vie.

Quand vous êtes prêt, ouvrez les yeux et notez ou dessinez dans votre journal l'image, le symbole ou l'objet et toute impression que vous avez eue.

3. Discernez le message

Méditez ou assoyez-vous en silence en pensant au symbole ou à l'image qui vous est venu à l'esprit. Notez les associations, les pensées et les idées qui vous viennent. Vous pourriez ne pas avoir l'impression de recevoir une information claire, mais essayez de ne pas en être frustré. Gardez à l'esprit que ce n'est que votre Moi pensant qui devient confus; la partie plus profonde et plus sage de vous-même n'est pas confuse.

Laissez cette étape évoluer avec le temps. Vous aurez parfois immédiatement conscience du message, mais pas toujours. Servez-vous à la fois de votre intuition et de votre bon sens logique pour interpréter vos impressions.

4. Suivez votre intuition

Efforcez-vous d'adopter les nouveaux comportements et profitez des nouvelles occasions et expériences qui s'offrent à vous. La transformation exige toujours votre participation. Entraînez-vous à écouter, à interpréter, puis à mettre en pratique ce que vous recevez. L'intuition possède une étrange qualité, celle de n'avoir souvent aucun sens et de ne pas être logique. Et pourtant, suivre votre intuition ouvre la porte à une nouvelle énergie étonnante. L'intuition en amour provient de l'amour absolu et ne relève pas de ce qui est rationnel et probable.

Par exemple, vous souhaitez peut-être que votre partenaire vous traite de manière plus aimable et plus gentille. Disons que le symbole que vous avez reçu en méditant est celui d'une colombe blanche. Vous contemplez l'image de la colombe, et il en émane des sentiments de paix et de pureté. Vous vous dites que cela signifie que vous connaîtrez bientôt la paix dans votre relation. En vous rendant au travail, le lendemain, vous passez devant une librairie et vous êtes attiré. Vous suivez votre intuition et pénétrez dans la librairie, puis vous parcourez les rayons. Dans le rayon des livres d'épanouissement personnel, vous remarquez un livre dont la couverture est illustrée par une colombe blanche en plein vol. Vous le prenez et voyez qu'il enseigne à mieux communiquer dans les relations. Vous l'achetez et trouvez à l'intérieur une partie qui offre des suggestions utiles sur les mêmes problèmes que vous avez dans votre relation.

Parfois, il suffit d'une simple conscience intuitive pour que nous nous transformions. Dans mes relations, je me fis beaucoup à mon intuition. Mais, je suis parfois honteusement aveugle face à mes défauts, et ce que je ressens intuitivement me surprend. Récemment, j'ai reçu le message intuitif que j'agissais de manière défensive et que je devais ouvrir mon cœur et que je pouvais me montrer vulnérable. Cette prise de conscience m'a un peu étonnée, et j'avoue que cela s'est avéré une leçon d'humilité. Je croyais que mon cœur était ouvert… mais tout en intégrant le message, j'ai réalisé que j'étais souvent sur la défensive face aux autres, et ce, sans aucune raison. Mon cœur était ouvert, mais seulement de manière conditionnelle. Cette prise de conscience m'a inspirée à prêter davantage attention à mon attitude protectrice inconsciente et à ouvrir mon cœur. J'en ai été récompensée. En plus de l'effet bénéfique que cela a eu sur mes relations, le fait de respirer et de m'ouvrir me procure beaucoup plus de satisfaction que de me fermer aux autres.

L'un des aspects les plus importants quoique difficiles de faire consciemment appel à notre intuition est de devenir à l'aise avec le fait de ne pas savoir. Cela peut sembler paradoxal, étant donné que nous développons notre intuition pour obtenir de l'information. Et pourtant, l'intuition qui est vraiment bénéfique nous entraîne un peu dans l'inconnu. Ce n'est pas toujours facile d'admettre notre propre comportement et de nous débarrasser de certains schémas émotionnels. Même quand cela nous paraît logique de les changer, nos vieilles façons de nous protéger l'emportent souvent. Rappelez-vous, cependant, que la sagesse et la compassion de l'amour absolu veillent toujours sur vous. Nous pouvons nous fier à l'intuition reliée à l'amour, et même s'il est difficile de changer et de nous transformer, nous en profitons à tout jamais.

L'intuition en amour à l'œuvre

L'histoire d'Arlene est un exemple du pouvoir de guérison et de transformation de l'intuition en amour. Même quand il ne semble pas y avoir de solutions ou de façons de surmonter les difficultés, l'intuition en amour trouve une manière. La première fois que j'ai rencontré Arlene, elle songeait à divorcer. Elle est venue assister à l'un de mes cours avec une amie et, même si elle avait peu d'expérience, elle a effectué les exercices pour développer son intuition avec beaucoup de naturel.

Peu de temps après le cours, elle est venue me voir pour une consultation privée, et j'ai alors appris que son mari, Ted, un banquier prospère, était rarement à la maison. Quand il y était, il était souvent grognon et exigeant. Arlene m'a raconté que beaucoup de ses amies enviaient sa vie. Ted réussissait dans sa carrière et lui offrait un mode de vie plutôt confortable. Elle n'a jamais parlé à ses amies de son tempérament violent, ni de ses abus verbaux. Il pouvait s'en prendre à elle sans raison apparente. Arlene m'a dit que Ted l'insultait souvent en la traitant de toutes sortes de noms et qu'il lui arrivait même de la bousculer quand il était de mauvaise humeur.

Arlene se sentait prisonnière. Elle n'avait jamais travaillé à l'extérieur de la maison et n'avait pas de famille proche pour la soutenir. Elle ne savait pas vers qui se tourner. Comme elle ressentait un sentiment de calme et de paix durant les séances de méditation qu'elle effectuait dans mon cours, elle a décidé de faire des efforts pour développer son intuition, en particulier pour l'aider dans son mariage.

Elle a donc médité chaque matin, après le départ de Ted au travail. Elle a pris la chose à cœur et m'a dit qu'au bout de quelques semaines, elle pouvait sentir une douce présence subtile dès qu'elle fermait les yeux et commençait à respirer profondément. Elle avait hâte de retrouver cette présence aimable et réconfortante qui semblait l'accueillir chaque jour.

Puis, lentement, ses méditations ont commencé à changer. La présence aimante et subtile est devenue plus forte et plus tangible. Elle a senti que cette présence aimante et persistante voulait communiquer avec elle et l'aider. Elle savait qu'elle pouvait la laisser pénétrer dans son cœur, mais elle résistait. Finalement, un matin, elle a pris une profonde inspiration et a ouvert son cœur. Ce qu'elle avait d'abord ressenti comme une douce chaleur éveillait maintenant les profonds sentiments de détresse et de souffrance qu'elle refoulait depuis de nombreuses années. Même s'il était difficile de laisser remonter ces sentiments à la surface, elle s'est sentie mieux après ; elle a donc poursuivi le processus.

À mesure que les méditations d'Arlene ont progressé, elle a fait de plus en plus confiance à cette présence silencieuse. Arlene est essentiellement une intuitive de type spirituel et capte naturellement l'énergie invisible et éthérée. Elle a vite commencé à identifier la présence comme étant son ange gardien. Elle a appelé cette présence Mira, d'après l'héroïne d'un conte de fées de son enfance. Avec le temps, elle a commencé à voir Mira sous différentes teintes turquoise et roses, et elle a pu interpréter les images et les symboles qui lui venaient à l'esprit durant ses méditations. Elle a également commencé à entendre la faible voix de Mira qui la guidait doucement.

Au bout de quelques mois, la voix est devenue plus claire, et Arlene est devenue plus habile à communiquer avec Mira. Elle a noté les messages et les a mis en pratique chaque fois que c'était possible. La guidance qu'elle recevait l'a aidée à guérir et à améliorer la perception qu'elle avait d'elle-même, et à faire des choix positifs dans sa vie. Elle a raconté à ses amies la vérité à propos de ses difficultés avec Ted et elle s'est jointe à un groupe de soutien pour les femmes vivant une relation de violence. Elle s'est également inscrite à un cours de transcription médicale au collège de son quartier.

Le sentiment de confiance en soi et de force intérieure d'Arlene s'est accru, mais Ted n'a pas semblé le remarquer. Malgré tous ses efforts, Arlene ne savait toujours pas comment transformer son mariage, et quitter Ted lui paraissait encore impossible.

Un soir, Ted est rentré tôt du travail et a commencé à faire sa valise. Arlene a cru qu'il se rendait simplement à une réunion d'affaires. Ten n'a rien dit quand il est parti. Arlene est allée dans la chambre et, au lieu du désordre habituel, elle a trouvé une note pliée sur la table de chevet. Ted lui disait qu'il la quittait et qu'il voulait divorcer, sans aucune autre explication.

Arlene s'est sentie soulagée d'un immense poids et étonnamment positive quant à son avenir. Elle a souri et a pensé à Mira. «Chère Mira, s'est-elle dit, merci, merci.» Elle savait dans son cœur que c'était une bénédiction et elle a su intérieurement que tout irait bien. Elle n'éprouvait aucune peur, ni aucune appréhension, mais plutôt l'assurance qu'elle pourrait prendre soin d'elle. Elle s'est dit que c'était une véritable transformation.

Les bienfaits du changement

L'intuition offre un coussin de sécurité qui nous aide à nous sentir liés à tout ce qui compose la vie. Elle nous aide à entrer en contact avec les forces puissantes de l'amour et le pouvoir de guérison qui réside en chacun de nous, ainsi qu'à en tirer de la force et du soutien. Cette neuvième étape, qui vous invite à accepter la transformation, vous donnera le pouvoir d'incarner ces forces puissantes de l'amour et, de ce fait, d'attirer des relations amoureuses passionnées et satisfaisantes.

Il existe un plan divin qui intervient dans votre vie. Même si vous avez été blessé ou déçu, ou si vous ne comprenez pas le but d'une relation en particulier, vous pouvez être sûr que le courant de l'amour vous entraîne toujours vers le bonheur et l'amour inconditionnel.

Félicitations ! Vous avez effectué les neuf étapes du développement de l'intuition en amour. Je vous encourage à y revenir souvent. Certaines étapes peuvent prendre plus de temps à maîtriser que d'autres. Il s'agit du cheminement d'une vie qui exige que vous grandissiez, évoluiez et appreniez davantage sur vous-même, sur les autres et sur l'amour. Les prochaines parties du présent ouvrage indiquent comment mettre en application votre habileté intuitive en amour.

DEUXIÈME PARTIE

*Servez-vous de votre intuition
pour vous guérir et vous transformer,
de même que les autres et vos relations*

10

CRÉEZ DES BALISES SAINES POUR VOTRE INTUITION

A vez-vous déjà essayé de ne penser à rien et de ne rien ressentir ? Nous savons tous que c'est impossible. Il en est de même pour votre intuition. Vous pouvez l'ignorer, mais vous ne pouvez jamais vraiment la faire taire. Pour utiliser quotidiennement votre intuition en amour, il est important d'établir des balises claires et sûres pour vous-même, sinon vous risquez d'être submergé par le courant constant d'énergie intuitive qui circule vers vous.

Comme vos autres sens, votre intuition est toujours fidèle au poste et peut souvent vous surprendre. Par exemple, votre intuition peut vous assaillir à l'improviste, pendant que vous faites la file au café du coin, avec toutes sortes d'informations à propos du bel étranger qui se trouve devant vous. Vous pourriez vous réveiller au milieu de la nuit après avoir fait le rêve troublant que votre amoureux embrassait une autre femme. Ou encore, lorsque votre partenaire quitte la maison en disant qu'elle s'en va faire des courses, vous pourriez soupçonner fortement qu'elle ne vous dit pas la vérité.

L'intuition peut vous informer à propos du caractère, de la personnalité et de l'intention d'une autre personne. Elle peut aussi répondre à des questions que vous n'avez pas posées.

Malheureusement, l'intuition n'est pas toujours évidente et facile à interpréter. Même si elle est toujours capable de vous guider, son message peut souvent être difficile à saisir. Plus vous vous servez de votre intuition, plus vous êtes susceptible de recevoir de l'information non sollicitée à propos d'une autre personne ou de conditions et d'événements que vous ne pouvez pas maîtriser. Vous pourriez ne pas toujours comprendre pourquoi vous recevez certains messages intuitifs et vous demander quoi en faire.

Apprendre à intégrer efficacement votre intuition dans votre quotidien peut être à la fois gratifiant et représenter un défi.

L'information intuitive non sollicitée

Nous sommes constamment en train de nous relier, de recevoir, d'absorber et de réagir à l'énergie des autres. La communication est verbale, mais elle est également énergétique. Votre sens intuitif joue un aussi grand rôle que vos sens du goût, de l'odorat, de l'ouïe, de la vue et du toucher. Vous ne pouvez pas enclencher et éteindre votre intuition, mais vous pouvez cesser d'en être conscient et nier son existence.

Quand vous réprimez votre conscience intuitive, elle ne disparaît pas. Elle se manifeste plutôt de manière confuse et perplexe. Les personnes intuitives de type émotionnel peuvent, par exemple, être submergées de vagues d'émotions ou éprouver des sentiments qui n'ont aucun lien avec elles ou avec les situations qu'elles connaissent. Les personnes intuitives de type mental peuvent être accablées de pensées répétitives et stériles à propos des problèmes et des préoccupations de quelqu'un d'autre. Les personnes intuitives de type spirituel peuvent faire des rêves incompréhensibles à propos d'un partenaire ou d'un ami lointain. Les personnes intuitives de type physique peuvent absorber l'énergie des autres dans leur propre corps et se sentir plus stressées, anxieuses ou malades.

Comment utiliser
les messages intuitifs spontanés

Les impressions intuitives spontanées ne sont pas toujours faciles à identifier et à interpréter. C'est particulièrement vrai dans le cas de nos relations. Il est souvent plus facile de composer avec une information intuitive qui concerne notre propre vie que de savoir quoi faire avec des impressions que nous recevons à propos des autres. Il peut être déstabilisant de recevoir de l'information à propos d'une autre personne sans raison logique ou apparente. Ce genre d'impressions intuitives survient souvent de manière inattendue et importune.

Quand nous recevons une information intuitive non sollicitée qui concerne une autre personne, de nombreuses questions surgissent en nous. Devrais-je lui en faire part ? Y a-t-il une raison pour laquelle j'ai capté cette information ? Pourquoi devais-je en être informé ? Et si ces impressions n'étaient pas exactes ou si je les avais mal comprises ou mal interprétées ?

Pour vous aider à interpréter et à partager avec les autres l'information intuitive que vous recevez, voici quelques indications :

1. Soyez à l'écoute de vos rêves, de vos serrements d'estomac, de vos impressions empathiques et de vos pensées intuitives, ainsi que des moments de certitude, des prémonitions et des pressentiments. Notez-les. Ne les rejetez pas ou ne les ignorez pas.

2. Ne tirez pas de conclusions hâtives. Il faut du temps et de la patience pour saisir le message d'une impression intuitive. Envisagez le fait qu'elle pourrait vous indiquer quelque chose à propos de vous-même et non pas de l'autre personne dans la relation. Par exemple, si vous rêvez que votre partenaire vous trompe, cela pourrait signifier que votre partenaire n'est pas honnête ou révéler vos propres peurs et insécurités. Vous craignez peut-être inconsciemment d'être

abandonné ou de ne pas mériter d'avoir une bonne relation.

3. Soyez honnête avec vous-même. Prenez le temps de réfléchir et de noter vos impressions dans votre journal. Soyez prêt à explorer vos peurs. Qu'est-ce que vos impressions intuitives essaient de vous dire sur vous-même?

4. Demandez à être guidé avant de partager votre impression intuitive avec l'autre personne. Est-ce dans son intérêt primordial de connaître cette information? Demandez à la personne de faire preuve d'ouverture pendant que vous partagez votre conseil ou votre impression. Puis, si cela vous semble approprié, dites ce que vous en pensez en étant franc et direct. Communiquez clairement et ouvertement vos impressions. Soyez prêt à discuter avec l'autre personne sans juger ou offrir de conseil. Exprimez simplement ce que vous avez reçu intuitivement et sachez que le reste lui appartient. Vous ne pouvez pas imposer la guidance à quelqu'un.

5. Attendez-vous à ce que la personne nie votre intuition, même quand vous êtes certain de son exactitude. Cela se produit dans les cas d'infidélité, de tromperie ou d'autres formes de mensonges. Si cela vous arrive, prêtez attention aux signes extérieurs qui confirment ou infirment vos impressions intuitives. Par exemple, si vous

avez l'impression que votre partenaire est infi-
dèle, prêtez attention à l'apparence et au comportement de celui-ci. A-t-il troqué son jean
délavé pour un pantalon fraîchement repassé?
A-t-il décidé de mieux s'alimenter et de faire de
l'exercice? Cache-t-il le courriel ou le site
Internet qu'il était en train de regarder quand
vous entrez dans la pièce?

6. Suivez des étapes pratiques pour bien ancrer
    votre intuition afin d'être certain que ce que
    vous savez est vrai. Il peut être profondément
    troublant d'être confronté au déni ou de voir
    l'exactitude de votre intuition être ridiculisée.

7. Méditez, concentrez-vous et demandez à être
    guidé sur la façon de prendre soin de vous. Puis,
    agissez dans votre meilleur intérêt.

8. Si vous recevez une information fortuite ou une
    impression qui concerne une personne que vous
    ne connaissez pas, visualisez-la sous la forme
    d'une énergie aimante de lumière blanche. Il
    arrive souvent que l'esprit de ceux qui ont besoin
    d'être guidés recherche l'énergie des personnes
    affectueuses et ouvertes.

La clarté de l'intention

Plus vous vous concentrez sur votre habileté intuitive
innée, plus elle va s'intensifier. Le nombre et la variété

de vos expériences seront également susceptibles d'augmenter. Et cette conscience intuitive accrue s'accompagne d'une responsabilité, envers vous et envers les autres.

Il n'est pas toujours simple et évident de savoir quoi faire avec vos impressions intuitives. Vous ne recevrez consciemment que l'information intuitive qui peut vous être utile. Sans vous en rendre compte, vous ignorerez ou réprimerez votre intuition, si ce que vous sentez vous met mal à l'aise.

La meilleure façon d'augmenter votre réceptivité intuitive est d'avoir une intention claire de la façon et du moment où vous voulez vous servir de votre intuition. Quand j'ai commencé à pratiquer la clairvoyance à temps plein, il m'arrivait souvent d'être envahie d'informations, d'impressions et de sensations. Je devais souvent démêler le tout pour relater avec précision l'information à mon client. Parfois, alors que je croyais être particulièrement exacte, l'information n'était ni utile, ni positive. Je voyais de la déception ou de la préoccupation dans les yeux de mon client. J'ai alors commencé à comprendre le pouvoir que l'information intuitive peut avoir dans la vie d'une personne et la responsabilité que cela exige. Cette prise de conscience a été à l'origine de ma décision de commencer chaque séance avec l'intention pieuse de ne recevoir que l'information et la guidance qui ne servent que l'intérêt primordial de mon client. Même s'il peut être excitant de donner des informations intuitives exactes, il est beaucoup plus profitable d'être alignés sur l'amour et la sagesse pour que nos informations intuitives aient un effet positif sur les autres et sur nous-mêmes à partir de ce degré de perception.

L'amour combiné à l'intuition peut s'avérer délicat. Prenez conscience de la façon dont vous aimeriez utiliser votre intuition. Reconnaissez le pouvoir que vous avez de modifier le cours de votre vie. Il peut être tentant de vouloir vous servir de votre intuition et de votre volonté pour répondre à vos propres besoins et désirs. Demandez à recevoir de l'information intuitive qui servira le plus grand bien de toutes les parties concernées. Cette simple intention peut faire une immense différence dans la qualité et l'ampleur de l'information que vous recevez. Rappelez-vous que le rôle de la personne intuitive est d'exprimer simplement la vérité et de laisser aux autres le choix de décider comment ils reçoivent et mettent en application l'information.

Mener une vie intuitive, en gardant le cœur ouvert, est un acte courageux. Quand vous vous ouvrez au pouvoir de l'amour absolu, vous devenez un faisceau lumineux pour les autres. Ils seront attirés vers vous par la force de l'amour qui circule en vous.

La réceptivité intuitive nous plonge souvent dans des états émotionnels intenses qui attirent des relations tout aussi intenses et passionnées. En raison du puissant courant énergétique de la personne intuitive, celle-ci attire souvent des gens qui ont besoin de conseils, d'aide ou de soutien. Et cette attirance est souvent confondue avec de l'amour.

Kaly

Kaly, une douce et gentille travailleuse sociale, a fréquenté Bret pendant plus de deux ans. Ils s'étaient connus au collège, mais s'étaient ensuite perdus de vue. Quelques mois avant leur rencontre, la femme de Bret l'avait quitté pour un autre homme après plusieurs années de mariage. Quelques semaines après, il avait perdu son emploi. C'est à peu près à ce moment-là que Bret a croisé Kaly au centre commercial. Ils sont allés au restaurant quelques soirs plus tard et ont eu le coup de foudre. Puis, ils ont commencé à passer ensemble la majeure partie de leur temps. Kaly écoutait Bret décrire ses récents malheurs. Elle sentait la peine et la confusion qui l'accablaient et a voulu le réconforter. Elle lui a ouvert son cœur. Elle savait qu'il était vulnérable et qu'il avait besoin d'être aimé et compris. Kaly a envoyé à Bret des vagues salutaires d'amour et de compréhension. Bret a volontairement absorbé l'amour et les conseils qu'elle lui offrait. Kaly est une intuitive de type émotionnel et son don naturel d'empathie s'est amplifié avec Bret. Elle sentait ce qu'il ressentait, elle le réconfortait quand il en avait besoin et, sans qu'il le demande, elle lui offrait ce dont il avait besoin pour guérir.

Kaly est venue me consulter par une chaude journée d'été. Elle était troublée par le fait que sa relation avec Bret ne progressait pas. Elle sentait qu'un lien puissant les unissait et elle croyait que Bret sentait la même chose. Malgré cela, il avait récemment exprimé le désir de mettre un terme à la relation, et elle ne comprenait pas pourquoi. Elle savait qu'elle était la femme de sa vie.

Elle m'a raconté qu'elle l'aimait davantage et qu'elle le comprenait mieux que tous ses amoureux précédents. Bret lui a dit qu'il l'aimait, mais qu'il avait le sentiment que quelque chose manquait dans la relation.

Bret était blessé, et cela avait déclenché chez Kaly un amour profond et de la compassion comme elle n'en avait jamais éprouvé auparavant. Son intuition était également excessivement axée sur le processus de guérison de Bret. Elle lui offrait son amour inconditionnel et son soutien et, pour cette raison, elle ignorait les signes qui l'avertissaient intuitivement qu'il n'était pas vraiment intéressé.

Dans les relations intimes, l'échange d'énergie doit être égal de part et d'autre. Quand vous faites l'effort de guérir et de prendre soin d'une autre personne et que vous vous perdez durant le processus, vous pouvez créer un déséquilibre qui empêche l'énergie de circuler librement. L'amour est la capacité d'exprimer et de partager qui vous êtes, tout en gardant votre pouvoir intérieur. Il exige que vous receviez autant que vous donnez. Pour qu'une relation demeure équilibrée, vous devez être aussi solidement connectés à vos propres émotions et besoins que vous l'êtes à ceux de votre partenaire. L'amour absolu circule à partir d'un état de bien-être intérieur.

La tentation de maîtriser
l'issue d'une relation

Une autre tentation courante consiste à utiliser l'information intuitive pour maîtriser l'issue d'une relation.

David
David, un ingénieur en télécommunications chevronné, m'a appelée d'Italie. Il n'avait jamais consulté de voyante avant, et je sentais bien qu'il était sceptique. L'une de ses cousines, également une cliente, l'avait incité à communiquer avec moi. Je savais que ce qui le préoccupait était important pour lui. J'ai vite su qu'il avait besoin d'être conseillé à propos de sa relation avec Jade, sa petite amie depuis un an et demi.

En me concentrant sur la relation de David avec Jade, j'ai su que leur histoire ne durerait pas longtemps. Je pouvais sentir son espoir et son désir de vivre avec cette femme, mais je ne le voyais pas dans son avenir. Alors qu'il faisait tout en son possible pour gagner son amour, l'énergie de Jade indiquait qu'elle ne s'intéressait pas à lui. J'ai senti qu'elle allait bientôt rompre avec lui et, quand je l'ai dit avec délicatesse à David, il n'a pas semblé surpris. Il m'a alors demandé ce qu'il pourrait faire pour empêcher Jade de mettre un terme à leur relation. Il voulait savoir si elle resterait avec lui s'il l'aidait à payer ses comptes. Il m'a posé des questions sur sa santé et m'a demandé si elle avait besoin de prendre des vitamines ou de manger plus sainement. Il croyait que c'était pour cette raison qu'elle manquait d'intérêt et d'enthousiasme. Il m'a posé des questions sur sa maison et sur la possibilité d'un déménagement; il croyait qu'une nouvelle maison pourrait l'attirer. Plus David me posait des questions, plus il semblait devenir intense et désespéré. Il voulait l'amour de cette femme et il ne se sentait pas un être complet sans elle. Il percevait intuitivement les peurs et les espoirs de Jade, et il essayait de trouver des façons de maîtriser son comportement. Il essayait de communiquer par télépathie avec Jade, afin de connaître ses pensées et de changer son point de vue. Il voulait avoir une emprise sur elle sur le plan énergétique et avait décidé de consulter une voyante pour gérer son stress et son anxiété.

Utiliser notre conscience intuitive pour dominer les autres ne fonctionne pas. Le meilleur usage que David aurait pu faire de sa conscience intuitive aurait été de se concentrer sur l'information qui l'aiderait à composer avec ses peurs et son besoin de dominer les autres. Les impressions intuitives auraient également pu le guider de manière à l'aider à guérir et à se libérer des obstacles intérieurs, des croyances ou des blessures émotionnelles qui l'empêchaient d'être dans le genre de relation qu'il désirait tant.

La relation avec une âme sœur que David recherchait était pourtant à sa portée. J'ai vu une charmante petite femme dans son avenir. Il devait seulement cesser de penser à Jade et transformer ses peurs pour attirer cette femme dans sa vie.

Il n'est pas inhabituel de croire qu'une certaine personne peut vous rendre heureux et que si vous trouvez la façon de vous y prendre, vous pouvez faire en sorte que cette relation réussisse. Mais, nos tentatives de maîtriser et de manipuler une relation n'ont aucun effet sur la sagesse de l'amour.

L'amour absolu est synonyme d'offre et d'abondance. Il existe une quantité infinie et illimitée d'occasions d'aimer pour vous. La conscience intuitive peut mener à des relations enrichissantes et satisfaisantes, mais, pour les connaître, vous pourriez devoir renoncer à l'idée que vous vous en faites.

Le problème du potentiel

Un autre piège de l'intuition est la nature illusoire du potentiel. La conscience intuitive permet de voir au fond de l'âme d'une autre personne et de révéler le riche potentiel et la beauté de cette dernière. Alors que les yeux permettent de voir l'extérieur, la vision intuitive perçoit ce qui se cache au fond de son être. Même si une personne peut connaître une quantité de difficultés et de problèmes, et posséder un tempérament grincheux, vous voyez au-delà. Vous pourriez croire qu'avec suffisamment d'amour, de compréhension et d'inspiration, vous pouvez panser les ailes brisées de cette personne et l'aider à prendre son envol. Malheureusement, être conscient du potentiel de quelqu'un d'autre ne signifie pas que vous avez le pouvoir de le changer. Pas plus que votre conscience n'a le pouvoir de pousser l'autre à agir.

Peu importe son type intuitif, chaque individu laissera occasionnellement ses impressions intuitives à propos du potentiel des autres l'emporter sur son propre jugement pratique. Le pouvoir de l'amour absolu est tellement persuasif que, sensibles à cette vibration, nous oublions que même si nous pouvons souvent voir les attributs positifs d'une autre personne, c'est à elle de réaliser son propre potentiel. À moins qu'elle n'agisse d'elle-même, tout le bien que vous pourriez percevoir intuitivement chez une autre personne ne se manifestera pas.

L'une des leçons les plus difficiles que j'ai eue à apprendre dans mes relations est que l'amour peut surmonter toute adversité, guérir et apporter un sentiment de plénitude et de bien-être à n'importe quel individu ou relation, mais seulement quand il est personnellement assumé. Vous et moi ne pouvons pas donner cet amour à quiconque. Ce choix appartient à l'individu et, peu importe combien nous voulons que l'autre guérisse ou change, c'est à lui de décider le moment et la manière de le faire.

Prenez soin de vous
Les personnes très intuitives peuvent se concentrer davantage sur ce qui les préoccupe à propos des autres que sur leur propre bien-être.

Dans le monde spirituel, toutes les possibilités créatives peuvent se manifester instantanément. Le temps et l'espace n'existent pas, et il n'y a aucune contrainte à vos capacités inspirées. Dans le monde physique et matériel, les choses prennent plus de temps à se manifester parce que vous devez composer avec le temps, l'espace et la conscience collective. Alors, prendre soin de vous et du précieux don intuitif que vous possédez doit être une priorité. Vous ne pouvez pas aider quelqu'un si vous êtes accablé et stressé.

Il est important de vous servir de votre habileté intuitive pour saisir l'effet qu'une autre personne aura sur vous. Vous êtes responsable de vos choix et de vos actes. Vous ne faites preuve ni d'égoïsme, ni de manque d'amour quand vous prenez soin de vous, même si cela signifie rompre ou limiter certaines relations.

Nous sommes par essence des êtres d'amour; cependant, il n'est pas toujours facile pour les autres de s'entendre avec notre personnalité humaine. Même si vous savez que l'autre est un esprit divin, sa personnalité humaine peut avoir un effet négatif sur vous. Accepter les autres tels qu'ils sont, sans juger ni critiquer, est une leçon que nous devons tous apprendre.

Rien ne vous oblige à vous entendre, à partager les mêmes idées, à avoir une conversation ou à manger avec tout le monde. Et vous ne serez pas aimé de tout le monde; certaines personnes vont même mal vous comprendre et vous juger. Cela peut vous causer de la peine, mais aussi vous libérer. Soyez vous-même et laissez les autres être eux-mêmes.

Demeurez centré et aimant
Cet exercice vous aidera à prendre conscience de ce que vous ressentez quand vous demeurez centré sur l'amour

dans le contexte d'une relation difficile ou qui crée de
la confusion. Après avoir activé votre intuition, il est
important d'être conscient du courant d'énergie qui
circule entre vous et les autres. Sinon, il est très facile
d'adopter des schémas d'interaction intuitive malsains
et improductifs.

- Installez-vous confortablement et fermez les
  yeux. Prenez une profonde inspiration et, tout
  en expirant, chassez le stress et la tension que
  vous ressentez. Prenez quelques autres respirations en inspirant profondément et en expirant
  calmement.

- Imaginez un triangle. Dans le triangle, voyez
  une image de vous-même. Visualisez-vous le
  plus clairement possible.

- Demandez à l'amour absolu de pénétrer dans ce
  triangle avec vous. Imaginez que l'amour vous
  enveloppe de sa chaleur nourrissante et d'un
  sentiment de bien-être.

- Sentez-vous à l'aise avec cet amour. Laissez-le
  entrer dans votre cœur. L'amour peut parfois
  sembler peu familier, ce qui fait que nous ne le
  laissons pas toujours entrer. Ouvrez votre cœur
  et laissez l'amour vous donner de l'énergie et
  vous revitaliser.

- Demandez à une personne avec qui vous êtes en
  relation de pénétrer dans le triangle avec vous.

- Une fois que vous sentez la présence de cette personne, posez les questions suivantes à votre guidance intérieure :

  1. Que ressentez-vous en présence de cette personne ?

  2. Est-ce que mon sentiment de bien-être dépend des actions d'une autre personne ou de ses sentiments envers moi ?

  3. De quoi ai-je besoin pour prendre soin de moi dans cette relation ?

  4. Qu'est-ce que j'apprends dans ma relation avec… ?

  5. Ouvrez votre cœur et exprimez vos sentiments et vos pensées. Acceptez sans juger ce qui vous vient à l'esprit.

- Prêtez attention à tout sentiment, impression et sensation qui émergent, de même qu'aux sensations corporelles telles que la tension ou le stress, ou des sentiments d'ouverture et de sérénité. Utilisez la technique de création d'images à partir de l'énergie que vous recevez. Sentez, écoutez et demandez à être guidé. Interprétez vos impressions.

- Demandez à l'amour de vous guérir et de vous aider à rétablir un équilibre intérieur et de l'harmonie.

- Respirez et demeurez réceptif à l'amour le plus longtemps possible.

- Quand vous sentez que l'exercice est terminé, ouvrez les yeux et notez les impressions, les conseils et la guidance que vous avez reçus. Engagez-vous à faire des gestes qui renforcent votre amour de soi et vous incitent à prendre soin de vous.

Il n'est jamais facile de trouver un équilibre entre l'amour de soi et l'amour que vous éprouvez envers quelqu'un d'autre ainsi qu'entre donner et recevoir dans une relation. Rappelez-vous que l'amour est une forme d'énergie. Votre capacité de vous tourner intuitivement vers le courant énergétique de l'amour qui circule entre vous et une autre personne vous aidera à demeurer centré, tout en donnant à cette personne de manière saine.

Ce n'est que lorsque vos relations ont des balises saines et équilibrées que vous êtes libre d'aimer. Être intuitif n'est pas une excuse pour vous empêtrer dans les émotions, les pensées, les problèmes et le comportement des autres.

Servez-vous sagement de votre intuition et libérez-vous pour être en mesure d'aimer sainement!

11

COMMENT BIEN CONNAÎTRE LES AUTRES

Nous voulons tous en savoir davantage sur les gens qui éveillent notre intérêt et occupent notre cœur et notre esprit. Ne nous sommes-nous pas tous, à un moment donné, interrogés sur les intentions, les émotions et les pensées de ceux qui nous attirent et que nous aimons? Même dans les relations à long terme, la personne avec qui nous avons passé tant d'années peut encore être un mystère. Nous sommes des êtres complexes, toujours capables de surprendre ceux que nous aimons.

Les obstacles qui empêchent de bien connaître les autres

Votre intuition peut vous fournir une autre façon de connaître ceux avec qui vous êtes en relation et vous donner une idée de ceux qui piquent simplement votre curiosité. Il y a, cependant, certaines choses à prendre en considération. Plus vous avez de liens émotifs avec la personne, moins vos perceptions sont susceptibles d'être impartiales et objectives. Quand vous désirez une certaine issue, votre intuition sera moins claire et exacte. En effet, les attentes peuvent agir comme les parasites sur une ligne téléphonique. Votre habileté intuitive est toujours fonctionnelle, mais la réceptivité est compromise.

L'influence excessive de l'ego peut saboter vos efforts d'être à l'écoute de votre intuition. Rappelez-vous que l'ego est cette partie de vous qui se sent séparée de l'amour. Il croit qu'il doit user de stratégie et contrôler les autres et son environnement pour obtenir ce qu'il désire. L'ego va utiliser la peur, vos pensées et vos senti-ments pour essayer de vous motiver — ne le laissez pas agir. Quand vous considérez l'amour comme une source de stress, recentrez-vous. Calmez-vous en prenant de profondes respirations et ouvrez votre cœur. Quand votre cœur est ouvert avec acceptation et que le courant de l'amour absolu circule en lui, votre réceptivité intui-tive est plus concentrée et plus lucide.

Comment vous libérer de vos attentes

La clé pour utiliser votre intuition dans le but de mieux connaître et comprendre une autre personne consiste à développer un état d'esprit et un cœur détachés et accep-tants qui ne jugent pas. Il est important de reconnaître les sentiments, les croyances et les attentes que vous avez à propos d'une personne ou d'une relation, puis d'être prêt à les chasser de votre esprit. Cela ne signifie pas que vous ne vous en souciez pas ou que ce que vous désirez le plus n'arrivera pas. Les attentes sont une forme de contrôle. Elles empêchent votre énergie d'atteindre librement des niveaux de conscience supérieurs et d'être intuitivement réceptive. Cesser de vouloir tout contrôler est une étape courageuse qui permet à la vérité d'être révélée. Cela vous permettra d'être ouvert et réceptif, un état qui est essentiel pour accroître votre conscience intuitive. Lâcher prise vous donne le pouvoir de recevoir avec clarté l'information intuitive et la guidance.

Préparer le terrain

Vous pouvez utiliser l'exercice suivant avant d'essayer de vous tourner vers l'énergie des autres. Il peut également vous être utile quand vous cherchez à contrôler quelqu'un ou que vous vous inquiétez à propos de l'issue d'une relation.

Relâcher et recevoir

- Choisissez une personne avec qui vous êtes en relation ou avec qui vous aimeriez avoir une relation. Imaginez cette relation dans six mois, un an et cinq ans. Notez vos attentes. À quoi voudriez-vous que la relation ressemble ? Quels sont vos sentiments et vos pensées à propos de la relation dans l'avenir ?

- Maintenant, fermez les yeux et commencez à respirer profondément et à vous détendre en relâchant le stress et la tension. Continuez de respirer profondément en devenant de plus en plus détendu à chaque respiration.

- Prenez conscience de vos attentes. Imaginez qu'elles possèdent une énergie et que cette énergie se trouve quelque part dans votre corps sous la forme de stress ou de tension. Elle se trouve souvent dans la tête, le cou, les épaules, le cœur ou la région de l'estomac.

- Tout en localisant les zones de stress, imaginez que vous pouvez relâcher cette énergie en en prenant simplement conscience et en respirant profondément. Souvent, la simple intention de relâcher ce stress suffit.

- Tout en vous libérant de vos attentes, imaginez que la région qu'elles ont occupée dans votre corps est maintenant emplie d'amour et d'ouverture. Imaginez un espace vide que votre conscience vient combler.

- Respirez et sentez la présence ouverte vous emplir. Vous êtes léger, dégagé de tout et libre. Vous relâchez ceux que vous aimez dans cette ouverture légère et expansive et les laissez être eux-mêmes. Vous offrez le don de l'amour et de la liberté aux autres et à vous-même.

Cet exercice peut être répété souvent et il peut être efficace dans de nombreuses situations. Il procure un sentiment de paix intérieure et de sérénité. Tout en continuant de vous libérer de vos attentes à propos des autres, vous commencerez à demeurer dans un état d'ouverture et de réceptivité qui est essentiel pour avoir une bonne perception intuitive.

Une meilleure perception de l'autre

L'exercice suivant vous permettra de mieux saisir l'essence d'une autre personne. Il est important d'aborder cet exercice avec curiosité et objectivité.

Dans le cadre de cet exercice, vous aurez recours à la psychométrie. Comme je l'ai déjà mentionné, il s'agit de l'habileté à recevoir des impressions intuitives en tenant un objet personnel ou une photographie d'une personne. Les photographies et les objets personnels, comme un bijou souvent porté, renferment l'empreinte énergétique de l'individu. La psychométrie repose sur la prémisse que nos senseurs intuitifs vont capter la vibration d'une personne à partir d'un objet ou d'une photographie et interpréter ce qui est reçu.

Les personnes intuitives de type physique ont tendance à recevoir naturellement cette information à partir des objets et des photographies, mais tous les types peuvent utiliser efficacement la psychométrie, moyennant quelques adaptations. Pour la personne intuitive de type émotionnel, il est important de prêter attention à tous les sentiments ou à toutes les émotions qui surgissent, puis de transformer ces émotions en image grâce à la technique déjà décrite. La personne intuitive de type mental peut communiquer par télépathie et sentir les pensées de l'autre personne, tandis que la personne de type spirituel peut facilement voir des visions, des images et des couleurs. Elle doit simplement faire confiance à ce qu'elle perçoit et le noter.

Visualiser une maison

Cet exercice de visualisation vous aide à encore mieux capter le champ énergétique d'une autre personne. Si vous n'avez pas de photographie ou d'objet personnel qui lui appartient, notez par écrit son nom et le jour de son anniversaire. Faites une visualisation méditative avec l'intention d'en savoir plus sur cette personne, sans juger ni avoir d'attentes.

Dans cet exercice, la métaphore de la maison sert à représenter l'énergie de l'autre personne. Servez-vous de votre imagination. Même si vous avez l'impression de tout inventer, continuez. Rappelez-vous que si votre visualisation a du sens pour votre esprit logique, cela signifie que vous ne faites pas pleinement appel à votre intuition.

L'énergie intuitive est souvent perçue au moyen de la créativité. Dans cet exercice, vous allez dessiner, mais vous n'avez pas besoin d'être un artiste pour y parvenir. Ce n'est pas la qualité du dessin qui importe. C'est plutôt la stimulation d'un travail actif et créatif qui permet à votre savoir intuitif de se manifester. Prenez une feuille blanche et des crayons, des stylos ou des marqueurs de différentes couleurs.

Amusez-vous et laissez libre cours à votre imagination. Cet exercice vous permettra d'accroître votre habileté intuitive. N'essayez pas de trouver un sens à ce que vous recevez. Observez simplement l'énergie, sans projeter vos propres désirs. Demeurez ouvert et accueillez l'information ; soyez comme un journaliste qui ne fait que recueillir les faits.

Maintenant, assoyez-vous confortablement et tenez l'objet ou la photographie de la personne dans vos mains. Vous pourriez constater que vous n'avez même pas besoin de regarder la photographie. Tout comme les objets personnels, les photographies renferment une empreinte énergétique. Vous pouvez capter la vibration de la personne simplement en tenant la photo. Par contre, si vous voulez vraiment regarder la photo, concentrez-vous sur celle-ci durant quelques minutes avant de poursuivre.

- Fermez les yeux, prenez une profonde inspiration et envoyez l'énergie de celle-ci dans la région de votre corps qui est douloureuse ou tendue. Expirez la tension et le stress. Prenez une autre profonde inspiration et détendez-vous en expirant. Cette fois-ci, inspirez à partir du sommet de votre tête et envoyez l'énergie dans votre corps tout en vous détendant et en expirant. Vous pouvez imaginer que le souffle qui descend à partir du sommet de votre tête est une lumière blanche apaisante. Envoyez cette lumière blanche dans votre corps.

- Tout en continuant de respirer ainsi, imaginez que vous êtes dans la nature et que vous vous sentez en sécurité et détendu. Il pourrait y avoir une douce brise qui souffle dans les arbres ; de la végétation et des fleurs de toutes les formes et de toutes les couleurs qui recouvrent le paysage. Vous pouvez sentir sur vous les rayons du soleil qui vous aident à vous sentir encore plus détendu. Ces rayons chauds représentent tout ce que vous désirez dans la vie, comme l'abondance, le sentiment d'être uni aux autres, l'amour et la joie. Vous pourriez également entendre l'eau d'un ruisseau ou d'une chute, ou le chant des oiseaux. Peu importe les sons ou les sensations, ils vous aideront à vous détendre de plus en plus.

- Vous voyez un sentier qui mène à un bosquet d'arbres. Empruntez ce sentier de pierres et de terre battue et rendez-vous de l'autre côté des arbres jusqu'à une clairière. Le sentier descend légèrement et vous apercevez une maison au loin. Il s'agit de la maison de la personne à qui appartient l'objet ou la photographie que vous tenez.

- Explorez la maison. Vous êtes le bienvenu. Avancez vers elle. En vous approchant, remarquez le devant de la maison. De quelle couleur est-elle ? Est-ce une petite maison, une grande maison pleine de coins et de recoins, une maison à plusieurs étages, au charme vieillot ou neuve? Est-ce que le devant est paysagé ou dans un état naturel? Y a-t-il une véranda? Remarquez la porte d'entrée. Pouvez-vous voir la couleur ou le matériau dans lequel elle est fabriquée?

- Ouvrez les yeux et dessinez le devant de la maison. Vous pourriez vouloir ajouter certaines caractéristiques à la maison que vous n'avez pas vues dans votre visualisation. Ne vous en privez pas.

- Fermez les yeux et imaginez que vous pénétrez dans la maison par la porte d'entrée. Vous êtes maintenant dans le salon. Prenez votre temps et remarquez tout ce que vous pouvez voir. Est-ce que le salon est bien meublé et rangé ou est-il en désordre ou simplement accueillant? Y a-t-il des rideaux aux fenêtres? La lumière pénètre-t-elle à l'intérieur? De quelle couleur sont les murs? Les meubles sont-ils modernes, contemporains ou éclectiques? Y a-t-il des antiquités ou d'autres objets intéressants?

- Ouvrez les yeux et dessinez le salon en détail. Incluez toutes les couleurs et tous les objets que vous voyez.

- Fermez les yeux et prêtez attention aux sensations, aux sentiments et aux pensées qui vous viennent dans cette maison. Vous sentez-vous à l'aise ou mal à l'aise? Avez-vous l'impression de déranger ou vous sentez-vous accueilli?

- Imaginez que vous pénétrez maintenant dans la cuisine. Elle se trouve à l'arrière de la maison. Semble-t-elle servir souvent et est-elle équipée de nombreux ustensiles de cuisine ou est-elle petite, peu équipée et n'a pas l'air d'être souvent utilisée? Y a-t-il une table? De quelle grosseur est-elle? De quelle couleur est la cuisine? Y a-t-il une horloge? Quelle heure est-il? Que ressentez-vous dans cette cuisine?

- Une fois que vous avez l'impression d'avoir bien exploré la cuisine, ouvrez les yeux et dessinez-la. Encore une fois, vous pouvez ajouter tout ce qui vous vient à l'esprit.

- Fermez les yeux, sortez de la cuisine et dirigez-vous vers l'escalier. Montez l'escalier et imaginez à quoi ressemble le premier étage. Y a-t-il des chambres, des salles de bains ou d'autres pièces? S'il y a une chambre à coucher, allez dans celle-ci et observez-la. De quelle couleur est-elle? De quelle grandeur est le lit? Est-il bien fait ou défait? La chambre est-elle sombre ou bien éclairée? Y a-t-il des fenêtres, des rideaux ou la lumière pénètre-t-elle bien? Cet étage est peut-être un grenier non fini, vide ou empli de boîtes et d'autres choses? Est-il sombre, éclairé, souvent ou rarement utilisé?

- Après avoir exploré le premier étage, ouvrez les yeux et dessinez ce que vous avez observé.

- Fermez les yeux, descendez l'escalier et regardez autour de vous. Vous remarquez peut-être de nouvelles choses. Y a-t-il des penderies? Si oui, ouvrez l'une des portes et regardez ce qu'il y a à l'intérieur. Y a-t-il des étagères ou des bibliothèques, peut-être même un foyer? Vous sentez-vous bien, dans cette maison? Remarquez tout ce que vous pouvez à propos de cette maison, en particulier ce que vous ressentez. Vous semble-t-elle familière? Vous rappelle-t-elle des souvenirs ou des pensées désagréables? Qu'est-ce que cela vous fait d'être dans la maison de cette personne? Pouvez-vous imaginer y vivre ou y séjourner? Vous sentiriez-vous bien, dans cette maison?

- Ouvrez les yeux et dessinez toute autre chose que vous observez. Si des sentiments, des souvenirs ou des pensées surgissent, notez-les par écrit.

- Quand vous êtes prêt, fermez les yeux et dirigez-vous vers la porte de derrière. Puis, sortez dans la cour. Remarquez tout ce que vous pouvez sur son état. Est-elle bien entretenue avec un jardin ou des fleurs, ou une aire de jeux? Est-elle dans un état naturel avec des arbres, des buissons et peut-être un étang ou un ruisseau? Observez

une dernière fois la maison en prêtant attention
à toutes les pensées qui vous viennent, à tous les
sentiments, toutes les émotions ou sensations
que vous ressentez dans votre corps. Ne rejetez
rien qui ne vous semble pas important.

- Ouvrez les yeux et dessinez la cour de la maison
et toute autre information, impression ou observation qui vous est venue.

- Fermez les yeux et remarquez un sentier qui
s'éloigne de la maison. Empruntez-le et vous
constaterez qu'il vous ramène à votre point de
départ. Chaque fois que vous voulez effectuer
cet exercice, vous pouvez revenir dans ce lieu au
beau milieu de la nature.

- Quand vous êtes prêt, ouvrez les yeux et
dessinez ou notez par écrit les pensées, les sentiments ou les observations supplémentaires qui
vous viennent à l'esprit.

Développer votre vocabulaire symbolique

Il est important que vous développiez un vocabulaire
symbolique de base à partir duquel vous pouvez interpréter les images qui vous viennent durant les exercices
intuitifs et auquel vous pouvez vous fier. Il est toujours
préférable de vous en remettre à l'interprétation qui
vous semble la plus appropriée. Voici, cependant, des
interprétations des métaphores et des symboles courants. Prenez ce qui vous convient. Ayez confiance en

votre habileté à savoir ce que ces symboles, ces métaphores et ces images (ceux présentés ici ou d'autres) signifient pour vous.

Les maisons

Les maisons représentent une énergie individuelle. Différentes parties de la maison représentent des aspects de la personnalité, du caractère et des tendances. Le devant de la maison représente la personnalité qu'un individu affiche dans le monde. Une pelouse bien entretenue à l'avant ou sur laquelle sont alignés des buissons bien taillés ou un petit sentier de pierres, représente une personne qui se soucie de son apparence et qui est ordonnée et bien organisée. Une telle personne peut accorder beaucoup d'importance à la façon dont les autres la perçoivent. Des fleurs et de la verdure sont des symboles positifs d'affection et d'amour. Une maison possédant une grande véranda suggère un tempérament amical et ouvert. Une maison en briques ou en pierres est une métaphore de la force, physique, mentale ou émotionnelle. La brique et la pierre pourraient indiquer une personnalité ancrée et stable. Si la maison est petite, sans beaucoup de fenêtres, cela peut suggérer une personne qui est plus renfermée et réservée.

L'intérieur d'une maison révèle encore plus de choses sur la personnalité d'un individu. Des meubles antiques ou anciens représentent une personne qui est reliée à son passé. Si les meubles ou l'état général de la maison laissent à désirer, la personne pourrait avoir des problèmes ou des blessures du passé à régler. Si vous

vous sentez bien dans la maison, cela signifie que la personne est ouverte et prête à accueillir quelqu'un dans sa vie. S'il y a un foyer ou un âtre de grande dimension, la personne est centrée sur le cœur. Un feu qui brûle dans le foyer pourrait être un signe de générosité et de passion. La présence d'un grand nombre de fenêtres laissant pénétrer le soleil indique que la personne est ouverte aux possibilités et qu'elle est chaleureuse et a l'esprit clair.

Si vous vous sentez mal à l'aise ou si vous avez l'impression de déranger, cela pourrait signifier que la personne n'est pas ouverte ou prête à accueillir quelqu'un dans sa vie. Une accumulation d'objets, surtout des boîtes, des tablettes et des penderies encombrées peut indiquer que la personne a encore des choses à régler. Cela pourrait prendre la forme de problèmes, de secrets, de préoccupations non résolues ou d'émotions.

Les pièces

La cuisine représente la capacité d'une personne de nourrir, au sens propre et figuré. Une petite cuisine rarement utilisée témoigne d'une personne qui n'aime pas prendre soin des autres. Une grande cuisine souvent utilisée représente une personne qui aime donner et prendre soin des autres.

Le premier étage d'une maison représente la conscience supérieure ou la spiritualité d'une personne. Un premier étage absent, sombre ou non fini peut indiquer une conscience supérieure non développée. Un premier étage éclairé, spacieux et ouvert indique une personne qui est en contact avec son énergie spirituelle, qui est clairvoyante ou qui a l'esprit ouvert.

La chambre à coucher révèle habituellement la nature sexuelle. Une grande chambre ou un grand lit confortable indique une personne qui est à l'aise avec sa sexualité. Encore une fois, il est important de prêter attention aux sensations ou aux pensées qui vous viennent quand vous êtes dans la chambre. Si vous vous sentez détendu, cela peut indiquer de l'affection et de l'attirance sexuelle, tandis qu'un inconfort peut être signe d'incompatibilité sexuelle.

La cour arrière d'une maison révèle le passé d'une personne ou ce qu'elle a laissé derrière elle. Un jardin ou des fleurs sont signe d'ordre et de résolution. Une aire de jeux indique une nature enjouée ou enfantine, mais elle pourrait aussi révéler le désir d'avoir des enfants. La présence d'eau n'importe où dans la maison ou autour de celle-ci indique la nature émotionnelle ou spirituelle de la personne. Une petite mare à l'eau trouble illustre des émotions troubles ou stagnantes. Une rivière, un ruisseau, une fontaine ou une vue sur l'océan constitue un symbole positif d'énergie émotionnelle et de force vitale.

Les couleurs

Les couleurs dans la maison ont aussi une signification. Le rouge représente l'énergie, la force vitale, la passion et la sexualité. Il peut également signifier qu'il faut arrêter. Le rose est l'énergie de l'amour, de la chaleur et de l'acceptation. L'orange représente la créativité, l'énergie positive et l'amusement. Le jaune symbolise les rayons du soleil, les sentiments enjoués et la jeunesse. Le jaune peut aussi représenter la peur et l'insécurité. Le vert représente la santé, la guérison et peut-être la richesse et l'argent. Le bleu peut signifier le calme, la loyauté, la force et la sagesse. Il peut aussi indiquer la dépression et la tristesse. Le mauve ou l'indigo peut représenter la richesse, la magie et le pouvoir. C'est souvent la couleur de l'accomplissement spirituel et de la clairvoyance. Le blanc illustre ce qui est pur, frais, propre et bon. Il peut représenter le lien d'une personne avec l'énergie divine, source de vie. Le brun peut être la couleur d'une personne terre-à-terre et ancrée, mais il peut aussi laisser croire que la personne est prisonnière de son passé. Le noir peut représenter la négativité et le mal, et pourrait être un avertissement. Le noir peut également signifier le pouvoir matériel et une personnalité solide et sûre d'elle. Les tons et l'ambiance générale que vous percevez en présence d'une couleur sont également importants. Les couleurs vous semblent-elles éclatantes ou sombres et déprimantes?

Le message général

Il est important de prêter attention aux sentiments, aux émotions, aux pensées et aux souvenirs qui surgissent quand vous êtes dans la maison. Si vous avez l'impression d'avoir déjà été dans cette maison ou une maison semblable, demandez-vous si l'ambiance est bonne pour vous. Est-ce qu'elle vous attire ou vous semble-t-elle inintéressante et dépourvue d'intérêt? Examinez les pensées ou les souvenirs que vous avez eus durant cet exercice. S'il s'agit de pensées ou de souvenirs qui concernent une relation ou une expérience passée, demandez-vous si c'était une période positive pour vous Vous sentiez-vous aimé?

Soyez honnête face à vos impressions, même si vous n'avez pas de preuve concrète qui justifierait ce que votre intuition vous révèle. Vous faire confiance est sans doute la partie la plus difficile de l'exercice.

Quelques variantes sur la visualisation d'une maison
Faites-vous une idée générale de la maison. Si vous avez l'impression qu'il n'y a pas de message cohérent ou que vous demeurez confus à propos de l'interprétation de vos impressions, écrivez une histoire sur la maison, basée sur les impressions que vous avez eues.

Pour les gens qui se sentent plus à l'aise en écrivant, l'une des variantes de cet exercice est de tenir un objet d'une personne ou de regarder la photographie de cette dernière et d'écrire quelque chose concernant sa maison. Essayez d'écrire d'un seul jet, sans vous interrompre. C'est ce qu'on appelle l'écriture automatique, et elle peut donner des résultats étonnants.

Une autre approche consiste à imaginer votre propre maison. Pas celle dans laquelle vous habitez maintenant ou avez déjà habité, mais une maison qui symbolise qui vous êtes. Après avoir fait cet exercice, invitez la personne de votre choix à venir dans votre maison et observez ce qui se produit. Accepte-t-elle de venir?

Voulez-vous vraiment qu'elle vienne chez vous? Vous sentez-vous à l'aise ou mal à l'aise de la voir pénétrer dans votre maison? Encore une fois, soyez honnête à propos de vos observations.

Il est intéressant de constater que certaines personnes perçoivent intuitivement la maison réelle de la personne qu'elles cherchent à mieux comprendre. Même si vous vous doutez que vous voyez une vraie maison, cela ne vous empêche pas d'obtenir de précieuses informations. Vous pouvez encore ressentir ce que cela vous fait de vous retrouver dans l'espace et l'énergie d'une autre personne.

Plus vous ferez cet exercice, plus vous renforcerez votre habileté à capter l'énergie, à créer des images et des symboles et à les interpréter de manière à en tirer de précieuses informations. Cela constitue la base d'une habileté intuitive efficace.

12

APPRENEZ À VOUS CONNAÎTRE ET TRANSFORMEZ VOS RELATIONS

Servez-vous de votre intuition pour vous comprendre plus en profondeur. Nous voulons tous connaître des relations aimantes et satisfaisantes. Cela semble simple et, pourtant, nous avons souvent de la difficulté à éprouver des sentiments d'amour authentiques. Malgré tous nos efforts, nous sommes parfois incapables d'atteindre et de maintenir un degré d'intimité positive avec les autres, sans savoir pourquoi.

L'amour possède une alchimie qui lui est propre et qui, comme l'eau d'une rivière, d'un océan ou d'un étang, est formée par son environnement. Les relations révèlent notre capacité à faire preuve de gentillesse, de pardon et de compassion, ainsi que nos peurs et nos insécurités. L'amour que vous vivez dans vos relations est formé de qui vous êtes. C'est le reflet direct de vos pensées les plus intimes, de vos croyances, de vos expériences passées et de votre capacité à vous aimer. Le cheminement pour créer davantage de bonheur, de joie et d'intimité dans vos relations commence par une introspection.

Il n'est pas aussi simple que nous le souhaiterions de prendre conscience de qui nous sommes. Nous sommes pour la plupart inconscients des puissantes énergies qui influencent notre vie. Lorsque nous nous servons de notre intuition pour apprendre à mieux nous connaître, il nous arrive de découvrir des aspects cachés de notre nature qui nous empêchent de connaître des relations aimantes et satisfaisantes. Une fois que nous avons pris conscience de ce qui pourrait nous empêcher d'exprimer pleinement de l'amour dans notre vie, nous pouvons guérir et aller de l'avant. Pour pouvoir transformer nos relations, nous devons d'abord nous transformer. Le véritable changement durable se situe au plus profond de notre être.

Comprendre l'inconscient

Pour utiliser votre intuition, dans le but de favoriser votre épanouissement personnel et votre guérison, vous devrez comprendre l'inconscient. L'inconscient, ou le subconscient, est cette partie de vous dont vous n'êtes pas conscient. Le conscient et l'inconscient ne sont pas toujours bien synchronisés. Par exemple, disons que vous souhaitez connaître une relation d'amour intime. Cependant, si votre inconscient croit que vous ne méritez pas d'être aimé ou si vous ne réussissez jamais à avoir des relations satisfaisantes, vos efforts de créer une relation intime avec les autres seront sabotés.

Votre inconscient se souvient de tout ce que vous avez vécu. Chaque pensée, chaque émotion et même chaque mot que vous avez prononcé et chaque action que vous avez entreprise sont enregistrés dans votre esprit. L'inconscient ne juge pas ou ne choisit pas comment il réagit. Il crée simplement votre réalité en se basant sur ce qu'il renferme sur le plan énergétique. Quand les blessures émotionnelles, les peurs ou les croyances limitatives demeurent dans l'inconscient, vous attirez les gens qui dégagent une énergie semblable. L'inconscient peut nuire à vos plus grands efforts de créer des relations aimantes. Tant que vous ne vous serez pas libéré des blessures et des peines non guéries, vous continuerez d'attirer des blessures et des difficultés semblables. Ces schémas de relations, laissés non guéris, peuvent durer toute une vie. Beaucoup de nos relations les plus difficiles résultent des schémas de comportement et des croyances auxquels nous réagissons inconsciemment. Tant que vous ne serez pas conscient de ce que vous devez guérir, vous continuerez de mettre fin à une relation ou à une situation négative pour vous retrouver simplement dans une autre semblable.

La conscience intuitive peut vous aider à accéder consciemment à votre mémoire énergétique. Elle peut envoyer de puissants rayons d'amour absolu et d'énergie salutaire dans votre sombre passé.

La prochaine étape

Vous avez développé les éléments de base pour vous servir de votre intuition naturelle dans vos relations. Ils consistent à :

1. Formuler une question.

2. Percevoir l'énergie qui entoure la question.

3. Créer des images, des symboles et des métaphores qui représentent cette énergie.

4. Interpréter vos impressions en combinant la logique et l'intuition.

Nous allons maintenant ajouter à votre répertoire intuitif la pratique de la vision symbolique.

La vision symbolique est l'habileté à percevoir intuitivement le sens et la guidance que vous recevez en observant ce qui se produit dans votre quotidien. C'est l'habileté de percevoir le lien entre vos croyances les plus profondes et les schémas émotionnels, les circonstances et les conditions que vous connaissez dans votre vie. Cela signifie que vous voyez au-delà des apparences et en plein cœur de la situation. Quand vous voyez ce qui arrive dans une relation comme le symbole d'un besoin inconscient d'amour et de guérison, vous pouvez faire ce qui est nécessaire pour guérir et aller de l'avant. La conscience intuitive peut faire briller une petite lumière dans cette noirceur.

Développer une vision symbolique

La vision symbolique ressemble à l'interprétation d'un rêve. Dans un rêve, nous voyons les différentes parties, les personnages et les objets comme ayant un sens ou un message plus profond. Par exemple, les fleurs peuvent représenter la croissance et l'espoir, et un océan agité peut signifier des émotions chaotiques. Vous pouvez appliquer le même principe dans votre vie.

Sarah

Ma cliente Sarah ne cessait d'avoir des accidents de voiture qui endommageaient le pare-chocs avant de son véhicule. Elle se demandait ce que cela pouvait bien signifier. Y avait-il un message derrière ces accidents répétitifs ?

Lors de cette période, elle s'était séparée de son mari et avait entamé des procédures de divorce. Elle avait peur de ce que l'avenir lui réservait, surtout sur le plan financier. Elle avait donc décidé de lancer trois entreprises à la fois. Elle n'arrivait pas à choisir laquelle elle préférait, alors elle essayait les trois. Cela était émotionnellement, physiquement, spirituellement et mentalement épuisant. Sarah a pris conscience que les accidents pouvaient symboliser son besoin de ralentir et de prendre mieux soin d'elle. Elle se poussait au-delà de ses limites et critiquait ses propres efforts. Le pare-chocs avant endommagé illustrait comment elle se traitait. Les voitures peuvent symboliser la façon dont nous avançons dans la vie, et elle a réalisé qu'elle sabotait ses tentatives d'aller de l'avant.

La vision symbolique encourage le développement de l'intuition en apprenant à la pensée rationnelle d'interpréter différemment la réalité, c'est-à-dire davantage du point de vue énergétique que matériel. Quand vous interprétez ainsi les circonstances de votre vie, vous n'êtes plus victime des hauts et des bas de la vie. Vous avez plutôt le pouvoir de considérer les événements comme des occasions d'évoluer. L'énergie n'est pas limitée au temps, à l'espace ou à la forme, et la vision symbolique vous montre que vous n'êtes pas limité non plus.

Même s'il peut parfois être difficile de discerner la leçon, les gens avec qui nous sommes en relation sont souvent nos meilleurs enseignants. Vous pourriez être sans cesse confronté aux mêmes leçons dans des relations difficiles sans jamais comprendre comment changer le schéma. Même quand vous mettez un terme à une relation négative, il n'est pas rare d'attirer les mêmes circonstances émotionnelles avec la personne suivante. La façon de rompre ce cycle répétitif de schémas limitatifs est de plonger au plus profond de votre être. Ce n'est qu'après avoir exploré et guéri vos croyances limitatives et vos schémas négatifs que vous pouvez vous libérer pour créer de nouvelles façons d'entrer en relation.

L'exercice suivant est basé sur la notion que ce qui arrive dans votre quotidien est un message de la partie plus profonde et plus sage de votre être. Cet exercice peut vous aider à comprendre le sens des défis que vous rencontrez dans vos relations. Il vous permet de comprendre les aspects négatifs d'une relation comme des indicateurs de blessures émotionnelles refoulées et de croyances limitatives qui doivent être guéries.

Les préparatifs
Cet exercice de visualisation comprend l'utilisation de l'imagerie descriptive. Il est préférable que vous l'enregistriez. Vous pouvez ensuite fermer les yeux et procéder. Même si j'ai recours à l'imagerie, il est possible que vous ne voyiez pas vraiment ou ne soyez pas capable d'imaginer visuellement ce que je propose. Ne vous inquiétez pas. Beaucoup de gens connaissent ou sentent simplement les suggestions.

Les impressions intuitives que vous recevez peuvent venir de différentes façons. Vous pourriez, par exemple, voir des images aléatoires ou symboliques, ou vous pourriez avoir une pensée ou un sentiment persistant. Vous pourriez entendre le couplet d'une chanson ou vous sentir enveloppé par une douce présence chaleureuse. Laissez simplement surgir ce qui vous semble bon et acceptez-le.

Vous pourriez aussi avoir l'impression de ne pas recevoir d'information intuitive. Si c'est le cas, prêtez attention, au cours des prochains jours, à vos rêves, à vos rêveries et aux synchronicités. L'information énergétique peut se manifester quand vous vous y attendez le moins, même des jours ou des semaines plus tard.

Posez votre question
Commencez en identifiant un modèle de relation que vous aimeriez changer. Concentrez-vous sur un élément qui sème en vous de la confusion et de la tristesse. Il peut s'agir d'un problème que vous vivez actuellement dans une relation ou d'un problème du passé non résolu. Vous vous sentez peut-être ignoré ou traité moins affectueusement que vous le souhaiteriez. Vous vous demandez peut-être encore pourquoi un ancien partenaire ne vous rendait pas le genre d'amour que vous éprouviez pour lui.

Prêtez attention aux sentiments que vous ressentez pendant que vous écrivez. Notez-les, également, sans les juger. Soyez le plus direct et honnête possible. Maintenant, imaginez que ces circonstances et ces sentiments n'ont rien à voir avec l'autre personne. Ce que vous vivez est le reflet d'une partie de vous qui a besoin de votre attention.

- Une fois que vous avez écrit la question, installez-vous confortablement et fermez les yeux. Prenez une profonde inspiration et expirez en chassant tout stress ou tension. Vous pourriez éprouver des émotions fortes, après avoir noté ce qui vous préoccupe. Attendez-vous à cela. N'essayez pas de nier ces sentiments ; laissez-les surgir en vous. Respirez profondément et sentez-les.

- Continuez de respirer profondément pour vous détendre. Laissez les pensées surgir en vous.

Notez-les et chassez-les de vous tout en expirant. Continuez de respirer ainsi pour vous détendre.

- Maintenant, visualisez un triangle et imaginez qu'il y a une porte au centre de celui-ci. Même si vous ne la voyez pas clairement, faites de votre mieux pour la créer dans votre imagination.

- Imaginez qu'à l'entrée de la porte, il y a un aspect de vous qui demande votre attention. C'est un aspect qui a besoin d'être guéri.

- Ouvrez la porte et regardez à l'intérieur. Laissez une image qui représente cette partie de vous émerger. Elle pourrait vous ressembler, être une image de vous plus jeune ou plus vieux, une vision triste ou frustrée de vous, ou ne pas vous ressembler du tout. L'image peut être de sexe opposé ou de race différente, mais il s'agit *vraiment* de la partie de vous qui a besoin de votre amour.

- Au besoin, servez-vous de votre imagination et créez une image qui vous semble appropriée. Observez cette partie de vous avec curiosité. Soyez ouvert et réceptif aux impressions, aux sentiments ou aux pensées que cette image vous communique.

- Maintenant, imaginez que vous pénétrez dans le triangle tel que vous êtes actuellement. Imaginez que cette personne entraîne la personne non encore guérie que vous êtes de l'autre côté de la porte. Imaginez que l'espace qui vous entoure toutes les deux est empli d'une lumière brillante. Cette lumière est chaude et apaisante. Prenez un moment pour respirer cet amour salutaire dans votre cœur. Vous pourriez sentir ou voir la présence d'une lumière ou celle de vos anges qui vous soutiennent durant ce processus.

- Vous pouvez communiquer avec la partie non guérie de vous et lui demander de quoi elle a le plus besoin de votre part. Prenez quelques minutes pour écouter en silence et recevoir tout ce qui émerge.

  Cette information peut prendre la forme d'une pensée, d'un sentiment, d'un souvenir, d'une vague d'émotions spontanée ou du simple sentiment de savoir. De quoi l'aspect non guéri de vous a-t-il besoin pour guérir?

- Engagez-vous à agir de manière à vous réapproprier votre pouvoir et à aider cet aspect de vous à se sentir aimé et accepté. Soyez à l'écoute de vos peurs et prenez la résolution de prendre soin de vous. En agissant ainsi, imaginez que la lumière brillante de l'amour absolu purifie et chasse tout stress, toute négativité, peur ou souffrance. Imaginez que cette partie maintenant guérie de vous se fond dans votre cœur.

- Lorsque vous sentez que vous avez reçu tout ce que vous pouviez, prenez quelques profondes respirations et imaginez que vous absorbez tout ce que vous devez savoir, sentir et vivre. Quand vous êtes prêt, ouvrez les yeux et notez immédiatement vos impressions. Notez les sentiments que vous avez ressentis dans votre corps, les pensées ou les images visuelles. N'essayez pas de les interpréter sur-le-champ ; contentez-vous de les noter par écrit.

Ce que vous vivez durant cet exercice pourrait ne pas avoir de sens, au début. Vous n'êtes pas obligé de tout comprendre. Le processus intuitif prend souvent du temps. Sachez que quand vous serez prêt, vous comprendrez alors ce que vous devez savoir. Continuez d'effectuer cet exercice aussi souvent que vous en avez besoin. La guérison est un processus évolutif qui possède son propre rythme et sa propre sagesse. Soyez sûr que des forces puissantes de guérison vous soutiennent et prennent soin de vous.

La guérison est un acte d'amour

À mesure que vous changerez d'attitude et guérirez les schémas insatisfaisants qui vous empêchent de vous épanouir, vos relations vont se transformer naturellement. Le plus bel acte d'amour que vous puissiez accomplir pour les autres est de vous guérir, car cela met en branle un schéma énergétique qui motive les autres à guérir. Même si les personnes dans vos relations ne reconnaissent pas les changements que vous avez effectués, la présence de l'amour et de la guérison les influence tout de même.

Theresa

Ma cliente Theresa m'a raconté ce qu'elle avait vécu durant cet exercice. La première fois que j'ai rencontré Theresa, elle était solitaire et troublée. Elle n'avait pas connu de relation intime depuis de nombreuses années. Dans son cœur, elle rêvait de connaître une vie intime avec un partenaire, mais elle avait perdu espoir de ne jamais en trouver un. Elle avait essayé de se résigner à vivre seule, mais cette pensée la rendait triste.

Theresa m'a dit qu'elle ne s'était jamais vraiment sentie aimée par un homme. Elle en avait fréquenté quelques-uns dans ses jeunes années et avait déjà été fiancée à un homme quand elle était dans la mi-vingtaine, mais ils avaient rompu leur engagement parce qu'ils s'étaient rendu compte qu'ils étaient davantage des amis que des amants.

Comme Theresa avait hâte de développer ses habiletés intuitives, elle s'était inscrite à l'un de mes cours. Elle espérait pouvoir mieux comprendre ses relations. Au fil des ans, Theresa avait rencontré des hommes par l'entremise de services de rencontres, d'amis et de rencontres fortuites. Elle m'a dit que lorsqu'elle rencontrait un partenaire potentiel, elle avait toujours l'impression qu'il n'était pas attiré et vice versa. L'attirance n'était jamais mutuelle et Theresa était désespérée à l'idée de ne jamais trouver quelqu'un.

Theresa a commencé cet exercice en examinant le fil conducteur entre ses relations et ses sentiments présents. Elle se sentait impuissante et indigne d'être aimée. Elle a réalisé qu'elle éprouvait ces mêmes sentiments lors de son enfance. Cela avait commencé avec son père, qui s'assoyait tous les soirs devant la télévision et buvait de l'alcool. Il était émotionnellement distant et ne semblait pas remarquer sa présence.

Theresa a entrepris sa méditation au bord des larmes et en éprouvant des sentiments mitigés. Elle a fait de son mieux pour visualiser une grande porte blanche. Quand elle s'est vue ouvrir la porte, elle a senti la partie en elle qui avait peur et était déçue. Cette partie ne croyait pas mériter d'être aimée. Tandis qu'elle écoutait et s'ouvrait à cette énergie, l'image d'une petite fille perdue et solitaire a commencé à prendre forme. Cet aspect d'elle-même croyait que c'était de sa faute si personne ne l'aimait. Si elle avait été plus belle ou plus intelligente, les gens l'auraient aimée. Elle ne croyait simplement pas qu'elle méritait d'être aimée.

Theresa a entraîné de l'autre côté de la porte cette partie d'elle-même, enfant. Elle a pris la main de la fillette et lui a demandé de quoi elle avait besoin pour guérir et se sentir davantage digne d'être aimée. La petite fille lui a répondu qu'elle avait besoin d'écoute et de tendresse. Cette petite Theresa lui a demandé de l'aimer autant qu'elle aimait ses caniches. (Theresa avait trois caniches qu'elle adorait, et son amour et sa tendresse pour eux étaient sans bornes.)

Theresa a assuré à la petite fille qu'elle prendrait mieux soin d'elle. Elle serait à l'écoute de ses sentiments et agirait avec amour et compassion envers elle. En envoyant ce message à la fillette, elle pouvait sentir qu'un lien plus fort et aimant les unissait. Theresa a ouvert son cœur et y a laissé pénétrer la petite fille.

L'intégration

La prise de conscience est la première étape pour transformer les croyances inconscientes et les schémas émotionnels qui vous emprisonnent dans des comportements qui ne servent plus votre plus grand bien. Une fois que vous reconnaissez les influences qui ont motivé vos choix, vous êtes en mesure de guérir et d'aller dans une autre direction. Il s'agit là d'une transformation authentique et durable. Il vous est ensuite plus facile de connaître les conditions et les circonstances qui reflètent la meilleure connaissance que vous avez de vous-même. Lorsque vous vous libérez de la souffrance refoulée ainsi que des croyances et des schémas négatifs, vous pouvez mieux laisser circuler une énergie positive et aimante qui transforme votre vie.

La prochaine étape pour favoriser votre transformation consiste à intégrer cette nouvelle conscience de soi à votre vie extérieure. Vous pouvez le faire en décidant d'accomplir des actes positifs et déterminés qui reflètent votre plus grand bien.

Theresa savait que chaque jour elle devait passer du temps à écouter sa voix intérieure demeurée trop longtemps silencieuse. Elle devait adopter des comportements qui renforçaient son Moi authentique aimant. Elle n'avait pas fait preuve d'amour et de compassion envers elle et, pour cette raison, avait attiré le même comportement de la part des autres. La façon dont nous nous aimons influe sur la façon dont les autres nous aiment.

Theresa a dressé une liste des activités qui l'intéressaient, mais pour lesquelles elle n'avait jamais eu de temps ou d'énergie à consacrer. Depuis longtemps, elle avait renoncé à son plaisir d'enfance de danser ; elle s'est donc inscrite à un cours de hip-hop au conseil des arts de sa région. Elle a commencé à lire davantage sur le royaume des anges et à méditer quotidiennement dans l'espoir de rétablir un lien plus puissant avec ses anges. Theresa s'est acheté un autre chien à qui elle a donné le nom de son premier béguin, Kyle, qui l'avait invitée pour la première fois à un rendez-vous amoureux. Son cœur s'était ouvert à l'amour quand elle avait fréquenté Kyle, il y a de nombreuses années, et elle voulait raviver ces sentiments d'innocence. Elle était déterminée à se donner l'attention qu'elle souhaitait obtenir d'un partenaire, et Kyle servait à lui rappeler comment le faire.

Le cycle de la guérison

Vous pouvez faire de la visualisation symbolique dans presque chaque aspect de votre vie. Cela peut vous procurer de l'information additionnelle sur n'importe quelle condition ou situation.

En vous guérissant, vous permettez à vos relations de devenir plus harmonieuses. Vous attirerez ceux qui reflètent votre bien-être intérieur, et l'influence de l'énergie positive dirigera vos relations actuelles vers la guérison et la plénitude.

13

CESSEZ DE VOUS ENLISER DANS VOS RELATIONS ET VISEZ LA JOIE

Invitez l'amour absolu dans votre vie et faites l'expérience de son pouvoir pour renouveler et revitaliser vos relations. Pour connaître le genre d'amour que nous désirons tous, il faut que nos liens énergétiques avec les autres soient centrés sur notre amour le plus pur.

Une communication verbale ouverte et honnête est un ingrédient nécessaire à la réussite de toute relation. Une communication sur le plan énergétique est tout aussi importante. Votre champ magnétique émet constamment et de manière accrue la vibration énergétique de vos pensées, de vos intentions, de vos émotions, de vos croyances et de la vérité de qui vous êtes. La façon dont vous entrez en relation avec une autre personne sur le plan énergétique et le genre d'énergie que vous échangez dictent ce que vous vivrez avec celle-ci.

Malheureusement, nous créons souvent des liens avec les autres à partir de nos limitations communes et de notre détresse ou par des traits de personnalité superficiels, et ce, sans le savoir. Le fait de ressentir un lien spontané et intuitif avec quelqu'un n'indique pas que vous aurez une relation positive et significative avec lui. Cette attirance pourrait être basée sur des schémas de pensée et émotionnels négatifs communs. La montée d'adrénaline que nous éprouvons quand nous tombons amoureux provient de la rencontre de deux champs énergétiques bien assortis. Mais, cela ne veut pas nécessairement dire que la relation sera positive et basée sur un amour inconditionnel.

Quand vous entrez en relation avec quelqu'un à partir des aspects les moins évolués de votre être, vous risquez de continuer d'adopter des schémas superficiels non guéris. Ce qui semblait au départ des expériences familières et communes finira par créer un sentiment de manque et d'insatisfaction.

Combler les pièces manquantes

Que nous en prenions conscience ou pas, nous entrons parfois dans des relations pour compenser nos manquements et combler nos besoins. Par exemple, si vous n'êtes pas capable de gagner un salaire élevé, vous pourriez être attiré par quelqu'un qui gagne beaucoup d'argent. Si vous êtes timide ou introverti, vous pourriez vouloir un partenaire qui est confiant et divertissant en société. Certaines personnes qui ont connu une enfance difficile sont attirées par un partenaire qui, selon elles, saura leur rendre l'amour et l'affection dont elles ont été privées.

Nous sommes également attirés par des relations qui s'appuient sur nos forces. Si vous avez beaucoup d'amour à donner, vous pourriez essayer de compenser le sentiment de manque d'une autre personne et la submerger d'amour. Vous pourriez éprouver le besoin de sauver les personnes qui se sentent victimes des circonstances de la vie. Ou vous pourriez désirer guérir et rendre heureux les autres, et entrer en relation avec eux avec la bonne intention de les changer même si ce n'est pas avisé.

Quand nous commettons l'erreur de croire qu'une autre personne viendra tout combler ou que nous pouvons nous compléter l'un et l'autre, nous demeurons non seulement dans un état de déséquilibre, mais nous créons également un déséquilibre dans la relation. L'un des problèmes associés au modèle inconscient de chercher l'équilibre auprès de quelqu'un d'autre est qu'il crée un schéma énergétique de manque. Si vous continuez d'entrer ainsi en relation avec les autres, vous dépendez alors d'une source extérieure pour connaître le bien-être. Vous créez des schémas malsains en vous et dans vos relations, quand vous interrompez votre processus de croissance pour combler les attentes d'une autre personne ou que vous vous attendez que l'autre interrompe le sien pour combler vos besoins.

Créer des liens énergétiques malsains

La région dans laquelle je vis connaît une grave sécheresse. Le niveau des rivières est de plus en plus bas, et de nombreux lacs et étangs sont déjà secs. Là où il y avait un étang se trouve maintenant un terrain sec, et je suis triste pour les petits poissons, les grenouilles et les tortues qui ont perdu leur environnement. Tout n'est pas juste et équilibré dans ce monde. On rapporte des records de chutes de pluie dans des régions du nord et de l'ouest, une mince consolation pour les formes de vie vulnérables et maintenant sans abri qui l'année dernière se multipliaient. Si seulement une immense conduite pouvait relier aux rivières d'ici qui se sont transformées en ruisseaux ces cours d'eau inondés dans le nord et l'ouest, et qui vont déverser leur eau dans l'océan.

Comme la terre desséchée, certaines personnes connaissent la sécheresse en amour. Leurs parents ont peut-être manqué d'amour et en avaient peu à donner. Certaines personnes se sentent indignes d'être aimées, tandis que d'autres ne savent pas reconnaître et recevoir de l'amour. Quand nous prenons conscience du monde dans lequel nous vivons, nous percevons encore davantage le manque d'amour. Nous nous tournons alors vers les autres pour combler ce vide.

Comme la conduite d'eau à laquelle j'ai rêvé, nous entrons en lien avec les autres pour combler ce qui nous manque. Même si cela semble logique, les liens basés sur l'excès et le manque mènent éventuellement à une impasse, ce qui ne favorise pas la croissance et le changement.

La réalité est que vous perdez votre pouvoir quand vous créez des liens pour soutirer l'énergie de l'autre dans le but de compenser un manque. De même, vous vous épuisez quand vous essayez de donner à l'autre pour compenser son sentiment de manque. Il y a une différence entre soutenir, aimer et faire preuve de compassion, et subordonner le processus de croissance de l'autre.

L'amour est synonyme d'évolution

Les liens que vous avez créés avec les autres dans le but de compenser vos forces et vos faiblesses peuvent fonctionner durant des années. Mais, un jour ou l'autre, vous aurez envie de changer et sentirez le besoin de guérir et d'évoluer. L'Univers circule dans la direction de l'évolution, et son courant vous pousse toujours à avancer. Le lien stagnant qui vous unit à une autre personne finira par devenir insatisfaisant et étouffant. Il s'agit là d'un moment crucial où des gens choisissent de mettre un terme à une relation, contrairement à d'autres qui restent, et de relever le défi de changer et d'évoluer.

Passer de l'amour relationnel à l'amour absolu
Pour connaître des relations enrichissantes, emplies de joie, qui célèbrent la plénitude de chaque individu, votre cœur doit franchir les limites de l'amour basé sur la personnalité et aimer du fond de l'âme. Les éléments requis pour avoir une relation saine — l'honnêteté,

l'acceptation, le pardon, la compassion et la capacité de mettre de côté vos désirs personnels — vous entraînent dans les recoins les plus profonds de l'amour. Ce genre d'amour, l'amour qui crée des relations mutuellement satisfaisantes, ne peut exister qu'au niveau de l'âme. L'ego et la personnalité cherchent à obtenir, non pas à donner, et sont motivés par la peur plutôt que par l'amour.

Pour aimer du plus profond de son âme, chaque partenaire doit trouver cet amour en lui. Même si avez déjà espéré trouver chez un autre tout l'amour dont vous avez besoin, sachez que vous devez plutôt le trouver en vous. J'admets que cela peut sembler paradoxal, étant donné que nous entrons habituellement en relation pour être aimés. Et pourtant, quand votre bonheur et votre bien-être dépendent d'une autre personne, vous perdez de vue votre propre source d'amour intérieure. Les relations s'effondrent sous la pression des attentes exagérées, et vous vous sentez abandonné et déçu. Vous pouvez soutenir tendrement votre partenaire dans son processus, mais vous ne pouvez pas faire le travail à sa place.

Trouver l'amour en soi

L'amour absolu est toujours en vous; il est votre essence. Pour sentir pleinement sa présence, vous n'avez qu'à plonger en vous et à écouter sa voix. Votre sensibilité intuitive peut vous aider à détecter la présence de l'amour absolu et à vous aligner sur lui. Vous pourriez ressentir une bouffée de chaleur et de confort ainsi que la capacité de donner et de recevoir sincèrement de l'amour. Il vous procure l'assurance inébranlable que, malgré les circonstances extérieures, il y a un plan et un but pour vous dans vos relations.

L'amour absolu dans une relation ne lie pas les gens ensemble. Il procure plutôt une source inépuisable de sagesse, de compassion et de pardon dans laquelle chaque partenaire peut puiser pour guérir et rétablir la relation. Malgré les déceptions et les échecs, vous connaîtrez l'amour d'une nouvelle façon en invitant l'amour absolu à circuler en vous.

Kristine et Steven

J'ai fait la connaissance de Kristine et de Steven, son mari, dans le cadre de l'un de mes ateliers. Ils sont un bon exemple d'un couple qui a suivi la voie de la guérison, individuellement et ensemble.

Kristine et Steven sont mariés depuis plus de 10 ans. Ils se sont connus à l'université. Kristine, une étudiante curieuse, étudiait alors la philosophie, les arts et la danse. Steven, un étudiant plus sérieux, avait obtenu avant elle son diplôme d'ingénieur. Kristine a d'abord été attirée par la belle apparence de Steven et par son sens pragmatique. Elle se sentait en sécurité avec lui. Il prenait soin d'elle. De son côté, Steven était comblé par la chaleur émotionnelle et l'amour de Kristine. Elle était affectueuse et démonstrative et semblait savoir dire les bonnes choses pour le mettre de bonne humeur et l'aider à se sentir compris.

Steven avait grandi dans une famille qui s'attendait à ce qu'il excelle à l'école et dans les sports, alors que cela importait peu pour Kristine qu'il soit premier de classe ou non. Elle l'aimait simplement. Steven ne s'était jamais senti aimé de cette façon et il l'a demandée en mariage peu de temps après avoir commencé un emploi bien rémunéré dans une firme d'ingénierie très respectée. Pour Kristine, c'était le paradis et tout ce qu'elle désirait. Elle pouvait continuer à peindre et à écrire de la poésie et poursuivre son cheminement spirituel en sachant que Steven subviendrait à ses besoins. Kristine et Steven ont connu cet amour équilibré, cette passion et cette aisance financière durant plusieurs années.

Puis, Kristine a commencé à se sentir vide émotionnellement. Son travail devenant de plus en plus exigeant, Steven rentrait plus tard le soir et était toujours préoccupé. Kristine voulait qu'il l'entoure de ses bras puissants, mais il était souvent trop fatigué. Il demeurait étendu de tout son long sur le canapé et avait peu à lui dire ou à lui donner. Pour avoir de la compagnie et du soutien, Kristine s'est donc tournée vers ses amies. Steven l'entendait parler avec elles au téléphone, tard le soir. Sa voix était légère et pleine de rires. Il avait vu sur la table de chevet ses livres intéressants sur la métaphysique et il enviait sa curiosité. Il lui arrivait d'y jeter un coup d'œil, mais il n'avait ni le temps, ni l'énergie pour se consacrer à la lecture.

La frustration et le ressentiment ont commencé à naître entre eux. Kristine voulait plus d'affection et d'attention de la part de Steven. Steven voulait que

Kristine se trouve un emploi et lui enlève un peu de pression financière. Il voulait disposer de temps en dehors du travail pour faire un peu d'introspection. Kristine sentait que Steven s'éloignait de plus en plus d'elle sur le plan émotif et rêvait d'un amant attentionné. Elle s'est mise à fantasmer sur d'autres hommes.

Kristine et Steven ont commencé à devenir insatisfaits de leur relation et de leur façon d'interagir. Ils ont parlé de divorce. Sur le plan énergétique de leurs chakras, ils étaient enlisés dans un modèle. L'énergie spirituelle et celle du cœur de Kristine atteignaient Steven au début de leur relation. Elle lui envoyait un rayon d'énergie spirituelle et d'amour pour combler son vide. Il baignait dans cet amour, mais n'a jamais développé sa capacité d'exprimer et de donner de l'amour en retour. De son côté, Steven était enlisé dans le modèle d'envoyer du pouvoir et de la sécurité matérielle à Kristine. Elle avait accepté cette énergie et n'avait pas fait d'efforts pour acquérir de la confiance et de l'expérience en matière de travail et de finances. Ils dépendaient l'un de l'autre sur le plan énergétique. Dans sa quête spirituelle, Kristine ne s'était pas développée dans le monde, tandis que les préoccupations de Steven à propos des questions matérielles avaient nui à son développement spirituel et émotionnel. Ils comptaient l'un sur l'autre pour compenser leur manque de croissance dans ces aspects.

Cela s'est ensuite retourné contre eux. Kristine avait l'impression que Steven la privait de son amour. Elle ne comprenait pas qu'il ne savait pas comment ressentir et exprimer le genre d'amour qu'elle désirait maintenant. Steven trouvait que Kristine était paresseuse et égocentrique. Il ne comprenait pas qu'elle n'avait aucune idée de la façon de se trouver un emploi et de gagner de l'argent.

Kristine et Steven étaient sous l'emprise de l'amour relationnel. Leur manière d'interagir n'illustre qu'une façon dont une relation peut devenir stagnante et prisonnière d'un modèle énergétique malsain sur le plan émotionnel et spirituel. Il y en a beaucoup d'autres. Pour connaître un lien aimant et durable avec quelqu'un, il faut vous libérer de ces modèles étouffants.

Exercice

Voici un exercice intuitif pour vous aider à explorer et à guérir les liens énergétiques que vous avez créés avec une autre personne. Il s'agit d'un bon exercice à mettre en pratique quand vous vous sentez enlisé dans une relation, surtout quand les sentiments positifs s'amoindrissent ou que le degré d'intimité entre vous deux semble stagnant. Cet exercice peut également être utile si vous êtes incapable de quitter une relation malgré de nombreuses tentatives ou si la relation est terminée, mais que vous êtes incapable de lâcher prise et de passer à autre chose.

Passer de l'amour relationnel à l'amour absolu
Pour effectuer cet exercice, vous devez avoir des feuilles de papier, des crayons de couleur ou des marqueurs. Le

processus créatif vous permet d'accéder au courant naturel de l'intuition. Vous devrez faire des dessins et des esquisses, mais ne vous inquiétez pas si vous n'êtes pas un artiste ; faites seulement de votre mieux. Et ne vous critiquez pas. Laissez libre cours à votre créativité et à votre imagination !

- Commencez par vous détendre dans une position confortable. Pensez à une personne avec qui vous êtes actuellement en relation ou avec qui vous l'étiez dans le passé. Fermez les yeux et prenez quelques profondes respirations en imaginant que vous inspirez une lumière blanche à partir du sommet de votre crâne. Laissez l'oxygène descendre dans votre corps et vous détendre. Tout en expirant, imaginez que vous chassez tout stress ou toute tension de votre corps. Continuez de respirer ainsi, en inspirant l'oxygène et en expirant le stress et la tension.

- Lorsque vous vous sentez détendu, créez dans votre esprit une image de la personne, debout devant un fond blanc. Notez le plus de détails possible à son sujet : ses vêtements, ses cheveux et son attitude générale. Notez l'expression de son visage. Ouvrez les yeux et dessinez votre impression de la personne sur une feuille de papier. Tout en dessinant, ajoutez des détails à votre première impression.

- Maintenant, dessinez-vous face à la personne, à deux pas d'elle. Prêtez attention aux sentiments qui surgissent en vous (rire de votre dessin ne compte pas).

- Fermez les yeux et, en commençant par le dessus de votre tête, passez en revue votre corps. Tout en déplaçant votre attention vers le bas, imaginez que des connecteurs invisibles relient votre corps à celui de l'autre personne. Notez quelles parties de vos deux corps sont reliées. Il peut y avoir plusieurs endroits.

- Prenez le connecteur qui semble le plus solide et imaginez de quelle matière il semble être composé — une tige en acier, un appendice charnu, une vibration de lumière, une corde. Est-ce qu'il semble y avoir de l'énergie qui circule dans ce connecteur? Si oui, dans quelle direction circule-t-elle? Faites de votre mieux pour sentir l'énergie qui circule dans le connecteur. Quand vous avez l'impression d'avoir reçu le plus d'information possible, ouvrez les yeux et dessinez les connecteurs, en mettant l'accent sur celui qui vous a paru le plus solide. Si vous n'avez pas reçu beaucoup d'information, servez-vous de votre imagination et dessinez ce qui vous semble vrai.

- Vous avez maintenant l'occasion de vous libérer de ce connecteur. Fermez les yeux et imaginez que vous avez le pouvoir de vous détacher de la personne. Vous pourriez faire appel à la guidance et à l'intervention divines pour être capable de lâcher prise. L'autre personne pourrait résister. Ou vous pourriez avoir l'impression que ce n'est pas aimable de votre part de vous détacher ou que vous avez besoin de ce connecteur pour garder cette personne dans votre vie. Ne jugez pas ou n'ayez pas peur de ce qui arrivera quand vous vous serez détaché de cette personne. Lâchez prise. Après, ne soyez pas surpris si vous vous sentez triste, effrayé, fâché ou méchant. Ces sentiments ne sont pas inhabituels.

- Après vous être détaché, prenez le connecteur et imaginez que vous l'attachez à la source la plus élevée de l'amour absolu. Laissez cet amour circuler en vous, surtout dans les parties où le connecteur était attaché à l'origine.

- Abandonnez la personne dans l'amour absolu.

- Ouvrez les yeux et déchirez la feuille de papier en deux, de manière à vous séparer de l'autre personne. Puis, collez votre image sur une autre feuille et ajoutez des images de beauté, d'abondance et d'amour. Si vous voulez, vous pouvez ajouter l'image de la personne qui est maintenant séparée de vous avec des images d'abondance, de joie et d'amour autour de vous.

- Tout en laissant votre intuition vous guider, vous pourriez écrire une affirmation sur la feuille telle que «j'attire l'amour absolu» ou «je mérite l'amour et l'abondance».

- Si vous le désirez, vous pouvez coller l'image de la personne qui est maintenant séparée de vous sur une autre feuille de papier. Ajoutez des images qui, selon vous, aideraient à lui donner du pouvoir.

Kristine

Quand Kristine a effectué cet exercice, elle a immédiatement senti un connecteur qu'elle avait créé avec Steven et qui partait de son cœur et de son champ énergétique. Elle a réalisé qu'elle lui envoyait des vagues d'amour et d'énergie spirituelle. Kristine a d'abord hésité à se détacher de ce connecteur. Elle savait qu'elle avait beaucoup d'amour à donner et sentait qu'il était important de continuer de le faire. Consciente de ces sentiments, elle a soudainement su intuitivement que tant qu'elle continuerait de soutenir Steven de cette manière, il ne chercherait pas en lui la source divine de l'amour. Il dépendrait d'elle. Elle a compris dans un éclair que cela l'empêchait de se développer et d'être capable de partager avec elle en tant que son égal sur le plan spirituel.

Kristine a également pris conscience de la connexion qu'elle avait avec Steven dans la partie inférieure de son corps. Ces connecteurs lui paraissaient solides, comme s'ils étaient métalliques. Le courant énergétique qui circulait entre elle et Steven était puissant, et elle en a été surprise. Elle a été secouée de réaliser combien elle était entièrement dépendante de Steven sur le plan matériel et financier. Elle savait qu'elle n'évoluait pas ou qu'elle n'essayait pas de se dépasser, mais qu'elle s'attendait à ce qu'il soit un partenaire financièrement responsable.

Elle s'est imaginée en train de se détacher de Steven et de laisser l'amour absolu circuler en elle. Elle a invité cette énergie dans ce processus de guérison et a encouragé l'âme de Steven à accepter l'amour qui lui était offert. Elle a demandé à ses anges et à ceux de Steven de les guérir et de les guider. Elle savait que c'était différent de l'amour qu'elle lui avait donné. Elle pouvait sentir la liberté que cet amour leur offrait à tous les deux.

À quoi vous attendre

Les gens sont souvent surpris de l'efficacité de cet exercice. Nous sous-estimons souvent le pouvoir de nos actes et de nos intentions énergétiques. La personne qui fait l'objet de votre exercice sentira toujours la déconnexion énergétique à un certain degré. Elle sentira un changement, et il est possible qu'elle essaie de rétablir de vieux modèles, qu'elle s'accroche, souffre d'insécurité ou cherche à vous manipuler. La personne pourrait aussi quitter la relation. Ne soyez pas étonné si vous commencez à douter ou si vous remettez en question votre décision. Il est normal d'éprouver de l'incertitude avant d'établir une nouvelle façon d'entrer en relation.

Vous sentirez, cependant, un courant d'énergie vivifiant. Vous possédez maintenant le pouvoir de choisir. Faites un choix judicieux et évitez la tentation d'ignorer vos insuffisances ou les aspects de vous qui ont encore besoin de développement et d'encouragement. Affrontez vos peurs et vos insécurités, peu importe ce qu'elles impliquent. Engagez-vous sur le chemin de l'amour.

14

GUÉRISSEZ-VOUS DE VOTRE CODÉPENDANCE SPIRITUELLE

Et l'amour dans tout ça? Voici une autre question : et le champ énergétique dans tout ça? Il peut être difficile de comprendre comment une chose aussi floue et abstraite que le champ énergétique, ou l'aura, peut avoir un effet sur vos relations amoureuses. Et pourtant, c'est le cas.

Il est facile de sous-estimer l'importance du champ énergétique car, dans des circonstances normales, nous ne pouvons pas le voir, le sentir ou le mesurer. Nous remettons même en question l'existence du champ énergétique ou de l'aura. Et pourtant, votre champ énergétique peut à la fois magnétiser et attirer l'amour en abondance ou attirer dans votre vie toutes sortes de difficultés et de souffrances.

Votre aura dans le domaine de l'amour

Votre sensibilité à l'énergie se développe à mesure que votre intuition grandit. Vous pouvez sentir votre champ énergétique en l'imaginant sous la forme d'une toile lumineuse qui vous encercle. Imaginez que des étincelles lumineuses en constant mouvement vous enveloppent et que des fils de lumière se prolongent de cette orbite qui vous entoure. Ces fils de lumière s'étirent jusque dans l'énergie vibrante de l'amour absolu. Votre corps, vos cellules, votre cœur et votre esprit sont nourris par l'interconnexion de l'aura humaine avec les vibrations de l'amour absolu. Les fils de lumière atteignent vos amis, vos êtres chers et même les étrangers. Votre lumière cherche à s'unir joyeusement aux autres. Quand vos étincelles entrent en contact avec celles d'une autre personne, une joyeuse explosion d'amour se produit en vous.

L'ombre

Imaginez qu'il y a également dans la toile de lumière des ombres et des endroits sombres qui refusent de s'unir au courant de l'amour. Les endroits sombres ont peut-être peur de la lumière et ils se contractent et se cramponnent. Ces endroits sombres peuvent aussi chercher à s'unir aux endroits sombres des autres personnes. Quand cela se produit, ils deviennent également plus puissants et prennent plus d'énergie et d'espace, mais ils sont enlisés et lourds et finissent par vous accabler.

Les endroits sombres de votre champ énergétique correspondent à vos peurs, à vos jugements et à vos blessures émotionnelles. Quand votre champ énergétique entre en lien avec les autres à partir de ces zones sombres plutôt que de vos zones lumineuses, vous risquez alors de souffrir de codépendance spirituelle. Nous entrons souvent en relation avec les autres en nous attendant à ce qu'ils nous rendent heureux ou nous comblent d'amour. Ce n'est cependant qu'en étant conscients de l'amour qui se trouve en nous que notre amour peut se développer.

L'amour limitatif

La codépendance spirituelle vous laisse habituellement fatigué, vidé et accablé. Dans une relation de codépendance spirituelle, la croissance spirituelle et émotionnelle est sabotée, la réceptivité intuitive est brimée et le courant de l'amour inconditionnel et compatissant ne peut pas circuler librement. Cela se produit quand vous établissez une relation qui compense les besoins et les limites d'une autre personne et qui, par conséquent, vous coupe de l'énergie supérieure de la force vitale. Dans une relation de codépendance spirituelle, le champ énergétique devient une impasse, et la croissance et l'évolution stagnent.

Jours sombres au paradis

Pour comprendre comment le champ énergétique peut affecter une relation, revenons à Kristine et Steven. Lors de leur première rencontre, ils se sont considérés comme chanceux que leurs points communs et leurs contraires s'équilibrent. Kristine était très spirituelle et créative, tandis que Steven était bien ancré et motivé par sa carrière. Ils se sont dit qu'ils formaient un couple parfait. Mais ce qui leur avait semblé être le nirvana au début s'est vite transformé en une atmosphère de ressentiment et de frustration.

Steven était entièrement dédié à son travail, et Kristine se consacrait à ses activités spirituelles et créatives. Même si elle appréciait le temps dont elle disposait pour suivre ses passions, elle était souvent seule et fatiguée. Pris par toutes ses responsabilités professionnelles, Steven a commencé à envier Kristine pour sa façon insouciante d'aborder la vie. Il est devenu découragé et fâché.

Kristine a entrepris son processus de guérison en se détachant, sur le plan énergétique, de sa dépendance à l'approche ancrée et pratique de Steven face à la vie. Elle a aussi transformé sa tendance à compenser le manque de croissance émotionnelle et spirituelle de Steven en invitant les vibrations supérieures de l'amour absolu dans leur relation. Quand elle a réussi à comprendre le modèle énergétique stagnant qu'elle avait créé avec Steven et qu'elle s'est consacrée à guérir les déséquilibres, leur mariage a commencé à changer. Kristine s'est sentie plus forte et plus ouverte aux nouvelles possibilités. Elle a cessé de chercher à combler, sur le plan énergétique, les besoins émotionnels et spirituels de Steven. Cela lui a permis d'avoir plus d'énergie et d'endurance pour se consacrer à sa propre guérison et à son épanouissement. Elle a comblé son désir de devenir professeur de yoga et a entrepris une formation d'une année. Elle s'est également inscrite à un séminaire de guérison holistique pour voir si ce domaine lui offrait une possibilité de carrière.

Ces changements n'ont pas autant suscité d'enthousiasme chez Steven. Il se sentait différent, mais ignorait pourquoi. Même s'il comprenait l'intérêt de Kristine de développer une carrière et qu'il lui offrait son soutien, il se sentait abandonné et en manque d'amour. Il avait l'impression qu'elle n'avait plus besoin de lui et il a commencé à souffrir d'insécurité et à devenir méfiant. Il ne savait pas comment communiquer ses besoins à Kristine parce qu'il avait de la difficulté à reconnaître qu'il en avait. Il a provoqué quelques disputes avec elle pour attirer son attention, mais il s'est simplement senti plus mal. Il blâmait Kristine pour leurs problèmes et a proposé qu'ils se séparent durant une certaine période. Puis, il a déménagé dans un appartement.

Steven s'est vite ennuyé de Kristine, de son enthousiasme et de sa joie de vivre. Il a perdu sa motivation au travail et avait de la difficulté à se rendre jusqu'à la fin de ses journées. Il a sombré dans la dépression et ne semblait plus avoir d'énergie. Il repensait à sa première rencontre avec Kristine, à combien le simple fait d'être près d'elle lui donnait de l'énergie. Même s'il ne partageait pas ses intérêts spirituels, il avait été attiré par elle parce qu'elle croyait sincèrement au Divin. Elle sentait la présence des anges et croyait en un Univers aimant et rassurant. Il se sentait maintenant abandonné par elle et n'avait plus foi en la vie. Il était vide, et la vie n'avait plus de sens.

La dépendance cachée

Kristine et Steven étaient enlisés dans une relation de codépendance spirituelle. Sans le savoir, Steven dépendait de Kristine pour qu'elle lui donne l'énergie de sa force vitale. La dépendance de Kristine envers Steven était plus apparente. Elle comptait sur lui pour qu'il paie les factures et gère leur quotidien. Steven avait besoin des vagues d'amour salutaires qui émanaient de la nature spirituelle et bien développée de Kristine. Sans cet amour, il se sentait déprimé et sans raison d'être.

La codépendance spirituelle est un déséquilibre énergétique et spirituel courant, dans une relation. La codépendance ressemble à une dépendance à la drogue. La personne souffrant de codépendance est obsédée par les besoins et les comportements de l'autre et abandonne son pouvoir et sa conscience d'elle-même dans sa tentative de combler ou de guérir l'autre. C'est sacrifier vos propres besoins en donnant trop d'énergie, de temps et d'attention à l'autre dans le but de mieux vous sentir. C'est aussi vous attendre à ce que l'autre comble vos besoins et dépendre de son humeur et de ses sentiments pour vous sentir bien à propos de vous-même. La codépendance spirituelle vous affecte non seulement sur le plan émotionnel, mais aussi sur le plan spirituel et énergétique.

La façon dont la codépendance spirituelle se développe
La codépendance spirituelle commence habituellement dès l'enfance. La plupart d'entre nous apprennent malheureusement à aimer d'un point de vue matériel. En effet, selon le paradigme inconscient de notre monde, nous croyons que nous devons rivaliser pour connaître l'amour et l'abondance. Nous apprenons à vivre dans un état de compromis, en croyant que nous devons réprimer notre âme puissante pour exceller dans le monde compétitif de l'école et des sports, et plus tard, dans notre environnement social et économique.

Nos parents et notre environnement nous servent de modèles quant à la façon dont nous nous aimons. Durant notre enfance, nous sommes réceptifs à l'environnement psychique de nos parents. Nous sommes reliés à leurs champs énergétiques, et ils nous enseignent de manière tacite comment être en relation avec les autres. Nous sommes influencés par l'énergie d'amour de nos parents, non seulement par la façon dont ils nous aiment, mais aussi par la façon dont ils s'aiment. Comme peu de gens sont conscients de leur propre nature spirituelle, centrée sur l'amour, ils sont incapables de l'offrir à leurs enfants. La vérité spirituelle selon laquelle nous sommes des êtres d'amour purs et entiers est rarement intégrée dans notre énergie émotionnelle en tant qu'enfants.

La codépendance spirituelle est sans doute le déséquilibre énergétique le plus courant qui affecte nos relations. Elle est semblable à la codépendance émotionnelle du fait qu'elle nous pousse à regarder en dehors de nous pour avoir un sentiment d'accomplissement. La codépendance spirituelle cherche à soutirer aux autres l'énergie de la force vitale qui est nécessaire ou qui permet aux autres de dépenser la leur. Elle tire son origine dans le fait que nous sommes inconscients de notre Moi spirituel énergétique ou dans notre incapacité à entrer consciemment en relation avec lui.

Le désir de ne former qu'un

La codépendance spirituelle naît d'une réalité divine perturbée. Dans les vibrations supérieures du monde spirituel, nous fusionnons naturellement avec d'autres énergies semblables et harmonieuses. La tendance à désirer ce genre d'union fusionnelle dans le monde matériel et physique est profondément ancrée en nous. Il est naturel de vouloir nous unir complètement avec ceux que nous aimons. Et pourtant, quand nous essayons de faire des autres notre principale source spirituelle, nous paralysons notre âme et étouffons, sur le plan énergétique, ceux que nous aimons. Quand nous cherchons dans le monde matériel ce que notre âme désire ardemment, nous créons un vide intérieur. Nous sommes alors dissociés de notre Moi multidimensionnel.

Dans le monde spirituel, être fusionnel et ne faire qu'un avec une autre personne constituent une réalité. Quand nous recherchons cette unité dans la dimension matérielle, sans être profondément conscients de l'essence même de notre âme, il en résulte de la codépendance spirituelle. Nous sommes fragmentés et nous vivons en fonction des aspects de nous-mêmes les moins éclairés.

Les vampires psychiques

La codépendance spirituelle crée un certain nombre de perturbations énergétiques et psychiques. Quand vous n'êtes pas relié à cette source nourrissante, vous vous desséchez comme la branche d'un arbre qui a été coupée. Votre champ énergétique devient faible et réprimé, ce qui peut vous pousser inconsciemment à essayer de tirer l'énergie des autres ou de votre environnement. Nous utilisons l'expression «vampires psychiques» pour décrire les gens qui cherchent de l'énergie en dehors d'eux-mêmes pour se sentir forts, vivants et en santé. Et pourtant, le fait de nous accrocher au champ énergétique d'une autre personne pour avoir l'impression d'être complets n'est jamais satisfaisant à long terme.

À l'autre extrémité, il y a la personne qui laisse les autres lui soutirer son énergie. Ce modèle inconscient est également susceptible de se développer durant l'enfance. C'est le cas quand les parents trouvent à travers leurs enfants leur propre raison d'être et sentiment d'accomplissement. L'enfant grandit en s'attendant à ce que les autres lui prennent son énergie et il les laisse faire. Devenus adultes, ces enfants sont habituellement fatigués, faibles et peuvent éviter la compagnie des autres pour éviter de se sentir vidés ou même malades.

L'intuition et la codépendance spirituelle

Un autre symptôme de la codépendance spirituelle est une fonction intuitive réprimée. Tout comme vos autres sens, votre intuition fait naturellement partie de vous. La sensibilité intuitive est la conscience des vibrations subtiles que vos cinq sens ne peuvent pas percevoir. Quand vous êtes consciemment relié à votre essence spirituelle, votre intuition peut alors pleinement s'exprimer.

La codépendance spirituelle affecte votre habileté à entrer en relation avec votre intuition naturelle. Les capteurs intuitifs naturels deviennent muets quand vous êtes privé de l'énergie de la force vitale, et vous vous laissez porter par les influences du monde matériel. Vous êtes alors incapable d'entendre votre voix intuitive. Quand vous êtes coupé de votre savoir intuitif, vous pouvez avoir l'impression de vivre dans des circonstances insignifiantes et fortuites. Vous avez de la difficulté à faire confiance à vos attirances envers les autres et vous pourriez vous sentir déconnecté de ceux que vous aimez. Vous n'avez aucun capteur interne qui vous guide vers ce qui vous procurera de la joie et une raison d'être.

Vous pourriez aussi devenir submergé par l'énergie des autres et de votre environnement, et absorber inconsciemment les toxines et la négativité.

Être continuellement fusionné avec le champ énergétique d'une autre personne crée de la confusion, du chaos intérieur, du stress, de la négativité et de l'anxiété. Quand votre corps reçoit intuitivement l'énergie des autres, vous devenez malade, fatigué et stressé, et ressentez les souffrances et les maux de vos proches. Pour vous protéger de l'énergie des autres et de votre environnement, vous pourriez essayer d'éviter toute intimité et le risque d'être vulnérable. Cet évitement en soi peut entraîner de la dépression et une plus grande solitude.

Voici les symptômes courants de la codépendance spirituelle :

- Souffrir de fatigue chronique.

- Ne pas avoir confiance en les mondes non physiques.

- Souffrir de dépression.

- Ne pas avoir conscience de votre propre fonction intuitive.

- Avoir besoin d'être physiquement en présence d'une autre personne pour vous sentir lié à elle.

- Être incapable de trouver un sens au quotidien.

- Trouver que les événements de la vie semblent fortuits et sans importance.

- Considérer l'imagination comme une chose fantaisiste et insignifiante.

- Avoir l'impression que les autres ont besoin de votre énergie pour sentir la présence d'un pouvoir supérieur.

- Être incapable de croire qu'une chose est vraie si elle n'est pas perçue par les cinq sens.

- Avoir peur de l'inconnu.

- Avoir constamment besoin de vous protéger de l'invisible.

- Laisser les autres vous vider de votre énergie.

- Vous sentir impuissant.

- Être incapable d'apporter des changements positifs dans votre vie.

- Croire que vos contributions dans la vie sont insignifiantes.

- Avoir le sentiment d'être spécial ou de mériter davantage l'amour et l'intercession d'une puissance supérieure.

- Croire que vos dons spirituels ou intuitifs vous rendent spécial.

- Désirer utiliser vos dons spirituels ou intuitifs pour maîtriser ou dominer les autres.

- Ne pas dévoiler votre spiritualité à ceux qui sont le plus près de vous.

- Avoir besoin de relations pour vous sentir plein d'énergie.

- Considérer le pouvoir comme une forme de contrôle, de manipulation ou de force.

La codépendance spirituelle
selon le type intuitif

La codépendance spirituelle affecte chaque type intuitif de façons différentes. Quand le champ énergétique n'est pas ouvert à l'énergie vitale de l'amour absolu, la principale énergie qu'une personne reçoit intuitivement provient du niveau trivial de l'amour relationnel. Cela crée un déséquilibre énergétique qui maintient la personne à la merci des hauts et des bas de cette forme d'amour. C'est dans l'énergie de l'amour absolu que nous accédons aux états supérieurs de joie, de guérison et de positivité.

Les personnes intuitives de type physique
La codépendance spirituelle incite les personnes intuitives de type physique à chercher à combler leurs besoins émotionnels et spirituels dans le monde physique et matériel. Comme elles perçoivent intuitivement l'énergie à travers leur corps physique, elles deviennent facilement submergées de toxines matérielles quand leurs récepteurs intuitifs ne sont pas ouverts au monde supérieur de l'amour absolu. Cela peut causer chez elles une forme d'engourdissement ou d'hypersensibilité face aux caresses et au rapprochement physique. Elles peuvent se sentir stressées ou épuisées physiquement et manquer d'endurance.

Dans leurs relations intimes, elles peuvent éprouver un désir infini d'avoir des rapports sexuels ou le contraire, c'est-à-dire souffrir d'une forme d'apathie physique et d'un manque de libido. D'une manière ou d'une autre, elles se sentent déconnectées des autres et rêvent d'intimité.

Les personnes intuitives de type émotionnel

Les personnes intuitives de type émotionnel sont souvent incapables de bien vivre leurs émotions et celles qu'elles perçoivent intuitivement chez les autres. Elles sont susceptibles d'éprouver des sentiments de colère, de ressentiment, de peur ou de dépression. Sur le plan intuitif, elles ont tendance à attirer et à recevoir les mêmes émotions négatives des autres. Qui se ressemble s'assemble ; une autre loi de l'Univers nous impose de percevoir intuitivement, chez les autres et dans notre environnement, les sentiments et les émotions que nous éprouvons le plus. Malheureusement, cela ne fait que s'ajouter au stress émotionnel que les personnes de type émotionnel ressentent déjà. Dans leurs relations, elles risquent de devenir hyperémotives, difficiles à satisfaire, dramatiques et en quête d'affection. Elles peuvent être dans une quête constante et insatisfaisante de l'amour idéal qui peut leur donner l'ivresse émotionnelle qu'elles désirent ardemment.

Les personnes intuitives de type mental

Chez ces personnes, la codépendance spirituelle correspond à l'incapacité de se débarrasser de schémas de pensée négative et souvent obsessionnelle. Elles peuvent être incapables d'aller au-delà de leur propre point de vue, et l'énergie mentale qu'elles perçoivent intuitivement dans leur environnement renforce leur propre pensée biaisée.

Les formes de pensée négative sont une masse d'énergie qui, comme un champignon, se nourrit de ses propres éléments et se régénère et grandit constamment. Les personnes qui sont incapables de s'ouvrir aux pensées inspirantes, créatives et aimantes de l'Univers attirent souvent des formes de pensée négative. Elles demeurent alors emprisonnées dans des pensées, des croyances et des attitudes sombres.

Dans leurs relations, les personnes intuitives de type mental embourbées dans cette ombre négative peuvent devenir obsédées par une personne, une pensée ou une croyance. Elles sont susceptibles de vouloir que leur partenaire soit toujours d'accord avec elles et cherchent souvent à contrôler et à manipuler les pensées et les croyances de leurs proches.

Les personnes intuitives de type spirituel

Vous vous demandez peut-être si une personne intuitive de type spirituel peut être fermée à l'énergie spirituelle. La réponse est simple : c'est oui et non. (Bon d'accord, ce n'est pas si simple.) Les personnes intuitives de type spirituel perçoivent intuitivement l'énergie à travers leur champ énergétique. Quand elles ne sont pas ouvertes au courant bénéfique de l'énergie de la force vitale, elles reçoivent d'abord les vibrations énergétiques qui sont émises au plan éthéré. Le plan éthéré de l'énergie est la première couche subtile d'énergie qui entoure le corps physique. Il sert d'intermédiaire entre le corps physique et les émanations supérieures de l'énergie de la force vitale.

Les personnes intuitives de type spirituel qui ne baignent pas dans l'énergie vivifiante des mondes supérieurs développent une sensibilité aiguë aux bruits, aux odeurs et à la lumière. Elles deviennent hypersensibles dans leurs relations et peuvent réagir de manières confuses. Les humeurs, les émotions et les comportements subtils de leur partenaire déclenchent souvent chez elles une réaction de lutte ou de fuite et, en raison de leurs sensibilités aiguës et déroutantes, elles repoussent toute intimité et se retrouvent dans des relations superficielles et de courtes durées.

Guérir la codépendance spirituelle

Un champ énergétique sain est ouvert, translucide et continuellement nourri par un courant d'énergie vitale. Comme une plante qui se nourrit du soleil et de la pluie pour vivre, notre âme a besoin d'être unie à une source puissante d'amour absolu et de sagesse. La source de cette nourriture est au cœur de l'amour et de l'énergie de la force vitale en soi.

La communauté scientifique accepte la présence de différents types d'énergie, comme la chaleur, la lumière, l'énergie nucléaire, chimique, gravitationnelle et cinétique, entre autres. Les communautés spirituelles, religieuses et métaphysiques, quant à elles, font référence à l'énergie de la force vitale qui est parfois appelée l'Esprit saint, l'énergie éthérée, la force vitale universelle, l'énergie quantique, le Grand Esprit, l'essence et la Lumière. En sanskrit, cette énergie fondamentale et essentielle est appelée *prãna*. En chinois, elle porte le nom de *qi* ou *chi*. Dans les systèmes de guérison les plus anciens, cette énergie est considérée comme étant essentielle à la santé et au bien-être.

En plus de votre corps, votre champ énergétique est également nourri par cette vibration supérieure d'énergie. Quand votre champ énergétique fonctionne pleinement, vous êtes moins susceptible de créer des alliances énergétiques malsaines et de vous sentir vidé en compagnie des autres. Le champ énergétique, renforcé par l'énergie vitale, repousse naturellement tout ce qui n'est pas à l'unisson avec lui de manière positive. Vous n'avez pas besoin de vous attacher aux autres et êtes alors davantage capable de choisir des relations positives, propices à votre épanouissement. Quand vous prenez la décision d'être sensible à des niveaux supérieurs d'énergie, vous pouvez vous guérir de votre codépendance spirituelle.

Le nettoyage psychique

L'exercice suivant peut vous aider à transformer et à chasser tout stress, toute tension ou négativité de votre corps et de votre champ énergétique. Quand votre conscience est sensible à l'énergie d'amour qui guérit, vous vous épanouissez.

En pratiquant souvent cette méditation, vous pouvez entraîner votre champ énergétique à tirer naturellement sa nourriture et son endurance d'une source supérieure. Vous pourrez alors circuler dans le courant naturel de l'énergie de la force vitale. Vous aurez le pouvoir de donner et de recevoir de l'amour, et vos canaux intuitifs seront clairs et puissants.

Assoyez-vous ou étendez-vous dans une position confortable et commencez à vous détendre. Vous pouvez prier, méditer ou demander la protection de la lumière blanche. Les impressions que vous recevez peuvent être sous forme d'images, de sentiments, de pensées, d'odeurs, de symboles et de sensations corporelles.

- Fermez les yeux et prenez une profonde respiration. Expirez et prenez une autre profonde respiration. Continuez de respirer ainsi en vous détendant. À chaque inspiration et expiration, vous chassez de plus en plus le stress ou la tension de votre corps. Continuez de vous détendre ainsi aussi longtemps que vous le désirez.

- Imaginez qu'un arc-en-ciel de lumière et de couleur entoure votre corps. Vous baignez dans ce riche courant d'amour absolu, de vibrations et d'énergie. Détendez-vous et laissez ces couleurs et ces vibrations vous entourer.

- Laissez votre conscience intérieure se répandre vers l'énergie qui vous entoure. Imaginez que vous pénétrez dans ce vibrant arc-en-ciel de lumière et d'amour.

- Maintenant, portez votre attention sur le haut de votre tête et inspirez l'énergie d'amour et de lumière blanche. Vous pourriez ressentir un chatouillement en respirant ainsi. Laissez l'amour circuler en vous.

- Prenez conscience du tourbillon d'énergie qui entoure votre tête. Respirez la lumière blanche de l'amour dans cette région. Imaginez que votre troisième œil s'ouvre. Des couleurs mauve foncé et indigo pourraient apparaître. Continuez de respirer l'énergie et l'amour dans cette région en chassant la négativité, le stress et la tension de votre corps. Imaginez que votre conscience se répand dans la félicité.

- Déplacez votre attention vers votre gorge. Imaginez que la lumière blanche de l'amour circule dans cette région. Laissez la lumière s'estomper et chasser tout ce dont vous n'avez plus besoin. Laissez la voix intérieure de la vérité émerger. Écoutez et respirez.

- Prenez conscience de votre cœur. Imaginez les vagues riches de l'amour absolu s'ouvrir en vous. Fondez-vous dans cet amour. Devenez un canal pour l'énergie d'amour qui guérit. Laissez toute douleur, toute blessure ou toute peine émerger.

Sentez vos émotions, même si elles sont difficiles. Sachez que tout ce que vous devez faire
pour vous débarrasser de ces émotions difficiles
est de les laisser remonter à la surface. Prenez
l'engagement de vous aimer.

- Prenez conscience de votre plexus solaire. Sentez
sa force et son éclat. Laissez l'amour circuler
dans votre ventre. Sentez en vous la présence de
la vérité. Respirez et chassez toute honte ou
culpabilité. Imaginez que l'amour a la capacité
d'être votre vérité. Sentez le pouvoir de l'amour
absolu comme de la grâce, de l'amour et de la
compassion.

- Déplacez votre attention dans la région de votre
nombril. Respirez l'énergie et l'amour dans
cette région. Détendez-vous et chassez tout
jugement limitatif que vous avez à propos de
votre sexualité et de votre capacité à vous épanouir dans une relation. Nettoyez cette région
avec le souffle de l'amour. Envoyez l'énergie
de l'amour dans tous les aspects de votre vie.
Invitez l'amour absolu dans les aspects triviaux
de votre vie et engagez-vous à connaître tout ce
qui sert votre plus grand bien.

- Prenez conscience du bas de votre colonne vertébrale. Respirez de l'amour dans cette région et
sentez votre lien avec la terre. Sentez que la terre
vous soutient et vous aime. La terre vous a appelé
à devenir un être physique. Elle vous aime et

vous soutient. Envoyez de l'amour à la terre et à tous les êtres vivants. Sentez que vous faites un avec tout ce qui compose la vie.

- Laissez l'amour circuler dans tout votre corps. Il est intelligent et éclatant. Il circule dans toutes les régions de votre corps qui ont été tendues. Ces régions qui ont connu la douleur ou la négativité s'ouvrent maintenant à la clarté salutaire de l'amour. Cette lumière s'élève et dissout tout ce qui ne sert pas votre plus grand bien en vous emplissant d'amour. Cet amour continue de se répandre dans votre corps en vous détendant et en vous donnant de l'énergie. Cet amour s'étend à 30 centimètres autour de votre corps et forme une orbite de lumière blanche qui vous entoure entièrement en laissant le stress et la négativité s'évacuer et en ne laissant pénétrer que ce qui sert votre plus grand bien.

- Maintenant, imaginez qu'il y a en vous un puits profond et infini. Laissez la lumière entrer et emplir d'amour cet espace. Imaginez que vous avez en vous une mine d'or de richesse et de splendeur. Elle vous murmure que vous êtes amour. Il y a une réserve infinie d'amour à votre portée. Immergez-vous dans l'amour le plus longtemps possible.

- Quand vous êtes prêt, ouvrez les yeux et notez les pensées, les impressions, les visions ou les sentiments que vous avez eus. N'essayez pas de comprendre ou de réfléchir à ce que vous avez ressenti. Abandonnez-vous simplement, en sachant que vous êtes guéri à un profond degré.

Cette méditation vous permettra de faire l'expérience du courant naturel de l'amour absolu et de l'énergie vivifiante. Un des bénéfices inattendus de la guérison spirituelle est qu'il est possible de guérir spontanément les schémas de négativité ou de dysfonctionnement bien enfouis. Ce genre de guérison n'est pas conditionné par le temps et l'espace. Quand votre système énergétique est bien nettoyé, des transformations et des changements importants sont susceptibles de se produire dans votre vie.

Guérir selon le type intuitif

Chaque type intuitif — mental, émotionnel, spirituel et physique — possède ses propres forces spirituelles dans lesquelles puiser pour guérir la codépendance spirituelle. Tout le monde peut bénéficier de ces suggestions salutaires. Mettez en pratique celles qui vous attirent le plus.

Les personnes intuitives de type mental
Prenez conscience des synchronicités ou des coïncidences significatives qui se produisent dans votre quotidien. Elles peuvent se manifester au moyen de chiffres,

d'idées ou de la technologie. Méditez pour fusionner votre conscience avec l'esprit divin, également appelé la superconscience.

Quand l'énergie de l'amour absolu circule en elles, les personnes intuitives de type mental s'alignent sur la sagesse compatissante. Elles font preuve de compréhension et de perspicacité, et sont habiles à discerner les leçons, le sens et la raison d'être de leur vie et de celle de ceux qu'elles aiment.

Leur intuition se raffine sous forme de télépathie et d'habileté à prédire la suite des événements et des schémas.

Les personnes intuitives de type émotionnel

Reconnaissez le Divin en vous et chez les autres. Prenez conscience des moments où vous absorbez l'énergie émotionnelle des autres et décidez intentionnellement de leur envoyer un amour salutaire supérieur à partir de votre être. Méditez sur l'expansion du cœur et ouvrez-le pour recevoir les vibrations supérieures de l'amour.

À mesure que les personnes de type émotionnel peaufinent leurs dons intuitifs, elles développent l'habileté à guérir les autres par leur perspicacité empathique et par le pardon. Elles deviennent un canal divin pour le pouvoir inconditionnel de l'amour absolu.

Les personnes intuitives de type émotionnel imprègnent leurs relations de dévouement, de sagesse émotionnelle et de perception centrée sur le cœur.

Les personnes intuitives de type spirituel

Visualisez votre champ énergétique et celui de vos amis, de votre famille et même des étrangers, et imaginez qu'il est entouré de l'énergie de lumière blanche de l'amour. Notez vos rêves dans un journal. Réfléchissez à votre raison d'être et à votre mission sur la terre. Priez et méditez pour la guérison des autres.

Remplies de l'énergie de l'amour absolu, les personnes intuitives de type spirituel sont comme un aigle libre et majestueux qui s'élève vers les limites éthérées de l'amour et rapportent cet amour dans le quotidien terrestre. Elles peuvent transporter ceux qu'elles aiment dans cette félicité et cette inspiration transcendante.

Leurs dons intuitifs raffinés s'expriment par la clairvoyance, souvent appelée « seconde vue », ou l'habileté à voir l'invisible et à communiquer avec les êtres des royaumes supérieurs — les anges, les guides spirituels et les êtres chers décédés.

Les personnes intuitives de type physique

Contemplez le Divin dans toutes les créatures vivantes. Sentez l'énergie de la force vitale qui est inhérente à toute la nature, y compris les animaux, les plantes et les minéraux. Méditez sur votre unicité et votre lien avec tout ce qui représente la vie. Passez du temps seul dans la nature.

L'amour absolu est une énergie vibrante et puissante, quand il provient des personnes intuitives de type physique. Vous pouvez le sentir s'échapper de leurs pores, et vous vous sentez en sécurité et aimé en leur présence.

Quand elles sont alignées sur l'amour absolu, leurs caresses peuvent vous guérir, vous détendre et vous procurer du plaisir érotique et sensuel.

Leurs dons intuitifs raffinés s'expriment par l'habileté à guérir par le toucher, à communiquer avez les esprits terrestres et les animaux et à créer au moyen de la magie et des rituels.

La guérison instantanée

Nous souffrons tous de codépendance spirituelle, certains d'entre nous davantage que d'autres. Le monde dans lequel nous vivons a longtemps nié l'existence et la puissance de l'énergie spirituelle. Il a donc été facile de nier que nous avions besoin de cette connexion. La bonne nouvelle est que, lorsque nous en prenons conscience, la codépendance spirituelle peut être guérie rapidement, souvent instantanément. Le courant bénéfique de l'énergie universelle de la force vitale vous est toujours disponible. Malgré votre passé, votre conscience de soi, ou la condition dans laquelle vous êtes, s'ouvre aux rayons salutaires d'un amour supérieur et guérit.

15

INTERAGISSEZ AVEC VOTRE ENFANT INTÉRIEUR PSYCHIQUE

Il y a un esprit innocent et magique en vous qui aspire à s'exprimer et à jouer. L'émergence de cet enfant intérieur se produit souvent par la guérison de la codépendance spirituelle. Cette partie de votre nature multidimensionnelle, que j'appelle l'enfant intérieur psychique, peut être une source puissante de savoir intuitif, d'amusement et un puissant allié pour attirer et maintenir des relations aimantes et passionnées.

Vivre dans deux mondes

Votre naissance dans ce monde vous a fait voyager d'une liberté et d'un espace sans bornes à une forme de limitation. Vous venez dans le monde physique avec des leçons, une raison d'être et un karma à accomplir. Et pourtant, l'âme réside toujours dans l'amour et la sagesse. C'est l'enfant intérieur psychique qui crée un pont entre le monde spirituel et le monde matériel. Souvent réduit au silence par le conditionnement du monde matériel, l'enfant intérieur psychique est toujours avec vous. Même si je fais référence à cet aspect de tout votre être en tant qu'enfant, il est à la fois intemporel et enfantin dans son ouverture à l'amour et sa connexion à la joie.

L'enfant intérieur psychique réside dans les royaumes de toute possibilité et de toute liberté. Cet aspect de votre nature est naturellement psychique du fait qu'il existe en dehors du temps, de l'espace et des limites physiques. Plus vous prenez conscience de votre enfant intérieur psychique, plus votre intuition est imprégnée d'énergie, de sagesse et d'amour.

L'enfant intérieur psychique voit le monde comme un terrain de jeu créatif et étrange.

En intégrant cet aspect de votre être dans votre vie consciente, vous augmentez votre habileté à jouer, à partager et à donner et recevoir librement de l'amour.

Steven

Steven, notre codépendant spirituel, a dépendu pendant des années du courant positif d'énergie vitale auquel sa femme, Kristine, était naturellement reliée. Comme il n'a pas développé sa propre connexion consciente à son esprit ou à ses ressources intérieures, il ne savait pas comment accéder à la guidance intérieure et à l'énergie de l'amour absolu. Quand Steven et Kristine se sont séparés, il est devenu encore plus déprimé et perdu. En tant qu'intuitif de type mental, il ne pouvait cesser de penser à leurs dernières conversations et cherchait dans son esprit ce qui avait bien pu se produire et pour quelle raison.

Kristine, une intuitive de type spirituel, a continué de pratiquer le yoga et de suivre d'autres cours holistiques et s'est trouvé un emploi administratif à temps partiel au centre de yoga. Durant son mariage avec Steven, il lui avait été facile d'ignorer son épanouissement personnel et l'importance d'ancrer ses dons spirituels et d'accomplir sa mission de vie.

Elle aimait encore Steven. Elle savait qu'il se sentait seul et qu'il la blâmait pour sa tristesse. Chaque matin, avant de commencer sa journée, Kristine méditait et priait. Elle envoyait de l'amour à Steven et le visualisait entouré d'une lumière blanche et aimante. Elle demandait à ses anges de l'aider à trouver sa voie. Kristine s'ennuyait de Steven et elle était parfois triste, parfois fâchée, mais elle continuait de prendre soin d'elle.

Steven a continué de souffrir. Il était malheureux au travail et ne savait pas comment apporter des changements dans sa vie. Une nuit, alors qu'il était fâché, il a rêvé qu'il se trouvait dans les montagnes du Colorado avec son grand-père aujourd'hui décédé. Ils riaient et pêchaient dans l'un de ses lieux de vacances préférés de son enfance. À son réveil, Steven était en paix comme il ne l'avait pas été depuis longtemps. Il est allé au travail et, sans trop réfléchir, il a planifié quelques jours de vacances. Il avait l'intention d'aller au Colorado. Ce soir-là, il a fait ses bagages et a réservé un emplacement dans un terrain de camping sauvage. Le lendemain, il était dans les montagnes.

Durant quelques jours, Steven a fait de la randonnée et a pêché, et il a commencé à se détendre. Il adorait ces montagnes. Il adorait l'air pur et frais et le son de la rivière qui coulait en cascade sur les pierres. Un soir, pendant qu'il fixait en silence son feu de joie, il s'est assoupi et, dans son demi-sommeil, il s'est rappelé que lorsqu'il était enfant, il avait souvent des visions d'Amérindiens dans ce secteur. Il avait l'impression de sentir leur présence. Il était un enfant unique tranquille et introverti, et les esprits étaient ses compagnons de jeu. Ils le réconfortaient. À ce souvenir, il s'est mis à pleurer tout en se demandant si ces esprits étaient réels et pouvaient l'aider maintenant. Il a envoyé un message dans l'air qui embaumait le pin, en direction des collines : «S'il vous plaît, aidez-moi maintenant!»

Le lendemain matin, Steven s'est réveillé avec un enthousiasme renouvelé et il a commencé à explorer le bel environnement, mais quelque chose en lui avait changé. Les plantes et les fleurs, même le ciel et l'eau, semblaient vivants et éclatants. Il éprouvait la même curiosité et le même émerveillement que durant son enfance. Il y avait un être magique en lui qui le guidait et l'encourageait. Il avait l'impression de pouvoir communiquer avec le monde des esprits. Chaque chose vivante avait quelque chose à lui dire et il avait le sentiment de faire partie du grand tout, d'être en connexion avec lui et en paix. Il se sentait de nouveau vivant.

Chaque jour, son cœur semblait s'ouvrir un peu plus et, pour la première fois depuis fort longtemps, il a éprouvé en lui des sentiments d'amour. Il a réalisé qu'à force de se concentrer sur sa carrière et son besoin de gagner de l'argent, il avait perdu une part de lui-même. Il n'avait jamais vraiment accordé de valeur à sa propre âme et s'était mis à éprouver du ressentiment envers Kristine parce qu'elle voulait nourrir la sienne. «Comme c'est triste, pensait-il maintenant, je me suis éloigné de ce qu'il y avait de plus précieux dans ma vie, ma propre âme et mon extraordinaire épouse.»

Quelques semaines plus tard, de retour chez lui, Steven a appelé Kristine et lui a demandé de venir le rencontrer. Le lendemain, Kristine a aperçu Steven debout au bord d'une rivière agitée. Il l'attendait à l'endroit où ils avaient convenu de se retrouver, dans leur parc préféré. Quand Kristine a vu Steven, son cœur a cessé de battre. Il avait l'air différent des semaines précédentes. Son visage affichait un air de contentement. Il n'avait plus ces rides de stress ni les sourcils froncés. Il l'a accueillie avec un sourire chaleureux, et ils ont passé quelques heures à parler du récent voyage de Steven au Colorado. Kristine a vite compris que Steven avait trouvé une raison d'être et se sentait en communion avec la vie. Pendant que Steven lui racontait ses expériences, Kristine s'est sentie encouragée et prête à entreprendre les démarches pour sauver leur mariage.

Savoir reconnaître
l'enfant intérieur psychique

Pour prendre conscience de votre enfant intérieur psychique, vous devez accepter votre propre esprit pur. Notre culture nous a appris à dévaloriser notre innocence spirituelle et enfantine. Voilà pourquoi nous la jugeons à tort comme étant faible et peu pratique. Durant votre enfance, on vous a peut-être dit que la vie était une affaire sérieuse et que pour être heureux et en sécurité, vous deviez vous endurcir et devenir résilient. La sagesse mélancolique de votre réalité éthérée ne pouvait pas vous être utile.

L'idée d'embrasser votre enfant intérieur psychique peut sembler frivole et peu pratique. Vous constaterez, cependant, que le fait de vous unir à votre enfant intérieur psychique vous ramène à l'essence même de votre être. Votre enfant intérieur psychique renferme la richesse de votre âme et il sautille de manière espiègle devant vos yeux désabusés. Cet enfant ne veut pas vivre dans un monde dépourvu d'amour et de rires. Sa présence dans votre vie est une invitation à être imaginatif et enjoué. Nous voyons le monde comme étant solide et quantifiable ; l'enfant le voit comme un lieu de créativité et de possibilités.

Entrez en contact avec votre enfant intérieur psychique
L'exercice suivant vous donne l'occasion de renouer avec votre enfant intérieur psychique. Il est important

d'aborder cet exercice avec un sens enfantin d'amusement et d'imagination.

Étendez-vous ou assoyez-vous dans une position confortable et fermez les yeux. Prenez quelques profondes respirations. Inspirez pour vous détendre et expirez en chassant tout stress ou toute tension de votre corps.

- Continuez de respirer ainsi et ouvrez votre cœur.

- Envoyez à votre enfant intérieur psychique le message que vous aimeriez entrer en contact avec lui. Respirez dans votre cœur et envoyez à votre enfant intérieur psychique le message que vous voudriez en savoir davantage sur lui.

- Imaginez un triangle. Remarquez sa couleur, sa texture et tout autre détail. Imaginez que le triangle est un portail énergétique.

- Imaginez que votre enfant intérieur psychique se trouve au centre du triangle. Si vous ne le voyez pas ou ne sentez pas sa présence, servez-vous de votre imagination pour créer une image qui le représente. Votre enfant intérieur psychique pourrait jouer avec vous. Au lieu de voir un enfant, vous pourriez voir un symbole, un animal, une scène magique, une licorne — les possibilités sont infinies. Acceptez ce qui vous vient à l'esprit.

- Prenez un moment pour capter l'énergie de votre enfant intérieur psychique. Laissez les images changer et évoluer. La scène pourrait avoir un caractère espiègle.

- Quand vous êtes prêt, ouvrez les yeux et notez dans votre journal tout ce qui s'est produit.

Les personnes intuitives de type émotionnel pourraient sentir la présence initiale de leur enfant intérieur psychique sous forme de sensations de plaisir, de rire ou d'une attitude rebelle débonnaire. Leur enfant intérieur psychique aimera procurer du plaisir aux autres et exprimer ses sentiments et ses émotions par la danse, le dessin et toutes sortes de jeux créatifs.

Les personnes intuitives de type mental sont invitées par leur enfant intérieur psychique à s'adonner à toutes sortes de choses, à la fois frivoles et pratiques. Leur enfant intérieur psychique pourrait les inciter à s'informer sur les inventions de pointe associées au «Nouvel Âge», sur les systèmes planétaires en dehors de notre système solaire et sur les extraterrestres. Ces personnes pourraient également aimer la science-fiction et les romans fantastiques.

Les personnes intuitives de type physique devraient être à l'écoute de toute sensation ou de tout serrement d'estomac. Cela peut prendre la forme d'un picotement dans le corps et d'une joyeuse expansion du cœur. Leur enfant intérieur psychique pourrait vouloir s'ébattre dans la nature et s'émerveiller devant les plantes, les pierres, les nuages et la beauté naturelle de toutes les formes. Ces personnes peuvent communiquer facilement avec les animaux et les esprits de la nature, et elles sont susceptibles d'aimer la magie.

Les personnes intuitives de type spirituel partent à l'aventure avec leur enfant intérieur psychique et explorent différents mondes emplis de créatures bizarres et d'esprits. Leur enfant intérieur psychique peut les aider à voir les auras et leur fait connaître le monde des anges, des fées et d'autres compagnons surnaturels.

Les encouragements de mon enfant intérieur psychique
Mon enfant intérieur psychique est devenu une force puissante de positivité dans mes relations. Être voyante et célibataire peut représenter certains défis. Quand je dis aux gens que je suis voyante, leur expression change immédiatement. Certains semblent simplement curieux, d'autres sont horrifiés, dubitatifs ou veulent aussitôt prendre leurs jambes à leur cou! Certains se sentent immédiatement à l'aise avec moi, mais ce n'est malheureusement pas la norme. Mes fréquentations amoureuses en ont également souffert. Pendant longtemps, quand j'étais invitée à sortir, j'utilisais des expressions telles que «conseillère spirituelle», «mentore intuitive», «accompagnatrice» ou «thérapeute spirituelle». Ces «euphémismes» ne m'ont pas servie. J'avais l'impression de manquer d'intégrité, et c'est exactement le genre d'hommes que j'attirais — des hommes qui n'étaient pas à l'aise avec qui ils étaient.

Mon enfant intérieur psychique me dit que «je suis qui je suis et je fais ce que je fais». Il me dit d'être davantage moi-même pour avoir du plaisir. Il me rappelle que je n'ai pas besoin de chercher l'amour et de trouver quelqu'un qui pourrait m'aimer. J'ai tout l'amour dont j'ai besoin… en moi. Quand je le vois, il est souvent en train de danser sous une pluie de lumière, et il m'encourage à partager avec enthousiasme avec les autres ce que je suis. Les approches traditionnelles en matière de fréquentations ne fonctionnent pas vraiment. Nous attirons un partenaire en cherchant notre bonheur et en trouvant ce qui dans la vie nous aide à ouvrir notre cœur — puis, en le partageant avec les autres. Mon enfant intérieur psychique est toujours là, le cœur ouvert, prêt à répandre de la joie.

Les aventures du tarot
Une aventure qui est susceptible d'interpeller votre enfant intérieur psychique est d'aller dans une librairie qui possède une vaste sélection de cartes de tarot. Dites à votre enfant que vous aimeriez qu'il choisisse un jeu de cartes. Il y a de fortes chances qu'il vous indique son choix par les rires et les sourires qu'il suscitera en vous tandis que vous examinez les différents jeux. Quand vous éprouvez un sentiment de légèreté face à un jeu en particulier, achetez-le. Ne lisez rien sur ce dernier ou ne demandez pas l'opinion d'un commis ou d'une autre personne. Contentez-vous de l'acheter. Une fois rendu à la maison, examinez les cartes. Encore une fois, ne lisez rien sur elles et n'essayez pas de les interpréter.

Votre enfant intérieur psychique peut être très utile dans vos relations, surtout vos relations amoureuses. Il peut voir dans l'esprit et l'intention des autres avec une troublante précision. Votre enfant intérieur psychique peut communiquer et vous donner des messages sur votre relation avec des gens en particulier au moyen des cartes de tarot.

Essayez ce qui suit. Prenez une carte de tarot qui vous représente et une carte qui représente la personne qui fait l'objet de votre question. Les rois, les reines, les cavaliers et les valets constituent de bons choix pour cet exercice.

Mélangez les cartes et pensez à une question pour votre enfant intérieur psychique. Quand vous vous sentez prêt, coupez les cartes avec votre main non dominante. Retournez la carte du dessus et regardez-la. Puis, demandez à votre enfant intérieur psychique de vous aider à en comprendre la signification. Assoyez-vous en silence et écoutez ce qui vous vient à l'esprit. La guidance peut prendre la forme d'une pensée, d'un sentiment ou d'un savoir, où vous pourriez entendre un message intérieur. Notez dans votre journal tout ce que vous recevez comme réponse. Vous pouvez continuer à effectuer cet exercice, en posant toujours une question à votre enfant intérieur psychique, en coupant les cartes avec votre main non dominante et en écoutant en silence. Quand vous avez l'impression d'avoir reçu toute l'information que votre enfant intérieur pouvait vous transmettre, lisez d'autres sources d'interprétation des cartes de tarot qui éveillent votre intérêt.

Une variante de cet exercice consiste à étendre les cartes sur une table, la face cachée, puis à tenir au-dessus d'elles un pendule en cristal avec votre main non dominante. Demandez au pendule de vous montrer comment il indique un «oui», puis un «non». Quand vous pensez pouvoir obtenir des réponses fiables, tenez le pendule au-dessus de petites sections des cartes jusqu'à ce que vous ayez une réponse affirmative. Puis, retournez la carte et soyez ouvert à tout ce que vous recevez sous forme de pensée ou d'émotion.

Votre enfant intérieur psychique pourrait vous jouer des tours pour vous mettre au défi et voir s'il peut se fier à vous. Rappelez-vous qu'il a souvent été nié pendant si longtemps qu'il pourrait se faire prier pour se manifester. Si vous avez l'impression que vous faites trop d'efforts pour comprendre les cartes, prenez une pause. Allez marcher, jouez avec votre animal ou faites une activité que vous aimez. La voix de votre enfant intérieur psychique sera souvent plus facile à entendre quand vous êtes détendu et que vous vous amusez.

Soyez patient et continuez — la confiance finira par s'établir, et votre enfant intérieur deviendra votre source de perception intuitive et de vérité la plus fiable.

Le courant de conscience

Vous pourriez aussi utiliser la technique d'écriture avec la main non dominante pour capter l'énergie de votre enfant intérieur psychique. Rédigez simplement une question avec votre main dominante, puis, avec votre main non dominante, écrivez tout ce qui vous vient à l'esprit, sans vous censurer ou trop réfléchir. Vous vous sentirez peut-être maladroit d'utiliser cette main, mais continuez d'écrire. Votre enfant intérieur psychique finira par écrire à travers vous. Vous pouvez recevoir de précieux messages intuitifs avec cet exercice.

Amber

Amber est l'une de mes clientes dont la découverte inattendue de son enfant intérieur psychique a ouvert la porte à une croissance positive dans ses relations. Amber avait entrepris depuis de nombreuses années un cheminement conscient pour favoriser sa guérison intérieure et son épanouissement personnel. Elle avait rencontré Dave, un musicien et un auteur, chez une amie. Ils avaient parlé toute la soirée et avaient commencé à se fréquenter dès le lendemain. Amber m'a raconté que l'une des qualités qu'elle appréciait le plus chez Dave était son sens de l'amusement et sa spontanéité. Il voyageait beaucoup, et ils avaient planifié d'aller faire ensemble du ski, de la plongée libre et du kayak.

Amber était enthousiasmée par tous leurs plans, mais elle est venue me voir un jour parce qu'elle se sentait anxieuse et stressée. Elle m'a dit que, même si elle avait hâte d'aller faire du rafting avec lui le week-end suivant, elle était également pétrifiée. Elle avait grandi auprès de parents alcooliques dont les querelles constantes créaient un milieu familial stressant et angoissant. Sans s'en rendre compte, Amber cherchait à tout maîtriser dans ses relations et ses activités, et la pensée de se retrouver dans une petite embarcation et de dévaler une rivière agitée était plus qu'elle ne pouvait supporter. Elle avait confiance en Dave et voulait participer, mais elle avait de plus en plus peur.

Amber avait l'impression qu'elle devait se détendre et m'a demandé à entrevoir le prochain week-end d'une manière plus positive. Je lui ai demandé de fermer les yeux, de respirer profondément et de visualiser un environnement calme et serein. Tandis qu'elle plongeait dans un état méditatif profond et paisible, une jeune Amber, vibrante et magique, est apparue dans son esprit. Cette Amber débordait de vie et était prête à se lancer dans n'importe quelle aventure. Elle avait hâte de passer du temps dans la nature, et son enthousiasme était contagieux. L'adulte en elle a d'abord été décontenancée par son exubérance. Cependant, quand elle a vu son enfant intérieur psychique la diriger en toute confiance vers la rivière, elle a été intriguée. Comme pour faire suite à cette image, une autre vision lui est apparue : Amber était debout sur la véranda d'une maison, la main dans celle de Dave. Deux jeunes enfants s'amusaient dans la cour. La scène était si réelle que le nœud dans son estomac s'est desserré, et un plaisir chaleureux a parcouru son corps. Elle a senti qu'elle pouvait avoir confiance en son enfant intérieur psychique pour la guider vers cette vision, et elle s'est redressée et m'a dit qu'elle était prête. Elle pouvait descendre la rivière.

Un lien continu

À mesure que vous commencerez à nourrir et à accepter l'énergie de votre enfant intérieur psychique, vous connaîtrez de plus en plus de moments où vous sentirez sa présence. Votre enfant intérieur psychique peut devenir un puissant allié sur lequel vous finirez par compter pour obtenir des conseils étonnants à propos de vos relations. Il a une façon de voir au-delà des apparences et de percer la vérité du caractère et de l'intention d'une autre personne. Invoquer sa présence favorisera le développement de votre intuition, avec énergie et plaisir.

TROISIÈME PARTIE

L'intuition et l'amour intime

16

DEVENEZ UN AIMANT POUR ATTIRER L'ÂME SŒUR

Les questions les plus courantes que l'on me pose durant une lecture psychique sont entre autres rattachées au fait de trouver l'amour. La quête d'une relation d'amour profonde peut causer de l'anxiété chez un individu. «Où et quand vais-je rencontrer mon âme sœur?» «À quoi ressemble-t-elle?» «Ai-je seulement une âme sœur?» «Comment savoir si ma nouvelle petite amie est «la bonne»?

Nous nous préoccupons trop «d'être au bon endroit, au bon moment», craignant de ne jamais connaître l'amour si nous commettons un seul faux pas. Nous avons tendance à croire qu'il y a une quantité limitée d'amour et qu'il n'y a peut-être qu'une seule âme (ou encore seulement deux ou quelques-unes) qui peut vraiment nous aimer.

Bien que vous soyez tenté de vous sentir impuissant quand il s'agit d'attirer un partenaire aimant, veuillez vous rappeler cette réalité : pour que les conditions soient bonnes, vous devez être prêt à recevoir. Quand vous serez prêt à ouvrir votre cœur et à inviter votre âme sœur dans votre vie, elle apparaîtra. Vous détenez le pouvoir. Votre intuition peut vous aider à inviter cette personne dans votre vie et à reconnaître votre âme sœur.

Le problème lié au besoin de sécurité

Elsie

Elsie m'a consultée en automne dernier parce qu'elle se demandait si elle rencontrerait un jour son âme sœur. Elle avait fréquenté quelques hommes au cours de l'année précédente, mais n'avait ressenti aucune attirance envers eux. Elle voulait un partenaire avec qui elle partagerait un lien profond, aimant et intime. En commençant sa lecture, j'ai été touchée par la chaleur et l'amour que je sentais en elle. Le problème semblait être dû au fait qu'elle cachait sa nature aimante derrière une carapace de dureté. Elle ne voulait pas paraître vulnérable et avait peur du rejet. Comme elle ne voulait pas courir le risque d'être blessée ou déçue, elle se cachait derrière la façade d'une personne calme, en pleine maîtrise d'elle-même. Mais comme les nuages lourds qui bloquent les rayons du soleil, elle ne laissait pas voir sa personnalité chaleureuse et lumineuse. Comme elle refusait de montrer son âme, Elsie attirait des hommes superficiels et des relations vides, insatisfaisantes qui ne duraient pas.

Notre désir de rencontrer l'âme sœur

La plupart d'entre nous rêvent de rencontrer l'âme sœur, une personne avec qui nous nous sentons vraiment liés. Nous rêvons de voir dans les yeux de notre amoureux le reflet de notre valeur et de notre perfection. Nous espérons que l'amour nous fournira les clés pour faire l'expérience de nous-mêmes au-delà des limites et des défauts humains. Nous savons intuitivement que l'amour peut transformer ce qui est ennuyant et ordinaire et révéler la beauté qui se cache dans les profondeurs de notre âme. La forme supérieure de l'amour absolu possède une intelligence qui contourne notre raison, notre contrôle et notre logique. Voilà le genre d'amour auquel notre âme aspire et que nous craignons également. C'est l'amour qui peut chambarder notre vie et nous transporter hors de notre zone de confort, dans le champ ouvert de la transformation.

Nous désirons attirer une âme sœur parce que nous voulons connaître plus intimement notre propre âme. Ce désir est accompagné du rêve de vivre plus pleinement dans l'essence de notre cœur et de nos aspects les plus sages et les plus aimants. Et pourtant, ce qui est paradoxal, c'est que nous ne pouvons pas attirer ou maintenir une relation avec notre âme sœur tant que nous ne devenons pas plus conscients de notre âme.

Selon la loi universelle de l'attraction, *qui se ressemble s'assemble*, et nous n'attirerons notre âme sœur que lorsque nous serons unis à notre propre âme.

À l'écoute de l'âme

Il n'est pas facile de percevoir notre âme. En effet, c'est beaucoup plus difficile que de prêter attention aux sentiments, aux sensations du corps ou aux pensées. L'âme a été définie comme étant la force vitale et invisible de l'existence qui se trouve dans toute chose vivante. C'est l'essence de la conscience de soi : elle est immortelle, indestructible et unique à chaque individu[2].

Vous ne pouvez pas examiner votre âme avec un microscope. Vous pouvez seulement la connaître en en faisant directement l'expérience. Comme Ralph Waldo Emerson le disait : «Ce que nous aimons n'est pas du domaine de la volonté, mais au-dessus. C'est le rayonnement de notre moi. Ce n'est pas nous-mêmes, c'est ce que nous ne connaissons pas et ce que nous ne pourrons jamais connaître de nous-mêmes[3].»

Dans votre vie quotidienne, vous pouvez mieux connaître votre âme en prêtant attention à ce qui vous transporte et vous donne envie de chanter. Pour moi, il peut s'agir d'une promenade en silence le long d'une rivière, au crépuscule, ou d'un échange franc et sincère avec un ami.

---

2. Bletzer, June G. *The Encyclopedic Psychic Dictionary*, Lithia Springs, GA : New Leaf, 1998, 875 p.

3. Emerson, Ralph Waldo. *Essais choisis*, trad. de Henriette Mirabaud-Thorens, Paris : F. Alcan, 1912, XVI-156-36 p.

Votre âme s'adresse à vous par le truchement de ce qui vous attire, de ce que votre cœur désire. Elle vous rappelle constamment de cesser de vous juger, de vous critiquer et de tenir des propos négatifs à votre sujet. Le courant de l'amour absolu circule dans votre âme sous la forme d'un soulagement chaleureux.

L'âme est puissante. Vous le savez et le sentez intuitivement. N'hésitez pas à embrasser la puissance de votre âme. Son pouvoir repose dans son lien avec tout ce qui existe ; pour connaître l'amour et l'abondance, l'âme n'a pas besoin de rechercher ou de rivaliser. Vous êtes en présence de votre âme lors de ces moments de compassion sincère et de pardon, quand vous éprouvez un sentiment accru d'amour inconditionnel, de joie et d'unicité avec tout ce qui compose la vie. Votre âme vit dans l'amour, et vous êtes guidé à partager cet amour avec les autres quand vous vous abandonnez à son influence.

L'âme est votre plus puissante alliée pour manifester tout ce que vous désirez. Elle est en soi la liberté créative. Plus vous êtes en mesure de vivre en présence de votre âme, plus vous pouvez reconnaître la présence de l'âme des autres.

Pamela
Alors que je suis en train d'écrire ces lignes, je suis interrompue par des coups frappés à la porte, et cela me rappelle que l'âme se sert de la synchronicité pour s'adresser à nous. C'est Pamela. Elle est venue pour une séance. Nous commençons à échanger et, au bout de

quelques minutes, elle se met à pleurer. Elle me dit qu'elle se sent prise entre la perception qu'elle a d'elle-même, c'est-à-dire celle d'une femme limitée et impuissante, et la révélation récente qu'elle a eue à propos d'elle-même en tant que femme puissante et créative. Pamela me raconte que partout où elle va, elle entend le mot «intention», mais elle est réticente à affirmer qu'elle a consciemment une intention ou un but dans la vie. Elle dit qu'elle n'est pas prête à changer son paradigme intérieur, même si cela semble attirant. Elle a l'impression que sa tête est prête, du fait qu'elle comprend qu'elle a la possibilité de créer la vie qu'elle désire, mais elle se sent dépassée et a peur de plonger dans l'inconnu et d'agir différemment.

Pamela présuppose que le fait d'être à l'écoute de sa voix intérieure et d'agir dans la vie en suivant davantage la direction de son âme signifie qu'elle sera obligée d'accomplir des choses pour lesquelles elle ne se sent pas compétente ou bonne — ces choses floues qu'elle sait être bonnes pour elle, mais qu'elle ne fait pas. Quand j'insiste pour qu'elle me dise ce qu'elle croit qu'elle serait obligée de faire, elle me réplique qu'elle devra sans doute cesser de trouver des excuses pour justifier le fait que son entreprise n'a jamais réussi financièrement. Elle sera obligée de commencer à croire qu'elle peut attirer une âme sœur et cesser de lire autant de romans nuls. Tout en l'écoutant, j'imagine qu'elle a peur que la police invisible de son âme juge ses décisions et se jette sur elle si elle ne respecte pas les règles de son âme, en ce qui a trait à la foi, la confiance et l'espoir. Mais l'âme ne juge pas. Elle est l'amour absolu et ne peut jamais changer ou se modifier.

L'attirance des âmes

Si vous voulez avoir une relation avec votre âme sœur, vous devez être consciemment en relation avec votre âme, car vous ne pouvez pas manifester ce que vous ne connaissez pas. Si vous rêvez d'une âme sœur, c'est que vous rêvez de connaître la joie et une union qui transcendent les limites du monde matériel. Cela correspond à l'âme. Suivez les pulsions de la joie et vous serez sur la voie de votre âme. Suivez-les suffisamment longtemps, et vos relations se transformeront en relations basées sur l'âme.

Il existe une alchimie magique de l'âme qui contourne notre réalité rationnelle. Comme une abeille attirée par un champ de fleurs, vous attirez ce qui vous nourrit et vous aime le mieux quand vous effectuez des choix dans votre quotidien qui visent à améliorer votre lien avec votre âme. L'amour que vous ressentez est l'amour que vous attirerez.

Comment attirer l'âme sœur

Vous pouvez attirer intuitivement une âme sœur en augmentant la vibration d'amour de votre âme. Les activités suivantes sont conçues pour créer l'énergie la plus positive et la plus attirante pour y parvenir. Servez-vous d'un journal pour noter chacune des activités.

Renforcez votre amour

Commencez par générer de l'amour — un amour simple, agréable et doux. Imprégnez votre amour d'énergie et d'action, et surtout, aimez sans attentes. Soyez à l'écoute de votre cœur. Découvrez ce qui vous transporte, ce qui vous faire rire et sourire, ce qui ouvre votre cœur et ce qui embrase votre corps. Aimez passionnément quelque chose. Aimez votre chien ou votre chat. Aimez la nature, un arbre dans votre cour. Aimez les arts, la musique, la danse, l'architecture, les voyages, les couleurs, les livres. Aimez vous promener dans les bois, le rire des enfants, un magnifique coucher du soleil. Prenez votre temps pour vous arrêter et sentir l'amour circuler en vous.

Profitez de chaque occasion pour renforcer votre capacité d'aimer. Aimez sans attentes.

Notez dans votre journal les activités et les situations au cours desquelles l'amour vous touche. Vous pouvez aussi ajouter des images, des poèmes et des photographies. Ne jugez aucune forme d'amour comme étant insignifiante et une autre comme étant superbe. Le but de l'amour est d'aimer.

Guérissez l'énergie de vos relations

L'amour absolu répondra à votre requête de trouver une âme sœur en vous faisant prendre conscience des pensées, des croyances ou des blessures émotionnelles dont vous devez vous libérer. Vous pourriez également attirer d'éventuels partenaires qui sont loin d'être des âmes sœurs ou vous retrouver dans des situations qui suscitent de la peur ou vous poussent à vous juger. Quand vous attirez des situations et des relations difficiles, dites-vous que c'est le moyen qu'utilise votre âme pour attirer votre attention. Si vous vous retrouvez dans des relations insatisfaisantes ou si vous ne parvenez pas à avoir de partenaire, recueillez-vous et demandez à votre guidance intérieure de vous aider à comprendre le sens de ce qui vous arrive. Chaque situation ou personne que vous attirez est le reflet direct de ce qui doit être reconnu et guéri en vous. Votre intuition peut vous aider à comprendre le message, à guérir et à aller de l'avant.

Pardonnez aux autres
Prenez note de chaque occasion de pratiquer le pardon. Si quelqu'un vous fait du mal ou vous ignore, peu importe la personne, dites-vous qu'il s'agit d'une occasion de pardonner, et faites-le sans hésitation. Plus la blessure est grave, plus le tort est important, plus vous pouvez créer de l'énergie positive en pardonnant. Le pardon transforme la négativité et met à votre disposition un courant d'énergie créative.

Vous croyez peut-être que le pardon vous rend vulnérable à d'autres blessures ou qu'il nie votre souffrance, alors qu'en fait, le pardon est un acte de pouvoir. Il vous protège instantanément. Il rompt votre magnétisme qui attire la souffrance.

Mon père m'a donné l'occasion d'apprendre à pardonner. Il y a quelques années, j'ai assisté à son mariage, mais je l'ai très peu vu par la suite. Je suis née le jour de son anniversaire et, chaque année, je m'attendais à recevoir un cadeau ou une carte de sa part. Mais je n'en ai jamais reçu ; pas de carte, pas de cadeau, ni même un appel téléphonique. Cela assombrissait ma vie. J'avais beau essayer, je n'avais jamais réussi à chasser mon chagrin.

Seul le pardon m'a permis de lâcher prise. Il m'a transporté dans les bras de l'amour, l'âme libérée. Je ne peux pas changer mon père, mais le pardon m'a libérée du chagrin et de la négativité.

Libérez-vous du lien de négativité

Vous savez peut-être intuitivement que vous devez pardonner à quelqu'un pour aller de l'avant en amour, mais vous avez de la difficulté à le faire. Si c'est le cas, fermez les yeux et imaginez que vous êtes enchaîné à cette personne par une chaîne lourde qui entoure votre cou. Vous êtes incapable d'avancer dans une énergie plus légère et aimante. Dans cette image, voyez-vous agir avec beaucoup de détermination et une immense force. Vous êtes capable de briser cette chaîne et de vous libérer. Choisissez la liberté. Voilà ce qu'est le pardon.

Pardonnez-vous

Pardonnez-vous pour toutes vos maladresses en amour ; aimez-vous et aimez les autres. L'amour est une aventure parsemée d'erreurs et de choix qui peuvent vous amener à vous méfier de vous-même et de votre habileté à être intime avec les autres. Libérez-vous de tout sentiment de culpabilité et de honte qui vous habite. Même si vous n'y croyez pas vraiment, affirmez quotidiennement que vous vous pardonnez et que vous pardonnez aux autres. Cette intention adoucira éventuellement le jugement que vous portez sur vous-même. Vous serez alors capable de lâcher prise et de pardonner. Notez dans votre journal ce que vous devez vous pardonner, puis faites-le.

La gratitude

Prenez conscience des occasions de faire preuve de gratitude. Interprétez les événements de votre vie comme des séries d'occasions brillamment orchestrées qui vous appuient dans votre quête d'amour. Croyez que l'Univers répond à votre désir de trouver l'âme sœur en vous fournissant les conditions qui vous permettront d'attirer la personne idéale. Même si vous ne comprenez pas tous les rouages divins qui se cachent derrière tout cela, soyez sûr que ce qui vous arrive sert votre plus grand bien et soyez reconnaissant. Prêtez attention à ce qui semble être de petits événements quotidiens ou même sans importance. L'âme agit discrètement. Notez dans votre journal les choses pour lesquelles vous êtes reconnaissant.

La beauté

La beauté est un attribut souvent ignoré de l'âme. Il ne s'agit pas de la beauté telle qu'elle est définie dans notre conscience culturelle, mais de la sublime beauté spirituelle qui est inhérente à tout ce qui compose la vie. C'est la perception de la perfection au-delà de la forme physique. Regardez le soleil se lever. Sentez la rosée sur votre peau. Voyez les rayons du soleil percer les nuages. Sentez que, derrière la beauté de la nature, c'est la beauté sublime de l'âme qui s'exprime dans le monde physique.

Un jour, en fin d'après-midi, alors que je rentrais chez moi, j'ai dû m'arrêter à un passage à niveau pour laisser passer un long train. Pendant qu'il avançait lentement, j'ai remarqué des roses sauvages et d'autres fleurs des champs qui poussaient près de la voie ferrée. Le soleil brillait à travers les arbres et illuminait de ses feux des abeilles qui étaient en train de butiner. Le train vrombissait, mais cela ne semblait pas déranger les abeilles. Ce moment d'attente ne s'est plus avéré un inconvénient. Ce fut plutôt un moment de beauté transcendante.

Remarquez la beauté de votre environnement et de votre âme. Sensibilisez-vous à ces moments où la douceur et la gentillesse vous habitent. Prêtez attention à la façon dont votre âme désire s'ouvrir à l'amour comme une fleur qui étale ses pétales au soleil du matin. Ouvrez vos yeux spirituels à la beauté de la vie et notez ces moments dans votre journal.

L'amour à l'œuvre

Tout ce à quoi vous donnez de l'énergie prend de l'expansion. Quand vous exprimez de l'amour dans le monde, vous commencez à le voir autour de vous. Pour être aimé, vous devez donner de l'amour. Cela semble évident, mais nous sommes souvent réticents à exprimer de l'amour, sauf quand nous sommes certains d'obtenir un résultat positif. Pour faire l'expérience de l'amour et attirer votre âme sœur dans votre vie, vous devez exprimer de l'amour. Quand l'amour est réprimé, il crée une impasse énergétique. Mettez votre amour à l'œuvre : faites du bénévolat, aidez un voisin, consacrez-vous à une cause, ramassez les ordures, consolez une personne qui a du chagrin ou donnez vos jours de vacances à un employé malade. Faites quelque chose pour les autres sans rien attendre en retour ; faites-le simplement pour exprimer votre amour. Puis, notez dans votre journal ces occasions où vous donnez de l'amour pour le simple plaisir d'en donner.

Écoutez votre voix intérieure
Laissez votre intuition vous guider. Prenez chaque jour un moment pour vous asseoir en silence.

Fermez les yeux et prenez de profondes respirations. Continuez de respirer ainsi et, chaque fois que votre esprit commence à vagabonder et que votre bavardage intérieur s'agite, concentrez-vous sur votre respiration. Tout en continuant de respirer et de vous détendre, prenez conscience du calme qui vous habite. Portez votre attention sur ce calme intérieur.

Affirmez que vous attirez votre âme sœur dans votre vie. Quand votre esprit commence à vagabonder, revenez à cette affirmation. Si des sentiments de doute et de négativité surgissent, remerciez-les de s'être révélés. Puis, libérez-vous de ces sentiments en expirant et inspirez de l'amour absolu.

Prêtez attention aux synchronicités

Votre intuition peut se manifester par le truchement de la synchronicité, des coïncidences significatives ou des rêves. Ne jugez pas certains messages intuitifs comme étant plus significatifs que d'autres.

Par exemple, vous pourriez éprouver l'envie soudaine de manger au restaurant en ayant la certitude que vous allez y rencontrer une personne spéciale. Vous y allez, vous mangez, mais rien ne se produit. Votre grand amour ne vient pas.

Vous pourriez entendre le puissant message de poursuivre avec quelqu'un une relation qui ne mène nulle part. Même si vous avez en tête un résultat escompté, votre intuition vous fera connaître des expériences qui vous aideront à mieux vous connaître, à purifier votre intention et à mettre au défi votre détermination. Vous renforcez vos habiletés quand vous faites confiance à vos élans intuitifs. Plus vous suivrez votre cœur, plus vous comprendrez dans quelle direction votre intuition vous guide et ce que vous devez y apprendre. Le fait de suivre votre intuition vous entraîne dans la magnifique toile de la vie et dans l'aventure magique de l'amour.

Soyez le Fou

Dans le jeu de tarot, la carte 0 est le Fou. Le Fou représente la spontanéité, la folie, l'ouverture et la foi. Dans le tarot de Waite, le Fou est illustré comme étant un jeune errant, les yeux levés au ciel, qui semble sur le point de tomber d'une falaise. Le Fou peut être la première ou la dernière carte du jeu ; il peut donc représenter votre commencement ou votre destination finale. Quand vous laissez l'intuition vous guider en amour, vous pouvez vous sentir comme le Fou. Vous pourriez être guidé à aimer un partenaire dans des circonstances qui n'ont aucun sens.

Claudia

Cela faisait quelques années que je n'avais pas eu de nouvelles de Claudia. Un après-midi d'octobre, elle m'a appelée pour me dire qu'après avoir été célibataire durant des années, elle était prête à s'engager dans une relation à long terme avec son âme sœur. Quelques mois après avoir pris cette décision, elle a quitté la Caroline du Nord pour déménager dans le nord-ouest du Pacifique. Elle m'a dit que c'était un rêve qui l'avait poussée à le faire. Dans son rêve, elle était assise dans une belle et grande maison qui n'était pas sa maison actuelle. De la fenêtre, elle a vu une fillette (qui, selon ce qu'elle sentait, était sa fille) et un homme (son époux) qui s'amusaient dans la cour. Elle s'était réveillée tout excitée et le cœur empli d'amour. Elle m'a dit qu'elle n'avait pas l'impression que la maison se trouvait en Caroline du Nord. Elle sentait qu'elle devrait quitter cet État pour réaliser son rêve.

Peu de temps après ce rêve, l'État de l'Oregon n'a pas cessé de surgir dans son esprit à la suite d'étranges coïncidences. Une vieille amie l'a appelée de l'Oregon. Le personnage principal du livre qu'elle était en train de lire avait déménagé dans l'Oregon. Son entraîneur personnel avait quitté la Caroline du Nord pour aller vivre dans l'Oregon. Claudia y a vu des signes intuitifs. Elle a dit à ses amis et à sa famille qu'elle avait l'intention de déménager dans l'Oregon. La plupart des membres de sa famille et certains de ses amis ont pensé que c'était la chose la plus insensée qu'ils avaient entendue. Ils ne pouvaient pas croire que Claudia trouverait le grand amour dans cet État. Ils ont dit à Claudia qu'elle sortait peu, qu'elle n'avait jamais vécu dans le nord du pays et qu'ils ne voyaient rien qui pouvait garantir qu'elle serait plus heureuse et plus chanceuse en amour dans l'Oregon.

Malgré leurs protestations, Claudia s'est trouvé un emploi et a déménagé dans l'Oregon en moins de six mois. Elle m'a appelée environ quatre mois après avoir quitté la Caroline du Nord. Elle m'a raconté que, peu de temps après avoir commencé son nouvel emploi, elle a dû assister à un important congrès. Pendant qu'elle essayait de suivre les propos complexes de l'un des conférenciers, son regard s'est arrêté sur un homme qui était assis à l'autre bout de la salle. Elle m'a dit qu'elle a aussitôt su que c'était l'homme qu'elle était venue rencontrer dans l'Oregon. Durant le repas du midi, ils étaient assis à la même table et ont découvert, au cours d'une conversation polie, qu'ils avaient beaucoup d'intérêts en commun. Il lui a offert de lui montrer des sentiers dans la nature le week-end suivant. Claudia m'a dit qu'ils avaient fait de la randonnée tout en bavardant et que c'est avec beaucoup d'enthousiasme qu'ils avaient appris à se connaître. Si elle avait eu le moindre doute à propos de son déménagement dans l'Oregon, elle n'en a plus désormais. Elle sait maintenant qu'elle a pris la bonne décision.

La loi de l'action

Notez dans votre journal les fois où vous avez suivi votre intuition. D'après une autre loi universelle, *la loi de l'action et de l'esprit*, pour manifester ce que vous désirez, vous devez mettre en action les pensées, les sentiments et les croyances qui soutiennent ce désir. Cette loi universelle est également illustrée dans le proverbe africain «Quand vous priez, bougez les pieds». Prenez l'engagement d'écouter vos messages intuitifs et de passer à l'action. Si vous vous réveillez un matin, en étant motivé à devenir membre d'un service de rencontres ou à vous inscrire à une conférence, faites-le. Si quelque chose vous incite à entrer en conversation avec un collègue de travail peu bavard ou à aller à une fête où vous n'iriez habituellement pas, suivez votre intuition. Développez l'habileté à répondre de manière positive à votre intuition.

Convoquez votre âme sœur

La dernière partie de cet exercice consiste à ouvrir votre cœur et à inviter votre âme sœur dans votre vie. Vous pouvez attirer votre âme sœur comme une fleur attire une abeille. Une fois que la porte de votre cœur est ouverte, l'amour ne peut s'empêcher d'y pénétrer.

Relisez votre journal et appréciez les nombreux exemples que vous avez notés à propos de l'amour, du pardon, de la gratitude, de la beauté et de vos réactions intuitives. Ces exemples de moments où vous étiez conscient de votre âme peuvent maintenant vous servir de monnaie d'échange. Dans le contexte de la loi universelle «qui se ressemble, s'assemble» et de la loi de l'action et de l'esprit, ils constituent un précieux fonds de réserve. Imaginez que toute l'énergie que vous avez investie dans des actes de reconnaissance de l'âme agit maintenant comme un puissant aimant pour attirer votre âme sœur.

- Fermez les yeux et commencez à respirer profondément en vous détendant de plus en plus à chaque respiration. Tout en expirant, chassez la tension ou le stress de votre corps.

- Respirez en vous concentrant sur votre cœur et sentez-le s'ouvrir et prendre de l'expansion. Emplissez votre cœur du pardon que vous avez offert. Rappelez-vous la beauté dont vous avez été témoin et la gratitude que vous avez choisi d'exprimer. Sentez l'amour circuler en vous. Écoutez votre voix intérieure intuitive qui vous invite dans un lieu centré sur le cœur où vous vous sentez puissant. Continuez de respirer en vous concentrant sur votre cœur et sentez la pureté et la force des actions de votre âme circuler en vous.

- Quand vous êtes prêt, invitez dans votre cœur la présence de votre âme sœur. Ouvrez votre cœur et sentez le lien qui vous unit à votre âme sœur.

- Dites à votre âme sœur que vous êtes prêt à recevoir son amour et sa présence dans le monde physique. Imaginez-la à vos côtés. Êtes-vous à l'aise en sa présence? Êtes-vous prêt à partager votre être et votre vie avec quelqu'un d'autre?

- Prêtez attention aux sentiments de vulnérabilité ou à votre tendance à vouloir protéger votre cœur. Respirez de manière à chasser toute tension ou toute peur. Continuez d'inviter l'amour dans ce lieu. Sentez-vous en sécurité d'ouvrir votre cœur et d'aimer.

- Demandez à la guidance divine ce qui pourrait vous aider à réaliser cette relation avec votre âme sœur. La guidance peut prendre la forme d'un sentiment, d'une image ou d'un savoir intérieur. Elle peut prendre la forme d'une guérison émotionnelle accompagnée de sentiments d'amour, de chaleur et de compassion. Prêtez attention et laissez émerger toute guidance ou toute information qui sert votre plus grand bien.

Notez dans votre journal les sentiments et les impressions que vous avez eus. La pratique quotidienne de cette méditation est l'action la plus puissante que vous puissiez faire pour attirer votre âme sœur. En plus de cette méditation et des autres exercices, écoutez votre intuition. Obéissez aux suggestions subtiles d'aller à certains endroits, d'assister à certains événements où vous ne seriez habituellement pas allé et laissez-vous porter par les synchronicités et les coïncidences apparentes. Gardez l'esprit et le cœur ouverts. Selon mon expérience, le Divin a planifié pour chacun d'entre nous un merveilleux cheminement amoureux. Ayez confiance que le Divin vous fera vivre une expérience au-delà de vos attentes et de vos jugements.

Jill

Jill est une amie de ma fille. Elle souhaitait ardemment être dans une relation significative. Elle a imprégné ses actions et ses méditations de son désir de trouver l'âme sœur et elle lui a ouvert son cœur. Un matin, elle m'a appelée pour me faire part, d'une voix tout excitée, d'une coïncidence renversante dont elle avait fait l'objet.

Jill m'a raconté que, depuis des mois, pendant qu'elle se préparait le matin pour aller au travail, elle rêvassait qu'elle retournait aux études pour étudier la littérature. Il n'y avait aucune raison pratique de le faire. Même si elle aimait la littérature classique et lisait beaucoup de livres, sa carrière d'adjointe juridique la tenait déjà fort occupée et elle n'aurait pas de temps à consacrer à ses travaux, surtout s'ils n'avaient rien à voir avec son emploi. Un matin, en se rendant au travail, elle a entendu à la radio que des cours allaient bientôt commencer à l'université. Ce soir-là, en rentrant chez elle, elle a trouvé dans sa boîte aux lettres une brochure de la même université. Elle l'a parcourue et a vu que des cours de littérature y étaient offerts. L'un d'entre eux intéressait particulièrement Jill, et il était donné le soir. Le lendemain, Jill est allée s'inscrire.

Lors du premier cours, Jill s'est assise à côté d'un homme agréable, au sourire chaleureux. Le premier devoir consistait à choisir un livre de la liste de lecture et à présenter à la classe des passages qui illustraient le sujet principal du livre. Jill s'est mise au travail et est revenue en classe bien préparée. L'enseignant a demandé s'il y avait des volontaires pour présenter leur devoir. L'homme assis à côté d'elle a levé sa main. Il s'est levé et a commencé à lire un passage du même livre que Jill avait choisi — non seulement le même livre, mais exactement le même passage que le sien.

Le sujet du livre était l'amour non révélé, et le passage traitait de deux personnes qui éprouvaient un amour profond l'une pour l'autre même si elles étaient séparées en raison de circonstances imprévisibles.

Cette coïncidence remarquable a surpris Jill et elle s'est portée volontaire pour lire son passage. L'homme est venu lui parler après le cours et lui a demandé si elle voulait aller prendre un café et discuter du livre qu'ils avaient tous les deux aimé. Pendant qu'ils buvaient timidement leur café, ils ont réalisé qu'ils se sentaient plutôt à l'aise l'un avec l'autre et qu'une forme de familiarité les unissait. Ils ont intuitivement su qu'ils venaient de découvrir leur âme sœur. Ils sont ensemble depuis ce soir-là.

Savoir reconnaître les signes

Pour reconnaître votre âme sœur, vous ne devez pas seulement compter sur vos habiletés liées à votre type intuitif. Quand votre attirance pour quelqu'un d'autre est uniquement centrée sur votre force intuitive, vous risquez de prendre pour votre âme sœur une personne qui partage avec vous une même communauté d'esprit ou qui vous ressemble. L'âme sœur ne nous aime pas toujours comme nous aimerions être aimés. Elle nous aime plutôt de la façon dont nous avons *besoin* d'être aimés, pour notre guérison et la croissance de notre âme, et pour notre bonheur ultime. Les âmes sœurs s'apportent souvent des perspectives différentes, des points de vue contraires et deviennent le reflet l'une pour l'autre de leurs forces et de leurs faiblesses.

Il faut du temps et de la patience pour reconnaître une âme sœur. Pour savoir si une personne est votre âme sœur, soyez à l'affût de ces indices intuitifs, surtout ceux qui ne correspondent pas à votre type intuitif prédominant.

En présence d'une âme sœur
La personne intuitive de type physique reconnaîtra son âme sœur par l'attirance physique indéniable et la chimie qu'il y a entre elles. La compatibilité intuitive de leurs

âmes se fera sentir par des poussées d'énergie physique. La personne pourrait avoir tendance à moins dormir et à moins manger, à aimer faire de l'exercice et elle aura beaucoup d'endurance. Elle croira très fort qu'elle peut accomplir n'importe quelle tâche et atteindre n'importe quel but.

La personne intuitive de type mental connaîtra ce qu'on appelle des expériences mentales «paroxystiques». Elle sera capable de comprendre spontanément le sens qui se cache derrière des situations et des relations passées déconcertantes. Elle sera capable d'avoir une vision d'ensemble et sentira que tout dans la vie est comme cela devrait être. Elle éprouvera des sentiments de gratitude pour ses luttes passées et ses relations qui ont échoué à mesure qu'elle prendra conscience que ces situations étaient des leçons nécessaires à apprendre pour trouver l'âme sœur. Le manque d'harmonie et les blessures émotionnelles feront place à la compréhension et à l'acceptation.

Le cœur de la personne intuitive de type émotionnel s'ouvrira pleinement et connaîtra l'ensemble du spectre émotionnel de l'amour. Elle aimera non seulement son âme sœur, mais également l'employé grincheux du supermarché, l'étranger qui demande la charité ou le parent qui a toujours été difficile. L'amour de l'âme sœur incitera la personne intuitive de type émotionnel à aimer tout le monde et toutes les choses. La compassion, le pardon, la gentillesse et la bienveillance du Divin circulent librement en elle. Elle ne peut pas contenir sa joie. Le paradoxe dans le fait d'aimer l'âme sœur est que l'amour devient trop grand pour seulement deux personnes. Il embrasse le monde entier.

La personne intuitive de type spirituel reconnaîtra son âme sœur par le sentiment de plénitude, d'achèvement et de repos bienheureux qu'elle éprouve. Son âme se détend et se prélasse dans l'énergie et la lumière de son partenaire. La personne intuitive de type spirituel pourrait avoir vu son âme sœur dans ses rêves ou dans une vision ou une méditation, et elle est susceptible de connaître avec elle des expériences de déjà vu. Elle saura intérieurement qu'elle était prédestinée à rencontrer cette personne, et elles pourront poursuivre la mission de leur âme dans le monde physique. Les âmes sœurs s'inspirent mutuellement pour transcender leur égocentrisme et devenir une lumière d'amour pour les autres.

Chaque relation a un but
Chaque relation que vous avez est importante. Chacune représente une occasion de guérir et d'aimer. L'Univers nous offre des possibilités infinies d'aimer et d'entrer en lien avec les autres. Même si vous n'êtes pas avec votre âme sœur, chaque personne que vous rencontrez vous prépare à connaître l'ultime expérience de l'amour.

Les âmes sœurs abondent. Vous pourriez devoir être en relation avec plusieurs personnes durant votre vie. Nous oublions parfois que l'âme apprend autant par la souffrance et les déceptions que par les nobles sentiments de bonheur et de joie. Tout ce dont nous faisons l'expérience nourrit notre âme. Chérissez vos malheurs et vos désastres amoureux. Ils constituent le sol riche, labouré et composté dont la semence de l'amour entre âmes sœurs pourrait avoir besoin pour grandir, germer et fleurir. Même quand une relation «échoue», cela ne signifie pas que vous avez échoué.

N'essayez pas d'anticiper ce que vous réserve la sagesse de l'amour. Ayez confiance qu'il y a un plan à l'œuvre et une raison d'être pour chaque relation que vous avez eue et que vous aurez.

17

LE PLAISIR ET LE JEU DANS LES GESTES ROMANTIQUES

Nous partageons tous le même secret. Nous voulons être connus et appréciés et nous soumettre au pouvoir de l'amour. Le romantisme nous pousse à nous abandonner dans le courant chaud de l'amour.

La conscience intuitive commence souvent à se manifester entre deux personnes, et ce, à leur insu, durant la période où elles apprennent à se connaître. Quand les sentiments amoureux naissent entre elles, le lien intuitif devient encore plus fort. L'amour romantique possède une aura instinctive et séduisante ; elle est intuitive de nombreuses façons. Elle sent ce que l'autre ressent, elle saisit ce qu'il aime et n'aime pas et elle crée une atmosphère de compatibilité et de sensualité. Quand l'amour romantique et l'intuition unissent consciemment leurs forces, cela favorise des niveaux de confiance et de plaisir mutuels plus profonds.

Les gestes romantiques selon le type intuitif

Chaque type intuitif réagit et est stimulé par des gestes romantiques différents. Quand vous connaissez le type intuitif de votre partenaire, vous pouvez créer une ambiance qui favorisera l'intimité et la confiance. Si vous n'êtes pas certain du type intuitif de votre partenaire, essayez les gestes romantiques rattachés à chaque type et prêtez attention à ses réactions.

La personne intuitive de type physique
La personne intuitive de type physique réagit mieux aux activités, aux caresses et au lien physique. Elle aime marcher dans la nature, regarder le coucher du soleil, faire de la voile et du vélo, explorer le monde naturel et toute activité à laquelle elle peut activement participer. Pour encourager le rapprochement et augmenter le degré d'intimité, offrez-lui de lui masser les pieds, tenez-lui la main, caressez doucement son épaule, son bras ou sa jambe et préparez-lui un bon repas. La personne intuitive de type physique est en majeure partie facile à vivre. Elle est directe et sincère, et ne considère pas toujours l'amour comme une expérience émotionnelle ou spirituelle supérieure. Pour elle, l'amour est physique, et elle aime que l'énergie de l'amour s'exprime de manière tangible, sous forme d'étreintes, de baisers passionnés et de rapports sexuels.

Si vous êtes en relation avec une personne intuitive de type physique et que vous voulez savoir ce qu'elle ressent envers vous, écoutez et prêtez attention à la façon dont votre partenaire parle de sa santé physique et de son bien-être. S'il a beaucoup d'énergie, s'il est prêt à participer à presque n'importe quelle activité, dites-vous qu'il est fou de vous. Si votre partenaire est morne, fatigué ou a besoin de se reposer, il est temps de le quitter.

Pour vous rapprocher d'une personne intuitive de type physique, transmettez-lui l'énergie de l'amour avec vos caresses et faites-lui savoir que vous aimez être physiquement près d'elle.

La personne intuitive de type mental

La personne intuitive de type mental est stimulée par les conversations, les idées et les intrigues. Elle s'ouvrira si vous lui demandez son point de vue sur n'importe quel sujet. Mais choisissez un sujet qui n'est pas provocateur, ni trop intellectuel. Essayez des sujets comme la philosophie, la mythologie, les cultures anciennes, les arts et les technologies de pointe. La personne intuitive de type mental réagira positivement et avec enthousiasme si vous lui demandez son opinion ou de l'aide à propos de vos problèmes personnels ou professionnels, ou de vos préoccupations. (N'abordez pas les questions qui sont trop émotives.) Elle aime les jeux, les casse-tête et tout ce qui est à contre-courant, inconnu et mystérieux. La personne intuitive de type mental aime les rendez-vous amoureux où elle peut apprendre et explorer, comme assister à une conférence ou à un atelier sur un sujet qui intéresse les deux partenaires, aller à une foire de la Renaissance ou dans un musée ou bouquiner dans une librairie.

En amour, la personne intuitive de type mental est capable de percevoir intuitivement ce qui est significatif et important pour vous, et fera tout pour vous surprendre et vous charmer. J'ai une amie, une intuitive de type mental, qui a planifié un week-end de golf pour son mari, un homme qui consacre beaucoup d'heures à son travail. Elle savait que les cours de golf l'aideraient à se détendre et à faire le vide. Même si elle ignorait tout de ce sport, elle a choisi un instructeur, un terrain de golf et un week-end. En plus de combler les besoins de son mari, la surprise n'entrait pas en conflit avec son horaire de travail. Quand il lui a demandé comment elle avait réussi à ce que tout soit aussi parfait, elle a simplement souri et a réalisé que son intuition l'avait bien guidée.

La personne intuitive de type spirituel

La personne intuitive de type spirituel est un être sensible qui réagit aux indices subtils dans son environnement. Alors que la personne intuitive de type physique est sensible au monde concret de la nature, aux activités et aux caresses, la personne intuitive de type spirituel est sensible aux couleurs, à la lumière, aux sons, aux odeurs et à l'ambiance générale d'un lieu. Elle aime les pièces aux lumières tamisées, les odeurs de parfums et la musique apaisante, ainsi que les endroits excitants comme les parcs d'attractions, les concerts et les cirques.

Elle est attirée par ce qui est improvisé et inhabituel, et se sent à l'aise dans différents contextes. Par exemple, elle peut autant apprécier les montées d'adrénaline qu'une ambiance sublime de calme et de paix.

Pour attirer l'attention d'une personne intuitive de type spirituel, demandez-lui de vous aider à interpréter vos rêves et échangez sur les vies antérieures, surtout si elle croit que vous vous êtes connus dans une autre vie. Vous pouvez la stimuler avec des caresses légères et de doux murmures. Alors que d'autres types trouveraient étrange ou ridicule que deux partenaires se regardent dans les yeux en silence et sentent «l'énergie», la personne intuitive de type spirituel en sera ravie. La clé pour cette personne est d'explorer ce qui est abstrait et fugace, et de prendre part spontanément à des aventures amusantes et magiques.

La personne intuitive de type émotionnel

La personne intuitive de type émotionnel a besoin de connaître des expériences émotionnelles et elle rêve d'éprouver une passion intense. Elle est dans ce monde pour explorer l'émotion sous toutes ses formes. Quand une relation semble trop calme ou manque d'échanges énergiques, certaines personnes intuitives de type émotionnel pourraient même brasser les choses en devenant mélodramatiques ou même argumentatives afin de nourrir leur soif d'énergie émotionnelle. Il y a aussi l'opposé, c'est-à-dire la personne qui essaie d'éviter tout conflit ou toute intensité émotionnelle. Comme elle a tendance à absorber intuitivement l'énergie émotion-nelle de son environnement, elle s'empêche de connaître des expériences trop excitantes et recherche plutôt une relation paisible et sereine.

La personne intuitive de type émotionnel aime les films romantiques et touchants, marcher main dans la main avec son partenaire, sous les étoiles, ainsi que les repas aux chandelles. Donnez-lui des fleurs, des petits cadeaux inattendus et, bien sûr, dites-lui que vous avez gardé des souvenirs de votre premier rendez-vous. Elle apprécie les actes de bonté, la générosité et, surtout, elle aime partager vos sentiments d'amour.

Soyez émotionnellement sincère. Une personne intuitive de type émotionnel saura si vous ne l'êtes pas. Elle sentira intuitivement vos sentiments avec une éton-nante facilité, alors soyez authentique et n'essayez pas de la faire marcher. Si elle vous demande comment vous allez, soyez honnête. Si elle souhaite le savoir, ce n'est pas pour vous contrôler, vous manipuler ou vous juger. Pour ce type intuitif, les sentiments constituent l'essence d'une relation.

Racontez-lui vos malchances et vos déceptions en amour. Une personne intuitive de type émotionnel vous écoutera patiemment et vous transmettra de l'amour du fond de son âme pour guérir vos blessures. Une étrange qualité que possède un grand nombre de personnes intuitives de type émotionnel est qu'elles sont plus susceptibles d'avoir confiance en vous si vous leur racontez vos malheurs. Cela leur donne l'occasion d'ouvrir leur cœur et de vous aimer. Elles ont fortement besoin que les autres aient besoin d'elles.

Les mots magiques que ce genre de personne intuitive aime entendre sont «je t'aime». Sans ces mots, elle devient froide et distante, alors qu'elle ouvrira son cœur et son âme si elle les entend.

L'intuition entre les partenaires

L'intuition peut non seulement vous aider à mieux comprendre votre partenaire et à poser les gestes romantiques appropriés, mais elle peut également devenir une activité amusante et inspirante. Le fait d'être consciemment à l'écoute de votre intuition dans une relation renforce à la fois l'intimité et le lien amoureux. Dans mes cours sur le développement de l'intuition, j'ai constaté que dans les exercices qui se concentrent sur la conscience intuitive individuelle, les élèves obtiennent habituellement des résultats médiocres. Cependant, quand deux partenaires effectuent les exercices, il y a davantage d'énergie psychique, et les résultats deviennent excitants. C'est encore plus évident quand l'intuition est liée à une relation intime.

Il n'y a pas de meilleure relation que celle qui correspond à la communion de deux âmes qui ne font plus qu'un dans l'âme de l'amour. Ce genre d'union transcende les limites physiques basées sur l'ego. L'intuition peut améliorer le lien multidimensionnel qui vous unit à la personne qui transforme votre monde.

Essayez les exercices suivants :

- Regardez souvent votre partenaire dans les yeux en lui disant : «Tu es beau». Les yeux sont le miroir de l'âme.

- Dans la cour de derrière ou dans la nature, étendez-vous tous les deux dans des chaises longues ou sur une couverture. Tenez-vous par la main et regardez le ciel, ou les étoiles si c'est le soir.

- Si vous vous mettez soudainement à penser à votre partenaire durant la journée, visualisez-le entouré d'un courant d'amour rose et blanc.

- Quand vous vous tenez par la main, transmettez-vous de l'amour et de l'énergie de guérison.

- Ayez confiance que votre partenaire est un messager du Divin et qu'il apporte une précieuse contribution à votre vie.

- Ayez confiance que des forces divines vous ont fait entrer dans la vie de votre partenaire pour des raisons très importantes.

- Faites preuve de gratitude envers le pouvoir sage et aimant de l'amour absolu pour votre partenaire.

- Sachez que l'amour et la compassion que vous exprimez à votre partenaire vous seront rendus en retour d'une certaine manière. Ne cherchez pas à savoir comment ou quand ils vous seront rendus.

• Allez vous promener en silence dans la nature, avec votre partenaire. Ne dites rien pendant une durée que vous aurez déterminée ensemble. Échangez vos énergies et embrassez votre lien avec tout ce qui compose la vie.

• Durant une méditation, demandez à l'esprit de votre partenaire comment vous pourriez le soutenir pour son plus grand bien.

• Rappelez-vous que votre partenaire a choisi de faire avec vous le voyage de son âme sur le plan de l'amour et de la relation amoureuse. Soyez patient et accordez à votre partenaire le bénéfice du doute. Vous ne connaissez pas pleinement les défis particuliers et les blessures antérieures qu'il a connus. Sachez que votre partenaire fait de son mieux.

Durant les périodes de mésentente, de stress ou quand vous vous sentez éloigné de votre partenaire, essayez les exercices suivants :

• *Si votre partenaire est un intuitif de type physique :* pratiquez une activité ensemble, notamment dans la nature, comme marcher, pêcher, faire de la randonnée pédestre, du vélo, etc. Détendez-vous, respirez et offrez à votre partenaire de lui faire un massage. Utilisez des huiles stimulantes, soyez à l'écoute de son corps et établissez une communication intuitive avec vos mains.

- *Si votre partenaire est un intuitif de type émotionnel :* demandez-lui de partager ses sentiments, écoutez sans donner de conseils, faites jouer de la musique apaisante et, surtout, ouvrez votre cœur, car il sentira intuitivement si votre cœur est ouvert ou fermé. Exprimez vos sentiments.

- *Si votre partenaire est un intuitif de type mental :* donnez-lui de l'espace, ne le poussez pas à partager ses sentiments. Faites plutôt des suggestions pour améliorer la communication entre vous et partagez vos révélations personnelles et votre perception de ce qui se passe dans votre relation. Gardez l'esprit ouvert et acceptez sa réalité. Méditez ensemble sur votre mission de vie commune et sur les leçons que chacun d'entre vous apprend dans votre relation.

- *Si votre partenaire est un intuitif de type spirituel :* laissez-le être anxieux, déconnecté et distrait. Tenez-vous loin de la télévision, des téléphones portables et des ordinateurs (la technologie peut agiter encore davantage un intuitif de type spirituel). Allumez des chandelles odorantes, tamisez la lumière ou allez dehors, assoyez-vous en silence et tenez-vous par la main. Ensuite, racontez une histoire drôle ; demandez-lui ce que son guide et ses anges diraient des problèmes que vous éprouvez actuellement dans votre relation.

Connaître votre partenaire plus en profondeur

L'intuition peut vous guider dans le territoire non dévoilé et inexploré de l'âme. Être capable d'accéder à un pouvoir plus grand que le vôtre peut vous fournir les connaissances et la guidance nécessaires pour créer de l'harmonie et jouir d'une compréhension mutuelle avec votre partenaire. La conscience intuitive peut vous aider à vous comprendre avec empathie, à être sensible aux besoins et aux préoccupations de votre partenaire et à connaître vos propres besoins et désirs. L'intuition crée une connexion énergétique qui renforce le lien qui unit deux individus. Deux personnes qui échangent à partir du plus profond de leur âme créent une union éternelle qu'aucune influence extérieure ne peut briser.

Le partage des rêves

Une façon d'amplifier l'énergie intuitive entre deux personnes est de tenir un journal des rêves. Le fait de partager et de noter vos rêves dans le même journal stimule le courant inconscient de l'énergie qui circule entre vous. Il vous permet d'en savoir davantage sur vous, sur votre partenaire et sur des aspects de votre relation dont vous n'êtes peut-être pas conscient. Il donne à l'esprit de la relation un moyen de s'exprimer, car il renforce et spiritualise le lien qui unit les deux âmes sœurs.

Il n'est pas inhabituel pour les partenaires qui font cet exercice de commencer à faire des rêves similaires ou identiques. Prêtez-leur attention et notez les rêves qui semblent être reliés à votre partenaire ou à la relation. Vous pouvez aussi aller vous coucher avec l'intention de faire un rêve qui vous aidera à comprendre un problème lié à votre relation. Cela peut être une forme de counseling spirituel. Votre partenaire et vous pourriez demander de recevoir la guidance divine pour des problèmes courants liés au couple, aux finances, à la communication ou à l'intimité sexuelle. En interprétant et en partageant ensemble vos rêves, vous pourriez faire des découvertes, avoir de nouvelles idées et établir un langage inconscient commun.

Des jeux axés sur l'intuition

L'un des aspects les plus intéressants et les plus agréables de l'intuition et du développement de celle-ci est le «ah ha!» que vous avez soudainement envie de crier quand vos impressions intuitives sont confirmées. Quand votre habileté extrasensorielle a misé juste, et que vous avez correctement interprété une impression intuitive, vous pouvez sentir circuler en vous un courant d'excitation et de joie intense. Il est possible de connaître le même genre de découverte intuitive intensifiée avec un partenaire. Un lien intuitif et énergétique commun permet de maintenir en vie la relation et l'imprègne de doux sentiments de plaisir et d'exaltation.

Les jeux axés sur l'intuition sont non seulement divertissants, ils peuvent aussi aiguiser et accroître l'habileté intuitive. Essayez-les ou inventez vos propres jeux.

- Achetez un cadeau, emballez-le, puis demandez à votre partenaire de le tenir et d'essayer de deviner intuitivement de quoi il s'agit. Votre partenaire sentira peut-être la forme, la couleur et la texture ou encore l'endroit où il va ou son usage. Votre partenaire ne pourra l'ouvrir qu'après avoir trouvé intuitivement quelques descriptions du cadeau.

- Sur des bouts de papier, votre partenaire et vous écrivez des gestes d'amour, comme un baiser, une étreinte, un massage du corps ou un massage des pieds. Puis, écrivez des activités moins romantiques, comme préparer un repas, plier des vêtements, aller à l'épicerie. Pliez les papiers et déposez-les dans un bol. Chacun votre tour, vous tirez un papier et essayez de deviner intuitivement ce qui y est écrit. Si vous avez la bonne réponse, votre partenaire (ou vous) doit faire ce qui est écrit sur le papier.

- Tout en roulant sur une route peu fréquentée, essayez de deviner intuitivement de quelle couleur, de quelle marque ou de quel modèle sera la prochaine automobile que vous verrez. Vous pouvez aussi varier l'exercice : quel sera le prochain panneau-réclame, de quelle couleur sera-t-il, quels chiffres ou formes affichera-t-il ?

- Laissez libre cours à votre imagination et écrivez vos fantasmes sur des bouts de papier. Soyez aventureux ! Explorez des scénarios de vies antérieures. À quoi ressemblait votre relation à une époque et dans un lieu différents ou même dans une autre galaxie ? Pliez les papiers et déposez-les dans un bol. Demandez à votre partenaire d'en tirer un. Tout en tenant le papier, les yeux fermés, votre partenaire essaie de deviner ce qui est écrit. S'il devine correctement quelques éléments de votre fantasme, vous pouvez le réaliser ensemble.

- Mettez un bandeau sur les yeux de votre partenaire. Demandez-lui de s'étendre et passez vos mains au-dessus de son corps, sans y toucher. Puis, maintenez une main au-dessus d'une région de son corps durant un moment. Si votre partenaire réussit à sentir de quelle partie il s'agit, vous pouvez masser cette région de son corps.

- Demandez à votre partenaire de s'étendre confortablement et de fermer les yeux. Faites-lui sentir différentes huiles essentielles sans lui dire lesquelles vous utilisez. Laissez-le respirer profondément pour qu'il sente bien chaque odeur.

Accordez-lui un moment pour qu'il devienne sensible à une partie de son corps, de son esprit ou de son âme qui lui semble stimulée ou revigorée. Utilisez des huiles essentielles qui stimulent l'intuition, la conscience psychique et le désir sexuel.

1. Le jasmin accroît l'optimisme, la joie et l'harmonie.

2. Le santal encourage l'intuition et l'énergie psychique.

3. La coriandre stimule les hormones et augmente le désir sexuel, tandis que la lavande améliore le flux sanguin jusqu'aux organes sexuels.

4. L'huile de néroli est un puissant aphrodisiaque qui réduit également le stress.

• Cachez un sous-vêtement, un costume drôle ou un masque comique quelque part dans la maison. Demandez à votre partenaire de deviner intuitivement où il se trouve. Il a droit à trois essais. S'il devine, vous devez le porter.

• Imaginez que vous êtes un dieu de l'amour et que vous incarnez tous les attributs d'un partenaire sexuel doué et généreux. Décorez votre chambre à coucher comme s'il s'agissait d'un temple ou d'un sanctuaire.

- Pendant que vous faites l'amour en tant que dieu de l'amour, essayez de deviner intuitivement quelle partie du corps de votre partenaire est la plus sensible aux caresses. Incarnez les attributs d'un être romantique doué, sensuel et intuitif. Explorez intuitivement le corps de votre partenaire, en le laissant vous communiquer son désir de ressentir du plaisir. Soyez à l'écoute et donnez-lui les caresses qu'il demande.

Jouez avec votre intuition et inventez vos propres jeux et activités intéressantes.

Même si votre partenaire n'est pas ouvert à l'idée de développer son intuition, dites-lui que c'est à force de l'expérimenter qu'il finira par y croire. Lorsqu'une personne s'ouvre à l'énergie, cela peut créer une harmonie et un lien inattendus et positifs entre les deux partenaires.

18

DANS LA CHAMBRE À COUCHER : L'INTUITION SEXUELLE

L'intuition décrit la façon dont nous établissons un lien avec l'énergie, et cela comprend l'énergie sexuelle. En prenant conscience de notre intuition naturelle, nous pouvons ajouter de l'éclat à notre sexualité et à nos relations sexuelles. La conscience intuitive vous sensibilise à répondre à toutes les dimensions de votre partenaire : son esprit, son corps, son cœur et son âme. Un lien intuitif avec une autre personne imprègne la relation d'une grande excitation. Il rehausse la qualité des ébats amoureux et permet aux expériences sexuelles d'atteindre leur apogée. Quand vos sens intuitifs sont éveillés, vous pouvez écouter et répondre aux désirs non exprimés de votre partenaire. Ensemble, vous pouvez connaître le plaisir de ne former qu'un.

L'aventure imprévisible de l'amour

L'intimité sexuelle est une occasion de nous sentir encore plus en communion avec notre partenaire et, par le fait même, avec le Divin. L'énergie qui se dégage des ébats amoureux peut nous propulser dans les royaumes supérieurs. L'expérience de l'orgasme nous permet d'entrevoir le monde de la pure énergie et de la félicité. C'est comme si un tapis magique nous transportait soudainement dans le monde éthéré.

Votre attirance sexuelle l'un pour l'autre n'est pas toujours prévisible et logique. Elle peut même donner l'impression d'être une force difficile à maîtriser et à comprendre. Même si elle semble merveilleuse, elle est parfois déroutante ; vous pourriez avoir peur de vous ouvrir à la possibilité d'être rejeté ou déçu.

Le désir sexuel est une force puissante et il peut vous motiver à aller au-delà de vos appréhensions et vous donner plus d'assurance que vous ne croyiez en posséder.

La sexualité combinée à la spiritualité

Malheureusement, les rapports sexuels ne nous permettent pas toujours d'accéder au septième ciel, là où les deux âmes se touchent. Nos croyances et nos idées fausses à propos de la sexualité peuvent accroître notre appréhension et notre peur. En effet, la sexualité est souvent assombrie par l'ombre de la honte et de la culpabilité. Notre culture a séparé la sexualité de son essence spirituelle et, pour cette raison, elle est devenue mécanique, habituelle et souvent insatisfaisante. Même si nous avons tous le potentiel de connaître des expériences sexuelles intimes et satisfaisantes, nous faisons souvent l'amour de manière à engourdir notre âme, en mettant l'accent sur nos prouesses physiques et matérielles. Ou nous essayons d'éviter de le faire.

Adriana et Terrence

Adriana, une jeune et jolie célibataire de vingt-cinq ans, a rencontré Terrence sur un site de rencontres destiné aux gens qui s'intéressent à la spiritualité. Ils se sont échangé des courriels pendant environ une semaine, avant de se donner rendez-vous au restaurant. Adriana et Terrence avaient les mêmes croyances à propos de la nature de l'Univers et de Dieu, et ils avaient tous les deux étudié la métaphysique.

Lors de leur première rencontre, Adriana et Terrence ont tous les deux senti un courant d'énergie circuler en eux, un genre de picotement doux et agréable. Il y avait une chimie naturelle et une attirance mutuelle. Même si c'était leur première rencontre, le magnétisme entre eux était si intense qu'ils ont fait l'amour ce soir-là. Leur première relation sexuelle s'est avérée enivrante et Adriana a éprouvé de la passion comme jamais auparavant. Elle pouvait sentir que son corps répondait et s'ouvrait aux caresses énergiques et puissantes de Terrence. Elle avait l'impression d'être absorbée par la vibration masculine de ce dernier, et cela lui a permis d'atteindre de nouveaux sommets. Terrence était concentré, comme s'il était dans un profond état méditatif. Il a senti des poussées d'énergie stimulantes circuler en lui. Comme les courants profonds de l'océan, il bougeait au rythme de son instinct.

Adriana et Terrence se sont revus la semaine suivante, puis l'autre semaine. Chaque fois, leurs corps réagissaient en créant un environnement de plaisir sexuel. Ils se parlaient peu parce qu'ils se sentaient unis par un lien muet. Ils ont continué de se voir durant de nombreuses semaines.

Puis, Adriana a commencé à se sentir troublée, même si elle avait toujours hâte de revoir Terrence. Malgré la familiarité de leurs corps, elle a réalisé qu'elle ne le connaissait pas vraiment. Terrence était un homme agréable et gentil, et elle aurait aimé mieux le connaître. Mais chaque fois qu'ils se voyaient, ils se laissaient emporter par la passion et parlaient très peu. Avec le temps, leurs échanges téléphoniques déjà limités ont diminué, et ils se sont moins vus. Un jour, ils se sont rencontrés par hasard au supermarché. Ils se sont tous les deux sentis mal à l'aise et timides. Leurs regards se sont croisés alors qu'ils choisissaient des fruits biologiques, et ils ont tous les deux su que leur relation était finie.

Amy et Jack

Nous pouvons aussi tout simplement résister aux plaisirs sexuels. L'énergie sexuelle peut souvent nous paraître menaçante. Le sentiment de nous ouvrir et de fusionner avec quelqu'un d'autre peut représenter un risque émotionnel et spirituel beaucoup trop grand. Nous croyons que nous devons nous maîtriser et contenir la force vitale pour être en sécurité. C'est ce qui est arrivé dans l'union d'Amy.

Amy était mariée à Jack depuis dix-sept ans. Ce dernier a dix ans de plus qu'Amy, et ils en étaient tous les deux à leur deuxième mariage. Amy avait rencontré Jack quelques années après son divorce, alors qu'elle travaillait pour une clinique de santé à but non lucratif. Elle consacrait également de longues heures à titre d'organisatrice bénévole dans sa communauté. Jack était un élu de la ville où ils vivaient tous les deux. Il était également très actif, avec une vie sociale riche. Il affichait une aura d'assurance et de sécurité qui a attiré Amy. Elle avait l'impression qu'elle pouvait se détendre avec Jack et qu'il prendrait soin d'elle.

Durant les neuf premiers mois de leur relation, ils se sont vus environ une fois par semaine. Ils allaient au cinéma et au restaurant. Jack était attentionné envers Amy ; il voulait toujours qu'elle se sente à l'aise. Il l'embrassait doucement à la fin de chacune de leurs sorties. Il ne lui proposait jamais de faire l'amour, pas plus qu'il ne l'étreignait passionnément. Amy appréciait la nature calme de Jack et prenait sa réserve pour un signe de délicatesse. Elle aimait le rythme prévisible de la relation. Leur attirance était basée sur leur habileté à se réconforter et à se soutenir émotionnellement. Jack trouvait qu'Amy était belle et gentille. Il se sentait aimé et apprécié par elle.

Ils se sont mariés dans l'intimité, devant un juge de paix, dix mois après leur rencontre. Leur mariage s'est poursuivi de la même manière paisible et prévisible, mais, et ce n'est pas étonnant, leur vie sexuelle ne s'est jamais vraiment épanouie. Leur passion sexuelle ne s'est jamais allumée et, malgré toutes les bonnes qualités du lien qui les unissait, Amy s'est mise à désirer des ébats amoureux intenses. Durant la première année de leur mariage, Amy a commencé à flirter avec des collègues de travail et, un an plus tard, elle a eu une aventure avec son patron. La première fois que j'ai reçu Amy comme cliente, elle était mariée avec Jack depuis dix ans. Elle n'avait eu aucune relation sexuelle avec lui depuis sept ans. Même si Amy se sentait coupable des nombreux ébats sexuels qu'elle avait en dehors de son mariage, elle avait l'impression qu'elle aimait encore Jack et n'était pas prête à divorcer.

L'amour est une carte de circuit imprimé

L'énergie sexuelle est une partie essentielle d'un corps, d'un esprit et d'une âme sains. C'est aussi une partie importante de votre relation avec l'être aimé. Votre corps énergétique est comme la carte de circuit imprimé d'une vibration. Adriana et Terrence ont d'abord établi un lien par leur énergie sexuelle. En faisant l'amour, ils connaissaient une connexion et des états de conscience supérieurs. Malheureusement, ils ne possédaient pas le lien du cœur qui est nécessaire à l'épanouissement d'une relation. La passion s'est vite éteinte. À l'inverse, Amy et Jack ont échangé de la gentillesse et de l'amour, mais leur relation manquait de « piquant ». Elle manquait d'énergie et de stimulation. Ils s'entendaient bien, mais rien ne cimentait leur union. Pour qu'une relation intime s'épanouisse, il est nécessaire que l'énergie essentielle et vitale circule dans le corps des deux partenaires.

L'expérience complète
Pour profiter des bienfaits d'une vie sexuelle spirituelle, vous devez vous ouvrir au pouvoir de l'amour, et ce, au niveau du corps, de l'esprit, du cœur et de l'âme. Pour connaître une relation sexuelle éclairée, il est nécessaire d'élargir votre intention et ce sur quoi vous vous concentrez. Quand un rapport sexuel devient une expérience physique, émotionnelle, spirituelle et sincère, il est alors possible de connaître une véritable intimité et un véritable lien. Le désir de rechercher votre satisfaction personnelle peut être remplacé par de l'attention et de la générosité envers votre partenaire. Au lieu d'adopter une vision égoïste dans le but d'assouvir vos besoins, vous pouvez vous abandonner dans le moment et fusionner entièrement avec votre partenaire.

Une intimité sexuelle complète

Chaque type intuitif est particulièrement sensible à un aspect spécifique des rapports sexuels. La personne intuitive de type physique est à l'aise avec l'énergie sexuelle. Elle est capable de favoriser et de générer d'intenses sensations sexuelles dans le corps. Quand son développement est optimal, elle réussit à sensibiliser le corps à recevoir les vibrations supérieures de l'amour absolu.

La personne intuitive de type mental imprègne ses rapports sexuels d'attention ; elle est aussi capable d'être calmement centrée dans le moment présent. Au lieu de penser à ce qu'elle va préparer pour le dîner ou à être distraite en raison d'une journée stressante, elle est capable, quand son développement est optimal, de sentir la conscience énergétique de son partenaire avec une conscience attentive et profonde. La personne intuitive de type émotionnel fait l'amour avec le cœur ouvert, élargi, vulnérable et débordant d'amour. Elle peut s'immerger dans le courant de l'amour absolu et faire l'expérience de l'être aimé divin avec son partenaire. La personne intuitive de type spirituel s'épanouit au contact de l'énergie éthérée, invisible et surnaturelle. Durant les rapports sexuels, elle invite la présence de la passion muette et mystique. L'extase, l'excitation et les visions de lumière et de couleurs font partie de son expérience sexuelle.

Quand chacun des quatre types intuitifs est activé et développé chez un individu, ce dernier peut atteindre le septième ciel dans ses rapports sexuels.

Intégrez en vous les quatre types intuitifs
Vous pouvez utiliser les forces naturelles des quatre types intuitifs pour améliorer et revitaliser votre expérience sexuelle.

Essayez ce qui suit. Trouvez un moment où votre partenaire et vous pouvez être seuls sans être dérangés. Créez une ambiance apaisante avec de la musique, une lumière tamisée et peut-être aussi un parfum agréable.

Utilisez l'énergie de la personne intuitive de type mental pour être dans le moment présent. Respirez et détendez-vous. Prenez conscience de toute tension dans votre corps et continuez d'inspirer et d'expirer tout stress, toute pensée ou toute préoccupation. Communiquez avec votre partenaire ; soyez pleinement présent. Demandez-lui comment s'est déroulée sa journée, ce qu'il ressent. Racontez-lui une blague et, surtout, écoutez-le avec attention.

Regardez-le avec des yeux doux et commencez à le caresser et à l'embrasser doucement. Prenez conscience de ce que vous ressentez et revenez dans le moment présent. Soyez à l'écoute de votre partenaire et adoptez une attitude calme, détendue et attentive.

Prenez conscience que votre corps éprouve de plus en plus de sensations. Devenez une personne intuitive de type physique et sentez l'énergie sexuelle circuler en vous. L'énergie sexuelle est le plus souvent ressentie dans les organes génitaux. Respirez, sentez-la et faites-la remonter le long de votre colonne vertébrale. Transmettez cette énergie au corps de votre partenaire par vos caresses et votre sensibilité. Votre énergie sexuelle vous donne du pouvoir et vous aide à vous sentir fort et capable de satisfaire sexuellement votre partenaire.

À mesure que l'énergie remonte votre colonne vertébrale, laissez-la emplir votre cœur. Inspirez l'amour et expirez-le à travers votre cœur. Éveillez la personne intuitive de type émotionnel qui se trouve en vous et sentez cette énergie comme étant de l'amour. Ouvrez votre cœur et imaginez que des vagues d'énergie d'amour caressent votre partenaire. Laissez votre cœur s'ouvrir, respirez et invitez encore plus d'énergie dans votre corps, votre esprit et votre âme.

À mesure que votre cœur s'ouvre, prenez conscience des sensations et des vibrations comme la personne intuitive de type spirituel le fait. Imaginez qu'une aura d'une couleur et d'une lumière intenses vous entoure entièrement votre partenaire et vous. Votre relation sexuelle ouvre une porte qui vous permet de vous connaître, votre partenaire et vous, d'une nouvelle manière. Vous n'avez pas besoin de mots pour décrire cette expérience ; devenez simplement l'amour, simplement une sensation et ayez confiance que la force et le pouvoir de l'amour circuleront en vous et vous transporteront dans les états supérieurs d'une union extatique avec le grand tout.

Baignez dans le courant énergétique des différents types intuitifs, en fusionnant en vous l'énergie de chacun. Faites circuler cette passion sexuelle intuitive en vous et partagez-la librement avec votre partenaire.

L'amour absolu apporte des changements

L'énergie de l'amour et de l'intimité entre deux partenaires donne l'occasion d'atteindre des états de conscience modifiés. Quand l'amour absolu circule dans votre cœur, vous éprouvez un sentiment de chaleur, de compassion et de félicité inconditionnel. Votre esprit fait l'expérience de l'énergie de l'amour absolu en connaissant des états supérieurs de conscience et d'illumination. Le corps peut faire l'expérience de ce courant d'amour absolu en connaissant des états supérieurs d'extase et d'orgasme, quand les cellules du corps vibrent réellement à une plus grande vitesse. Cela peut créer un sentiment de fluidité qui vous donne la sensation que quelque chose se transforme dans votre corps ; la densité fait alors place à la légèreté et à l'énergie.

Curtis

Mon ami Curtis, un musicien de jazz talentueux, m'a raconté une soirée particulière qu'il avait passée avec sa partenaire, Gisele, lors de leurs vacances à San Francisco. Durant la journée, ils avaient visité des galeries d'art et avaient mangé des mets exotiques. Ce soir-là, pendant qu'ils faisaient l'amour sur un très grand lit, dans leur petite chambre d'hôtel, Curtis a regardé Gisele dans les yeux et a vu l'Univers s'ouvrir en eux. Il a ressenti l'immensité de l'espace cosmique, tandis qu'une sensation de chaleur ardente traversait son corps. Il a alors su, en sentant une lumière dorée les recouvrir tous les deux, que Gisele avait voyagé parmi les étoiles, à travers l'espace, pour être avec lui. Il a su que leur amour transcendait tout ce qui avait été et tout ce qui serait désormais. Il a baigné dans cette félicité en sachant qu'il connaissait maintenant le pouvoir de l'amour.

De puissantes forces sont à l'œuvre durant les rapports sexuels. C'est une occasion d'expérimenter, d'intégrer et de ne faire qu'un avec votre partenaire avec une force vitale beaucoup plus grande que ce que vous pouvez connaître dans des circonstances normales. Tirez avantage de ce cadeau et laissez votre lien intuitif vous unir encore plus fort à votre partenaire et à l'âme de l'amour dans cette danse des plus extatique.

QUATRIÈME PARTIE

Une aide véritable du monde éthéré

19

LA MORT N'EST PAS UNE FIN EN SOI : COMMUNIQUEZ AVEC DES ÊTRES CHERS DANS L'AU-DELÀ

Soyez ouvert et recevez l'amour du monde métaphysique. Beaucoup de gens apprennent la leçon de l'amour sans être dans un corps physique. Ce n'est pas toujours facile de sentir la présence de l'amour, quand vous êtes seul. Quand un être cher meurt, la douleur liée à la solitude peut être particulièrement grande. Durant ces moments où vous vous sentez le plus seul, votre compréhension de ce que représente l'amour est obligée d'évoluer.

L'amour ne repose pas sur la matière ; l'amour n'a pas besoin d'un corps physique pour être exprimé. Même si vous le savez intellectuellement, cela ne vous empêche pas de souffrir quand l'objet de votre amour n'est plus présent physiquement. L'habileté intuitive vous offre un moyen de prendre encore davantage conscience que vous êtes aimé, même quand personne n'est présent.

Votre lien inconscient avec l'invisible vous permet de connaître l'amour d'une multitude de façons.

Les êtres chers dans l'Au-delà

Beaucoup de gens vont consulter des médiums (des voyants qui peuvent communiquer avec les personnes décédées) parce que leurs proches qui ont rendu l'âme leur manquent. La plupart des gens savent qu'ils sont encore près d'eux d'une certaine manière et ils désirent avoir des signes tangibles pour confirmer qu'ils continuent d'exister au-delà de la forme physique.

Un lien d'amour entre deux individus transcende les limitations de la mort. De l'Au-delà, nos êtres chers sont toujours bien vivants, mais en esprit. Ils aimeraient tant que nous sentions leur présence et que nous soyons conscients de leur attachement.

Katrina
Sceptique, Katrina était venue me consulter pour voir si je pouvais communiquer avec son mari décédé. Celui-ci, qui était mort des années plus tôt, est apparu presque immédiatement et il a donné toutes sortes de conseils et son soutien à Katrina. En entendant le conseil de son mari que je lui ai transmis, Katrina m'a coupé la parole, m'a regardée dans les yeux et m'a demandé de lui prouver que c'était vraiment son mari.

J'ai offert au mari de Katrina de relever ce défi. Il s'est empressé de me dire que Katrina devrait cesser d'être pingre et changer le plancher de sa cuisine. Il m'a dit qu'elle avait brisé un carreau en céramique près de la cuisinière et qu'elle ne voulait remplacer que cette pièce. Même s'il communiquait avec moi au moyen d'images et de pensées, j'ai très bien reçu le message. Katrina a été étonnée que son mari puisse être si près. Elle m'a raconté que le matin même, un ouvrier était venu examiner le plancher de sa cuisine et que son mari disait vrai ; elle essayait effectivement, mais sans succès, de trouver quelqu'un pour remplacer le carreau brisé.

De l'aide de l'Au-delà

Maintenant dans l'Au-delà et immergés dans l'amour, vos êtres chers peuvent souvent vous aider de manière inattendue.

Peu de temps avant de décéder d'un cancer du côlon, la mère de mon amie Rhea avait promis d'apporter une aide spécifique à chacun de ses quatre enfants. Une semaine avant sa mort, elle a dit à Rhea qu'une fois qu'elle serait au Ciel, elle l'aiderait à trouver quelqu'un qui l'aimerait et l'adorerait. Deux années après la mort de sa mère, Rhea s'est retrouvée assise en face de Jeff, un beau menuisier. Des amis communs avaient organisé cette rencontre et, même s'ils se voyaient pour la première fois, ils avaient l'impression de se connaître depuis longtemps. Deux années plus tard, ils étaient mariés.

Vos êtres chers sont habituellement plus présents que vous ne le croyez. Cela peut sembler contradictoire, mais la raison pour laquelle il est difficile de détecter la présence de vos êtres chers est qu'ils sont si près que vous êtes habitué de les avoir près de vous. Comment est-ce possible ? Pensez à la musique que vous entendez au centre commercial. À votre arrivée, elle semble si forte que vous avez de la difficulté à vous entendre penser, alors qu'au moment où vous vous apprêtez à partir, vous pouvez à peine l'entendre. Vous avez redirigé votre attention sur vos achats. Il en est de même avec vos êtres chers. Il vous arrive de percevoir leur présence, mais la majeure partie du temps, votre attention est tournée vers le monde physique.

Les types intuitifs dans l'Au-delà

Chaque type intuitif est susceptible de communiquer de manière distincte avec ses êtres chers dans l'Au-delà. Mais soyez tout de même ouvert à communiquer de différentes façons. Un phénomène intéressant qui se produit souvent quand vous communiquez avec des êtres chers décédés est que vous sentez leur présence selon leur type intuitif prédominant. Par exemple, si un être cher était un intuitif de type mental, il est susceptible de communiquer avec vous au moyen de pensées et d'idées.

Sentir l'amour

Les personnes intuitives de type émotionnel sont plus à l'aise avec l'énergie émotionnelle. Elles sont susceptibles de se manifester sous la forme de sensations spontanées de chaleur, de confort et d'amour. Vous pourriez par exemple être envahi d'un élan d'amour qui ouvre votre cœur et éprouver des sentiments tangibles de réconfort. Parfois, leur présence émotionnelle sera si évidente que des larmes pourraient vous monter aux yeux.

Brent, le mari de Crystal, est décédé d'une crise cardiaque il y a plusieurs années. Cela s'est produit un lundi matin, alors qu'il jouait au racquetball avec un ami, comme il le faisait depuis huit ans. Lors d'un échange vigoureux, il a frappé la balle, il s'est retourné pour regarder son ami et il s'est effondré. Crystal a reçu l'appel pendant qu'elle reconduisait leur fille de dix ans à l'école. Brent est mort avant son arrivée à l'hôpital.

Comme ses moyens financiers étaient limités et que la dette liée aux récentes rénovations de la maison ne cessait de croître, Crystal savait qu'elle n'avait d'autre choix que d'aller sur le marché du travail. Elle était nerveuse et anxieuse, et doutait de sa capacité à se trouver un emploi décent et à prendre soin de sa famille. Un matin, alors qu'elle était assise à la table de la cuisine et buvait un café, tout en étant accablée de chagrin, elle a senti ce qu'elle a appelé une douce brise d'amour et de réconfort l'envelopper doucement. Elle a senti l'amour de Brent emplir son cœur. Son humour tendre et sa présence stable l'ont rassurée que tout irait bien. Avec sa chaleur et sa force de l'Au-delà, elle a repris confiance en elle.

La présence d'une sagesse salutaire
La personne intuitive de type mental se servira d'idées, de souvenirs, de pensées et de la télépathie pour communiquer avec des êtres chers. Avez-vous déjà roulé sur

l'autoroute ou entrepris une tâche quelconque tout en sentant la présence d'un être cher décédé qui vous donnait un conseil ou essayait de vous aider à résoudre un problème ?

Mon oncle Bob était ingénieur en aéronautique et il excellait dans son domaine. Parmi ses nombreux projets, il a fait partie des principaux ingénieurs de la première navette spatiale. Je me souviens qu'un soir, alors qu'il était assis dans ma voiture, il a écouté le bruit du moteur durant à peine une minute avant de diagnostiquer le problème. Quand j'étais au collège, j'avais des cours de mathématiques obligatoires et il m'arrivait souvent d'être troublée, perdue et de ne rien comprendre. Heureusement pour moi, mon oncle m'aidait de l'Au-delà et m'a sauvée plus d'une fois. Même s'il n'était décédé que depuis quelques mois, je sentais souvent sa présence calme et analytique me guider à travers le dédale de chiffres et d'équations. Je fais appel à lui pour tout ce qui demande de la logique et de la précision.

Quand vous communiquez avec un être cher qui était un intuitif de type mental, il est possible que vous ayez de la difficulté à faire la différence entre les pensées et les idées d'un être cher et les vôtres. Pour vous faire part de leur présence, les êtres chers vont souvent vous transmettre un message par le truchement de votre voix intérieure. Vous êtes-vous déjà retourné après avoir entendu votre nom pour constater qu'il n'y avait personne ? Ou avez-vous déjà entendu le couplet d'une chanson jouer sans cesse dans votre tête ou peut-être même une voix vous répéter d'accomplir telle action ? Si oui, prêtez-y attention. Quelqu'un essaie d'attirer votre attention.

L'une de mes clientes m'a raconté qu'alors qu'elle était au téléphone avec sa fille, un puissant bruit de parasites a interrompu leur conversation. À travers ce bruit, elle a entendu une voix masculine dire : « Tu es aimée. » Cette femme m'a dit qu'elle savait que c'était son père qui était décédé quelques mois plus tôt et qui s'adressait à elle.

Voir, c'est croire
Les personnes intuitives de type spirituel sont les plus susceptibles d'entrer en lien avec des êtres chers décédés par le truchement d'expériences éthérées ou célestes. Elles peuvent, par exemple, les voir sous forme d'apparition, d'un éclat de couleur ou de lumière ou en sentant leur présence.

Les rêves — un autre moyen d'expression des intuitifs de type spirituel — peuvent être l'une des façons les plus reconnaissables par lesquelles les êtres chers manifestent leur présence.

Les gens recherchent souvent la présence de leurs êtres chers dans les rêves et sont déçus quand ils ne réussissent pas à communiquer de cette façon. Gardez à l'esprit que les êtres chers peuvent apparaître dans vos rêves différemment que sous la forme physique dont vous vous souvenez. Ils peuvent se manifester sous la forme d'un sentiment de chaleur et de douceur, d'un oiseau ou d'un autre animal, ou d'une force qui vous guide, mais que vous ne pouvez pas reconnaître.

Olivia

Olivia est une femme célibataire dans la mi-trentaine et elle désire ardemment être dans une relation amoureuse à long terme. Elle m'a raconté l'un de ses rêves à propos de son père. Il l'avait prise par la main et l'avait entraînée dans le centre-ville où de grandes tentes blanches avaient été dressées le long des rues. Main dans la main, ils ont parcouru les rues animées jusqu'à ce qu'ils arrivent à une petite rue étroite. Son père l'a regardée avec un sourire chaleureux et malicieux, puis il a disparu. Olivia s'est réveillée et a noté son rêve en détail, puis elle a essayé de comprendre son sens symbolique. Elle a trouvé différentes possibilités, mais aucune ne semblait être la bonne.

Environ un mois plus tard, elle a accompagné un groupe d'amis à l'exposition d'art annuelle qui avait lieu au centre-ville. Il y avait de grandes tentes blanches en bordure des rues, sous lesquelles des artistes exposaient leurs œuvres, des vendeurs préparaient des mets exotiques et des musiciens répétaient avant d'interpréter leurs pièces. Tout en errant dans les rues et en se laissant imprégner par les couleurs, les bruits et les œuvres d'art intéressantes, Olivia a remarqué de superbes sculptures en bois qui étaient exposées. Elle a été fascinée par l'artiste à la mâchoire carrée qui était en train de tailler un petit morceau de bois. Elle a regardé ses mains puissantes créer un petit ange à partir d'un bloc de bois. Ils ont commencé à bavarder, et Oliva a appris qu'il s'appelait Erving et qu'il vivait dans les montagnes, à quelques heures du centre-ville. Ils ont parlé pendant environ une heure. Erving lui a demandé si elle voulait le rencontrer après l'exposition pour aller au restaurant avec lui. Olivia a accepté sans hésiter.

Olivia n'a repensé à son rêve que plusieurs mois après qu'Erving et elle aient commencé à se fréquenter. Elle a alors réalisé que le rêve n'était pas une métaphore. Son père l'avait bel et bien guidée vers Erving.

Une présence tangible

Une personne intuitive de type physique est plus susceptible de traverser le voile du monde matériel au moyen de manifestations physiques. Cela peut prendre la forme de lumières qui clignotent dans votre maison, de la télévision qui change mystérieusement de chaîne, de votre horloge qui cesse de fonctionner ou de la sonnette de la porte qui sonne alors qu'il n'y a personne. Vous pourriez sentir un parfum familier, un mets préféré ou des fleurs. Vos êtres chers décédés pourraient inspirer un papillon, un oiseau, un nuage ou un animal errant à manifester leur présence.

Vous pourriez aussi sentir la présence d'un intuitif de type physique de manière plus tangible pendant que vous êtes assis dans votre fauteuil préféré ou que vous pratiquez une activité que cet être cher aimait.

George, le mari de Justine, avait une passion pour l'océan et la pêche en haute mer. Au moins une fois par mois, on pouvait le trouver assis à l'arrière d'un bateau avec une canne à pêche dans une main et une bière dans l'autre. Quelques semaines avant de décéder d'un cancer du poumon, George avait passé ce qu'il avait appelé un week-end de rêve, à pêcher avec des amis.

Justine n'avait jamais éprouvé la même passion pour la pêche, du moins jusqu'après la mort de son mari. Un jour, elle est allée rejoindre quelques-uns de leurs amis pour un week-end sur la côte.

Justine avait accepté d'aller pêcher avec eux et elle s'est retrouvée, tôt un dimanche matin, assise à l'arrière de leur bateau plutôt luxueux. Tout en admirant le lever du soleil et en s'émerveillant devant les reflets bleu-vert du courant paisible, elle a soudainement senti, avec une clarté indéniable, la présence de George à ses côtés. Ses yeux se sont emplis de larmes lorsqu'elle a senti l'odeur familière de sa lotion après-rasage et qu'elle s'est rappelé son amour de l'océan. Elle avait l'impression qu'il voulait lui dire qu'il était en paix. Elle lui a fait savoir en retour qu'elle comprenait «enfin». Elle était, elle aussi, maintenant capable d'apprécier la tranquillité que procure l'océan.

L'île des êtres de l'Au-delà

La méditation suivante peut vous aider à accroître votre lien intuitif avec vos êtres chers décédés. Elle deviendra plus efficace si vous la pratiquez chaque jour à la même heure et au même endroit. Pour renforcer encore plus le climat intuitif, utilisez la même imagerie chaque fois que vous essayez de communiquer avec un être cher en particulier. Le fait de procéder toujours de la même façon permet de développer une énergie psychique; il est alors plus facile pour deux âmes d'entrer en communication.

- Commencez en choisissant un endroit tranquille où vous ne serez pas dérangé. Si vous avez une photographie ou un objet personnel de l'être cher, apportez-le. Étendez-vous où assoyez-vous confortablement. Fermez les yeux et concentrez-vous sur votre respiration. Prenez de profondes inspirations et exhalez en chassant tout stress et toute tension. Continuez de respirer ainsi et de vous détendre.

- Tout en continuant de respirer, imaginez que vous marchez seul sur une plage au bord de la mer ou d'un fleuve. Vous entendez le bruit des vagues qui viennent doucement mourir sur la plage. Vous sentez une légère brise et les rayons chauds du soleil qui caressent votre visage, et vous entendez au loin le chant des oiseaux. La beauté de ce lieu vous inspire à sentir l'amour, la paix, la sérénité et la tranquillité.

- Pendant que vous continuez de marcher sur la plage, une brume blanche et chaude vous enveloppe. À mesure que la brume commence à se lever, vous voyez une silhouette lumineuse venir vers vous. Vous invitez cette lumière rayonnante à s'approcher et vous constatez qu'elle vous est familière.

- Sur la plage, vous remarquez une petite embarcation solide. Vous montez à bord et vous vous sentez immédiatement détendu et en sécurité. Cette lumière rayonnante est tout près et monte à bord avec vous. Vous prenez les rames et avancez sur l'eau.

- Vous arrivez vite en eau libre. Pendant que votre embarcation glisse sur le courant fort, vous remarquez au loin quelque chose qui ressemble à une masse terrestre. Vous vous rapprochez et constatez qu'il s'agit d'une île luxuriante.

- En mettant le cap sur l'île, vous remarquez qu'il y a beaucoup de gens debout sur la plage. Ils vous saluent de la main, et vous commencez à les reconnaître à mesure que vous vous approchez. Ce sont vos êtres chers — des membres de votre famille et des amis qui ne vivent plus dans le monde physique. Ils sont décédés et sont heureux de renouer avec vous.

- Vous tirez votre embarcation sur le rivage et vous allez saluer vos proches.

- Passez un moment en leur compagnie ; saluez-les, voyez-les, écoutez-les et acceptez leur amour et leur chaleur.

- Continuez de recevoir des impressions par le truchement de vos pensées, de vos émotions ou de vos sensations. Un être cher a peut-être quelque chose à vous transmettre. Cela peut prendre la forme d'un objet ou d'un symbole dont vous ne comprenez pas le sens. Acceptez simplement ce qui vous est offert sans essayer de comprendre.

- La lumière rayonnante qui vous a guidé sur cette île vous entraîne maintenant vers l'embarcation. L'heure est venue de partir. Exprimez votre joie et votre gratitude à vos êtres chers pour leur venue sur l'île et remontez à bord de l'embarcation.

- Vous retournez vite et facilement sur la plage d'où vous êtes parti. La lumière chaude qui vous a accompagné s'éloigne peu à peu et retourne dans la brume blanche.

- Quand vous êtes prêt, ouvrez les yeux et notez dans votre journal les impressions, les sentiments, les sensations et les pensées que vous avez eus.

En plus de faire cet exercice, prêtez une attention particulière aux signes qui témoignent de la présence de vos êtres chers dans votre quotidien. Sachez qu'ils font beaucoup d'efforts pour essayer de vous faire sentir leur présence et pour vous assurer qu'ils vous aiment et sont bien dans l'Au-delà. Gardez l'esprit et le cœur ouverts à propos de la façon dont vos êtres chers pourraient se manifester et ne sous-estimez jamais l'influence positive qu'ils peuvent avoir sur votre vie.

20

AIMEZ COMME LES ANGES

Les relations sont particulièrement en lien avec l'humain. Elles peuvent être troubles, empreintes de désir et faire ressortir le meilleur et le pire de nous-mêmes. Il est difficile de croire qu'elles pourraient interpeller une présence aussi pure que celle des anges. Les anges sont des aspects lumineux de l'amour. En comparaison, l'amour que nous, les humains, partageons peut paraître tout sauf innocent. Et pourtant, les anges nous aident dans nos relations amoureuses comme nous ne le soupçonnons même pas et comme nous ne pouvons pas toujours le détecter.

Les anges sont vraiment les émissaires de l'amour. Quand nous désirons connaître l'amour exalté d'une âme sœur généreuse et dévouée, nous nous trouvons en territoire angélique. Voilà le genre d'amour qu'ils souhaitent que nous donnions et recevions. Dans le regard excité de votre partenaire brille le sourire d'un ange. Les anges jettent un regard furtif à vos vulnérabilités et à vos peurs, et vous encouragent à aimer plus pleinement et plus profondément. Durant les moments de désespoir et de solitude, ils sont constamment à vos côtés et vous facilitent la vie. On pourrait dire que les relations humaines constituent leur terrain de jeux, où ils se réjouissent de nos triomphes et nous encouragent après nos échecs.

Il n'y a aucun lieu, temps, espace ou royaume qui soit inaccessible aux anges. Le royaume des anges est universel. Les anges transmettent de l'amour inconditionnel en vagues de compréhension et de réconfort, et ils offrent toujours de la compassion. Développer une relation consciente avec les anges renforce votre habileté à donner et à recevoir de l'amour dans la dimension humaine.

La façon dont les anges communiquent

Les anges interviennent en se servant de votre énergie émotionnelle et spirituelle. Quand vous vous ouvrez à leur influence, ils s'alignent sur votre énergie émotionnelle et vous offrent soutien et guérison. Vous pourriez recevoir de la guidance et des messages angéliques au cours d'une méditation intuitive et d'un moment de contemplation sous forme d'impressions visuelles, d'images, de couleurs et de lumière. C'est ce qu'on appelle la *clairvoyance*. Vous pourriez aussi recevoir intuitivement les messages des anges par le truchement de la *clairaudience*, c'est-à-dire l'habileté à entendre des mots, des chansons ou des phrases, ou par le truchement de la *clairsentience*, soit l'habileté à sentir leur présence ou un picotement sur votre peau ou dans votre corps.

Il est possible que vous ne sachiez pas quand vos anges se trouvent près de vous. Vous pourriez sentir leur présence sous forme de sensation de chaleur, de sentiment de bien-être ou d'ouverture du cœur. Parfois, vous pourriez sentir une présence tangible quoique invisible qui veille sur vous. Vous ne pouvez pas la nommer ou identifier de qui ou de quoi il s'agit. Il peut être difficile pour nous de saisir et de comprendre des choses qui n'ont pas de nom ou de forme.

Les rencontres conscientes avec vos anges ont souvent lieu la nuit, quand vous rêvez, durant les périodes de stress et de traumatisme, ou quand vous avez demandé l'aide de vos anges et êtes ouvert à la synchronicité divine, cette coïncidence significative qui est accompagnée d'un message intérieur.

Parler à vos anges

Plus vous communiquez consciemment avec vos anges, plus ils vous guideront et vous aideront. Ce n'est pas un signe de faiblesse de demander leur aide. C'est plutôt une invitation pour que l'amour divin circule dans votre vie.

Mes anges ont tendance à être très occupés à me guider dans mes relations. Chose intéressante, ils ne sont pas aussi naïfs à propos de la nature humaine que je le suis. Je suis portée à voir les aspects les plus positifs chez les autres, sans malheureusement tenir compte des traits de caractère et de l'information intuitive auxquels je devrais prêter attention.

Je me rappelle une fois où j'ai aperçu par la fenêtre d'une librairie le visage familier d'un homme dont j'avais fait récemment la connaissance. J'ai songé à aller le saluer. En ouvrant la porte, j'ai eu l'impression de foncer dans un mur de briques. Une force incroyable me repoussait dans la direction opposée. Cela m'a secouée, et au lieu d'aller dans la librairie, j'ai tourné les talons et je suis allée m'asseoir sur un banc. J'ai alors entendu en moi la voix familière d'un ange qui m'implorait de réfléchir à ce que j'étais en train de faire. J'ai réalisé que je m'apprêtais peut-être à aller vers quelque chose qui n'était pas bon pour moi. (Ce n'aurait pas été la première fois.) Je me suis fiée au message et j'ai poursuivi mon chemin.

C'est habituellement ainsi que les choses se passent. Vous recevez un message comme celui que j'ai reçu, qui est contraire à ce que vous voulez et qui n'est appuyé d'aucune preuve concrète. Plus vous passerez de temps à communiquer avec vos anges, plus vous vous sentirez confiant quand vous recevrez un message qui semble contraire à ce que vous désirez.

Votre ange gardien

Vous avez un ange gardien qui vous est dévoué durant votre parcours de vie. Votre ange veille toujours sur vous lors des hauts et des bas que vous connaissez ; il vous encourage à aimer sans réserve et sans hésitation. Les anges gardiens sont particulièrement heureux quand vous sentez leur présence.

Darien

Darien est un homme intéressant qui s'est penché sur la métaphysique toute sa vie durant. Sa présence dans mon cours de développement de l'intuition est toujours amicale et encourageante pour les autres. Même s'il a eu une mère sévère et distante lors de son enfance, il dégage un sentiment de chaleur sincère. Quand Darien avait dix ans, son père a abandonné sa famille et ses cinq enfants. Darien se rappelle que sa mère travaillait fort le jour et la nuit pour subvenir aux besoins de ses enfants. Pour aider, Darien a commencé à travailler à l'âge de douze ans ; il livrait les journaux au petit matin.

Darien a épousé son amour d'adolescence quand il avait seulement dix-huit ans. Le mariage a duré moins de deux ans et, depuis ce temps, il a très peu fréquenté de femmes. Darien m'a raconté que lorsqu'il est au volant de sa voiture, il lui arrive parfois de sentir une douce présence féminine à ses côtés. Il fait également des rêves dans lesquels il sent cette même présence féminine, douce et aimable. Darien est venu me voir parce qu'il se demandait si l'énergie féminine qu'il sentait était une prémonition de la femme qu'il allait bientôt rencontrer.

Même si Darien souhaite ardemment être dans une relation avec son âme sœur, la présence qu'il sent est celle de Tara, son ange gardien. Il a paru déçu, quand je le lui ai dit, et je ne pouvais pas le blâmer. Tara est aimante et lui est entièrement dévouée. Elle ne souhaite que son plus grand bien. Leur relation est réelle et tangible, même s'il est dans un corps physique et elle, dans un corps éthéré. Tara est la compagne la plus proche et la plus aimante que Darien a dans sa vie. Elle est avec lui pour l'aider à sentir l'amour dont il a été privé durant son enfance et à l'aider à guérir. Plus il s'habituera à sa présence, plus il pourra attirer le même genre d'amour dans sa vie physique.

Des vibrations supérieures d'empathie

Les anges sont des êtres très empathiques du fait qu'ils sentent ce que vous vivez et qu'ils sont conscients de l'impact que cela a sur vous. Ils cherchent à vous aider à vous débarrasser des schémas de comportement et des croyances qui vous empêchent de connaître le genre d'amour que vous méritez vraiment. Cependant, les anges ne prennent pas sur eux votre chagrin et votre souffrance. Ils vous apportent plutôt la guérison et vous soulagent de vos fardeaux et de vos soucis.

Dans la dimension humaine, vous pourriez avoir tendance à absorber les émotions et le stress des autres. Vous le faites inconsciemment, en croyant que vous pouvez alléger le fardeau de quelqu'un d'autre. Malheureusement, prendre sur vous le chagrin ou le stress de quelqu'un d'autre ne vous aide ni l'un ni l'autre. Cela ne fait que vous accabler et vous épuiser. Les anges peuvent rejeter la négativité dans les courants purs de l'énergie divine qui a le don de transformer. Il suffit de demander leur aide. Quand vous alignez votre empathie sur celle des anges, vous pouvez alors aimer les autres, sentir leur chagrin, puis les en libérer pour faire place à un amour supérieur. Vous vous sentirez transporté et léger, tout comme ceux avec qui vous êtes en relation.

Bon nombre de gens bloquent leur habileté intuitive parce qu'ils sont très empathiques et que l'énergie qu'ils absorbent des autres devient trop envahissante. La meilleure façon d'éviter ceci est d'aimer comme les anges et de demander à devenir un canal pour la sagesse et l'amour supérieurs. Quand votre conscience intuitive est reliée à la source de l'amour divin, votre champ énergétique est alors imprégné de vibrations de guérison qui profitent à tous.

Capter l'énergie des anges

Quand vous captez les vibrations supérieures du royaume des anges, votre aura ou votre champ énergétique devient, dans cet état supérieur, encore plus lumineux et résilient. Votre aura est alors protégée des attaques et des vampires psychiques, des attachements énergétiques et des toxines environnementales. Demandez simplement aux anges de vous offrir leur amour et leur protection. Comme une goutte dans l'océan, nous ne faisons plus qu'un avec le grand courant de l'amour, quand nous nous ouvrons à la volonté d'une source supérieure.

Méditation pour favoriser une intervention angélique

Cette méditation intuitive peut être utilisée pour guérir n'importe quelle relation, surtout si vous ignorez comment avoir des interactions plus positives. Elle peut être appliquée à toute relation dans laquelle vous souhaitez vous sentir plus aimé, accepté et en paix.

Commencez en vous concentrant sur une relation présente ou passée qui semble non résolue, confuse ou qui continue de vous causer du stress. Notez par écrit le nom de la personne et les pensées et les sentiments que vous associez à cette dernière. Quand vous vous sentez prêt, commencez la méditation suivante.

1. Adoptez une position confortable; vous pourriez préférer être étendu pour cet exercice. Fermez les yeux et prenez une profonde inspiration, puis expirez. Continuez d'inspirer profondément en envoyant l'énergie chaleureuse de votre souffle dans les parties de votre corps qui sont douloureuses ou tendues. Puis, expirez en chassant tout stress ou toute tension. Continuez de respirer et de vous détendre en inspirant la lumière blanche chaleureuse et en expirant toute tension de votre corps.

2. Continuez de respirer ainsi et imaginez un endroit dans la nature qui est chaleureux et invitant. Vous pouvez sentir les arbres, les fleurs et la végétation qui sont doucement balayés par une brise légère. Vous pourriez aussi entendre au loin l'eau d'un ruisseau, d'une rivière ou d'une chute, ou le pépiement des oiseaux au-dessus de vous. Les rayons du soleil vous réchauffent et vous aident à vous sentir encore plus détendu. Le soleil chaud correspond à tout ce qui est positif dans la vie, comme l'amour, la gentillesse et la compassion.

3. Cet endroit dans la nature est un lieu d'amour absolu. Tout ce qui s'y trouve est une expression d'amour. Les fleurs, la douce brise et le son paisible de l'eau font tous vibrer l'essence de l'amour. Vous pouvez respirer l'amour absolu qui vous entoure. Il vous emplit d'une délicieuse fragrance ; il vous satisfait et vous nourrit. Acceptez autant d'amour que vous le pouvez. Notez les blocages ou le stress dans votre corps qui empêchent l'amour de pénétrer en vous. Inspirez de l'air dans cette partie du corps, libérez-vous du stress et demandez à la présence de l'amour de vous emplir. Vous sentirez la présence de l'amour vous entourer. Invitez vos anges à se rapprocher de vous et continuez de respirer dans l'amour.

4. Demandez à l'énergie de la personne de venir avec vous dans ce lieu de méditation. Demandez à son esprit qu'il vous donne l'occasion de guérir tous les deux.

5. La personne pourrait vouloir ou ne pas vouloir entrer. Laissez-la faire ce qu'elle désire. Essayez de baigner dans un amour inconditionnel sans avoir d'attentes. La personne peut trouver la paix et la sérénité dans ce lieu. Si elle hésite, envoyez-lui le message que ce lieu favorise la guérison. Il n'y a aucune obligation. Lâchez prise et laissez vos anges et l'énergie de l'amour soigner la personne de votre choix.

6. Manifestez votre intention de voir l'amour guérir votre relation avec cette personne. Laissez l'énergie de l'amour amorcer la guérison. Vous devez renoncer au résultat que vous espérez. Demandez à vos anges qu'ils vous offrent leur amour salutaire et leur soutien.

7. Écoutez en silence et recevez le message que la personne souhaite vous transmettre. Que devez-vous savoir ou sentir pour être en paix? Engagez-vous à donner suite à chaque action, pensée, guérison ou pardon qui vous est demandé. Laissez la relation guérir. Envoyez votre pardon, votre amour et votre acceptation à l'autre personne. Même si elle a choisi de ne pas entrer dans votre lieu d'amour, rien ne vous

empêche de lui envoyer de l'amour — un amour sans attentes.

8. Demeurez dans cette énergie le plus longtemps possible, en restant silencieux et en écoutant tout ce qui vous vient. Remerciez les anges pour leur aide. Quand vous êtes prêt, ouvrez les yeux et notez dans votre journal les pensées, les sentiments, les images ou les messages que vous avez reçus.

Les impressions que vous recevez durant la méditation n'ont souvent aucun sens, au début, mais ne les rejetez pas en vous disant qu'elles n'ont pas d'importance. Cela peut prendre des jours, voire des semaines, avant que vous puissiez comprendre le sens réel des images, des sentiments ou des impressions qui vous semblent incohérents. Mais une fois que vous comprenez une chose, votre ego risque de réduire ou de saboter son effet de guérison. Voilà pourquoi une profonde guérison ne peut se produire qu'en dehors de la pensée rationnelle.

Vous pourriez aussi dessiner l'endroit que vous avez visité durant cette méditation. Une activité créative peut stimuler encore plus la réceptivité intuitive. C'est une bonne façon de retenir l'énergie d'une expérience sans trop l'analyser.

Vous pouvez revenir à cet endroit aussi souvent que vous le désirez. Vous guérirez encore davantage à chaque occasion. Soyez conscient que la guérison est rarement apparente sur-le-champ. Elle peut se produire sur le plan physique, mental, émotionnel ou spirituel, et il faudra certainement du temps pour que la guérison se manifeste sur le plan physique.

21

LES GUIDES SPIRITUELS : UNE SOURCE CONSTANTE D'ÉNERGIE POSITIVE

Renforcez votre relation avec vos amis invisibles et souvent inconnus. Vous avez non seulement des anges et des êtres chers qui vous aiment et vous sont dévoués, mais vous avez aussi des guides spirituels. Ces derniers sont la conscience illuminée. Ils sont particulièrement compétents pour vous comprendre et vous conseiller dans les situations et les expériences les plus triviales et humaines, car, contrairement aux anges, les guides spirituels ont déjà vécu dans notre monde en tant qu'êtres humains.

Que vous désiriez attirer une âme sœur ou revitaliser une relation actuelle, sachez que lorsque vous invoquez l'aide d'un guide spirituel, vous faites appel à de puissantes forces d'énergie positive.

Pourquoi nous aident-ils ?

Vous vous demandez peut-être pourquoi une âme immergée dans le royaume de l'amour et de la perfection voudrait vous aider. Nous nous sentons parfois tellement petits et insignifiants quand nous nous comparons à la sagesse et à la beauté divine des cieux. Et pourtant, vous êtes aussi, au fond de votre être, une étincelle de l'amour divin. Vos guides spirituels veulent vous aider à vous en souvenir.

Les guides spirituels continuent souvent d'évoluer, tout comme nous. Leurs interactions avec nous les aident à poursuivre leur croissance et à apprendre comment illuminer, aimer et être utiles aux autres. Ils sont attirés par les gens qui ont des défis semblables à ceux auxquels ils ont été confrontés. Ils sont attirés par votre dévouement et votre engagement à évoluer et à vous transformer. Ces amis et ces compagnons immatériels peuvent vous aider à comprendre et à vous libérer de vieux schémas d'amour qui ne servent plus votre plus grand bien. Ils existent dans l'unicité de la vie et conservent une individualité perfectionnée.

Les guides sont une énergie positive
Vous pourriez croire qu'entretenir vos liens avec le monde éthéré constitue une perte de temps et même une action plutôt loufoque. Et pourtant, quand vous voyez votre vie à travers le prisme de l'intuition, il devient évident que vous n'êtes pas seulement composé

de sang et d'os, mais également d'une âme et d'une énergie.

Les guides spirituels peuvent influencer votre quotidien parce qu'ils vivent dans le courant énergétique de l'amour absolu. Chaque problème relationnel auquel vous êtes confronté a été créé par l'énergie de vos pensées, de vos sentiments et de vos croyances. Quand vous laissez consciemment vos guides spirituels intervenir dans votre vie, vous recevez une énergie pure et positive. Vous pouvez puiser dans cette énergie d'amour pour créer davantage ce que vous désirez dans la vie et éliminer les choses qui ont été créées par la négativité et la peur. Même quand vous n'avez pas de preuve concrète de l'existence de vos guides spirituels, vous pourriez obtenir d'étonnants résultats positifs en consacrant un peu de votre temps et de votre attention à vous ouvrir à leur influence.

Communiquer avec les énergies supérieures

Pour communiquer avec les guides spirituels, il faut d'abord avoir foi en leur existence. Ce serait sûrement plus agréable si nos guides nous donnaient leur nom et communiquaient leur information de manière claire et évidente. Mais en vérité, leurs moyens de communication sont habituellement plus amusants, étonnants et ne correspondent pas toujours à ce à quoi nous nous attendons. Vos premières interactions pourraient prendre la forme de synchronicités et de coïncidences significatives.

L'une des façons par laquelle mes guides attirent mon attention exclusive est avec le chiffre 7. Quand je vois constamment ce chiffre sur mes factures, sur l'odomètre de ma voiture ou quand je jette un coup d'œil à l'horloge ou à des numéros de téléphone, je prête particulièrement attention à la guidance intuitive que je reçois.

Vos guides spirituels pourraient se manifester par une douce voix dans votre tête qui vous donne une compréhension intuitive ou une idée originale. Ils motivent votre croissance et votre évolution de façons qui ne semblent pas toujours sensées sur le coup. C'est particulièrement vrai quand il s'agit des relations. Alors que vous aimeriez attirer un partenaire en fonction de ses traits extérieurs, vos guides spirituels vous guideront plutôt vers une personne qui peut vous donner des leçons essentielles sur l'amour.

Gardez à l'esprit qu'en matière d'amour et de relations, vos guides ont un plan d'action qui pourrait différer du vôtre. Mes guides spirituels sont plus intéressés à m'enseigner comment intégrer l'amour absolu dans ma vie et cultiver mon habileté à attirer un partenaire qu'à simplement placer «le bon candidat» sur le pas de ma porte. Ils ne m'ont pas protégée des leçons que je devais apprendre sur moi-même et sur l'amour.

Je me rappelle leur avoir déjà demandé, à la fin d'une relation, pourquoi ils ne m'avaient pas avertie plus clairement de ce qui allait arriver avant que je m'engage dans cette relation. En réponse, j'ai senti leur calme présence me dire qu'il y a certaines âmes qui m'ont aidée à me réapproprier des parties de moi-même et que même si la relation avait échoué, cela n'avait pas été en vain. Ils savent que tant que je cherche l'amour et le bonheur chez quelqu'un d'autre, je n'embrasse pas la vérité de l'amour. À l'époque, je me serais bien passée de la leçon, mais je sais que le chemin qui mène consciemment à l'amour absolu n'est pas un examen que l'on réussit ou échoue. C'est plutôt une aventure où tout ce que nous vivons, où chaque personne et chaque situation que nous connaissons — peu importe le résultat — nous transportent au cœur de l'amour absolu.

Laura et Rob

Les guides spirituels créent souvent des situations et des circonstances dans notre quotidien qui nous aident à évoluer et à accepter notre plus grand potentiel. Ils ne nous laissent pas dans des relations qui ne nous permet-tent qu'effleurer ce qu'est l'amour. Même si nous sommes satisfaits d'un tout petit peu d'amour, eux ne s'en contentent pas. C'est ce qui est arrivé à Laura.

Cela fait des années que je connais Laura, une infir-mière dévouée, et je suis toujours renversée par sa capa-cité de donner aux autres. Elle a divorcé il y a quelques années et n'avait pas fréquenté beaucoup d'hommes jusqu'à ce qu'elle rencontre Rob, un bel entraîneur privé en bonne forme physique, dans une boutique d'aliments naturels située près de la plage où elle habite. Il était venu passer le week-end avec des amis, et ils se sont instantanément sentis attirés l'un vers l'autre. Rob lui a demandé son numéro de téléphone et l'a appelée le soir même. Ils avaient des intérêts communs et la même façon de communiquer, et ils ont parlé pendant des heures au téléphone. Laura croyait avoir rencontré son âme sœur.

Laura était certaine que Rob était l'homme qu'elle attendait depuis toujours. Ils se sont fiancés seulement trois mois après leur rencontre. Laura était un peu préoccupée par le comportement possessif de Rob, mais elle a chassé ses doutes et s'est plongée dans l'amour. Les problèmes ont commencé moins d'un mois après leurs fiançailles. Rob est devenu silencieux et renfermé. Il était de moins en moins disponible et gardait secrètes ses allées et venues, et il devenait grincheux et sur la défensive quand Laura lui posait des questions.

Rob habitait à presque deux heures de route de chez Laura. Il n'aimait pas conduire jusque chez elle, alors c'est elle qui effectuait habituellement le trajet. Quand ils étaient ensemble, elle faisait la majeure partie des repas et du ménage, et elle tondait même son gazon. Comme elle gagnait plus d'argent que Rob, elle l'aidait souvent à payer ses dépenses mensuelles. Malgré tout, elle se demandait si le fait que la relation n'était plus aussi agréable et aimante qu'au début était de sa faute.

Âme sœur ou croissance de l'âme ?

Laura ne comprenait pas pourquoi sa relation avec Rob était si difficile, elle rêvait d'une relation spirituelle et s'était plutôt engagée avec un homme qui faisait ressortir ses plus grandes blessures et peurs. Elle se deman-dait ce qu'elle faisait de mal.

Laura croyait qu'elle était à blâmer pour leurs pro-blèmes. Elle croyait qu'elle était destinée à être dans cette relation et elle luttait pour comprendre quel était son but dans la vie de Rob.

Sa relation avec Rob lui rappelait également celle qu'elle avait eue avec son père et avec son premier mari. Rob avait le même tempérament et la même tendance à vouloir tout contrôler. Laura réagissait envers Rob comme une enfant naïve et sans défense. Elle a continué à s'efforcer de lui plaire, mais elle avait l'impression qu'il n'appréciait pas ses efforts positifs et y était peu réceptif. Elle ne prenait pas bien soin d'elle et a vite fini par être lasse d'essayer. Elle avait perdu le peu de pouvoir qu'elle avait au début de la relation.

Laura a essayé à plusieurs reprises de sortir de cette relation. Mais chaque fois, elle se sentait coupable et tendue. Même si la relation était rongée de problèmes, Laura se sentait obligée de rester et d'essayer de raviver la flamme dans son couple. La culpabilité qu'elle ressen-tait quand elle essayait de quitter Rob n'avait aucun sens pour elle, et pourtant, durant une longue période, elle n'a rien fait pour apporter des changements.

Le guide spirituel de Laura

D'après nos séances antérieures, je savais que Laura avait un guide spirituel qui s'appelait Tess. Je sais, du point de vue éthéré de Tess, qu'elle veille patiemment sur Laura et qu'elle essaie de l'aider à composer avec la confusion de la vie. Elle a observé Laura abandonner son pouvoir à d'autres à de nombreuses reprises et elle l'a vue se détacher de son identité spirituelle. Tess est dédiée à aider Laura à se réapproprier sa destinée spirituelle en tant qu'âme aimante, dotée de pouvoir.

Mais ce n'est pas aussi facile. Tess n'a pas toujours l'impression qu'elle peut influencer positivement Laura. Même si elle a senti la confusion de Laura et l'a vue revenir à sa vieille habitude de donner son pouvoir à son petit ami, Tess est demeurée ferme dans sa volonté d'aider Laura à choisir l'amour et à prendre soin d'elle.

De retour à la maison

Laura m'a récemment appelée pour me raconter le dernier week-end qu'elle avait passé chez Rob. Elle m'a dit qu'en revenant de chez lui, le dimanche soir, elle avait repassé dans sa tête leur dernière conversation.

Tout en conduisant, elle s'est demandé ce que Rob avait voulu dire quand il lui avait dit qu'il n'était pas certain qu'elle puisse l'aimer comme il avait besoin d'être aimé. Dans la voiture, Laura a repensé à ses actions et à ses paroles et elle s'est demandé si le week-end se serait déroulé différemment si elle avait été moins fatiguée et plus divertissante. Tout en continuant de rouler sur l'autoroute, elle est devenue de plus en plus anxieuse. Laura songea à tous les efforts qu'elle avait faits pour que cette relation fonctionne.

Bouleversée et cherchant à comprendre ce qu'elle pourrait faire, elle s'est rappelé les nombreuses fois où elle avait senti la présence de Tess, son guide spirituel. Elle lui a demandé impulsivement : «Tess, que puis-je faire pour améliorer les choses? Que puis-je faire pour que Rob m'aime?»

Après avoir fait cette demande, Laura m'a raconté qu'elle avait ressenti un message instantané et puissant lui disant de retourner chez Rob. Elle n'arrivait pas à chasser cette pensée. Elle réalisa qu'elle devait faire demi-tour. Elle avait besoin de parler à Rob, de lui demander comment elle pouvait lui démontrer qu'elle l'aimait et lui dire qu'elle ne pouvait pas supporter de vivre sans lui.

Laura a pris la prochaine sortie, effectué un demi-tour et filé vers la maison de Rob. Elle s'est aussitôt sentie mieux. Une heure plus tard, en tournant au coin de la rue qui menait à la maison de Rob, elle a vu une voiture inconnue dans son entrée. En pénétrant dans la maison, Laura a entendu des voix et a appelé Rob. Au milieu des bruits de confusion, il est apparu à la porte de la chambre à coucher. Il a regardé Laura sans rien dire, tandis qu'une femme à demi vêtue est venue se placer à ses côtés. Laura n'a rien dit; elle s'est tournée et a quitté la maison.

Assise dans sa voiture, Laura a pleuré à chaudes larmes. Elle a réalisé que Rob ne l'avait jamais vraiment aimée et qu'elle l'avait toujours su. Elle avait été prête à s'oublier pour avoir son attention. Elle avait cru qu'elle avait besoin de lui et il était devenu plus important d'être avec lui que de s'aimer.

Maintenant pleine d'assurance, Laura s'est fait la promesse suivante : «Je ne donnerai plus jamais mon pouvoir à une autre personne. Je mérite d'être aimée et traitée avec respect.»

Tess transmet de l'amour et de la force à Laura. Elle sait combien Laura a souffert en découvrant que Rob la trompait. Et pourtant, Tess sait qu'il s'agit d'une occasion pour Laura de se réapproprier son pouvoir et d'entreprendre un processus pour guérir les schémas de comportement qui ont créé cette situation.

L'histoire de Laura illustre le genre d'aide que les guides spirituels peuvent offrir. En réponse à la demande d'aide de Laura, Tess lui a envoyé le message de retourner chez Rob. Tess voulait que Laura sache la vérité et que même si la découverte s'est avérée douloureuse, elle a donné à Laura l'occasion de reprendre son pouvoir et d'apprendre à prendre soin d'elle dans ses relations. Même si Laura voulait que son guide spirituel fasse en sorte que Rob l'aime et apporte plus d'énergie positive dans la relation, la véritable aide dont Laura avait besoin était d'apprendre à s'aimer.

Rencontrer votre guide spirituel

Ce n'est pas toujours possible d'identifier et de connaître votre guide spirituel de la même manière que vous connaissez vos amis et les membres de votre famille. La perception de l'énergie de votre guide spirituel est beaucoup plus sensible et subtile.

L'exercice suivant vous donnera l'occasion de devenir plus familier avec un guide spirituel. Ne vous inquiétez pas, vous en avez au moins un.

- Trouvez un endroit dans la maison où vous pouvez vous détendre sans être dérangé. Assoyez-vous ou étendez-vous confortablement et fermez les yeux. Prenez quelques profondes respirations pour vous détendre. Inspirez, puis expirez tout stress ou toute tension de votre corps.

- Continuez de respirer ainsi et ouvrez votre cœur.

- Faites savoir à votre guide spirituel que vous aimeriez vous relier à son énergie.

- Imaginez un triangle. Notez sa couleur, sa texture et tout autre détail.

- Imaginez qu'il y a dans ce triangle une image de votre guide spirituel. Si vous ne voyez pas ou ne sentez pas immédiatement une présence, servez-vous de votre imagination et visualisez à quoi ressemble votre guide selon vous.

- Prenez un moment pour capter l'énergie de votre guide. Prêtez attention à une présence de chaleur, d'amour et d'acceptation. Utilisez les habiletés que vous avez apprises dans les premiers chapitres de ce livre pour recevoir et interpréter vos impressions.

- Quand vous êtes prêt, ouvrez les yeux et notez dans votre journal tout ce que vous avez ressenti.

Si vous êtes une personne intuitive de type émotionnel, prêtez une attention particulière aux sentiments qui ont émergé durant cet exercice. Une personne intuitive de type mental aura davantage le sentiment de savoir ou de recevoir une information précise sur son guide. La personne intuitive de type physique devrait prêter attention à toute sensation ou tout serrement ressenti dans le plexus solaire, le ventre et la région du cœur. La personne intuitive de type spirituel n'a besoin que de faire confiance à ce qu'elle reçoit, étant donné que son guide spirituel est plus susceptible de se manifester sous forme d'impressions énergétiques.

Faites régulièrement cet exercice. Il augmentera la conscience intuitive que vous avez de votre guide spirituel. Avec le temps, vous commencerez à sentir sa présence et à vous y fier durant toute la journée.

22

RÉUNISSEZ VOTRE ÉQUIPE D'AMOUR CÉLESTE

Rassemblez cette équipe d'amour qui constitue votre source d'aide éthérée. Vos anges, vos guides spirituels et même vos êtres chers décédés sont prêts à faire partie de votre équipe d'amour. Vous n'avez qu'à demander leur aide. Ils sont là pour vous offrir une aide fiable et constante dans vos relations, et ce, en tout temps, à toute heure du jour.

Leur mission et leur but sont de vous aider dans votre cheminement dans l'amour pendant que vous êtes ici, dans le monde physique. Ils reconnaissent et répondent immédiatement à votre désir conscient et délibéré de communiquer avec eux.

Quand vous vous ouvrez à leur aide céleste, vos anges, vos guides et vos êtres chers reçoivent le feu vert pour vous influencer tendrement ainsi que ceux avec qui vous êtes en relation. Ils adorent votre attention et votre volonté de co-créer avec eux.

Le véritable amour

Quand j'ai demandé à mes guides spirituels et à mes anges de m'aider en amour, mes relations sont devenues une aventure spirituelle. Au lieu d'avoir des connexions superficielles, du genre «conte de fées», avec les autres, mes guides spirituels et mes anges m'ont aidée à embrasser le pouvoir authentique de l'amour et à sentir sa source en moi. Nous voulons tous croire que c'est l'apparence physique, le poids, l'âge, le salaire et le bien-être matériel qui nous permettent de trouver et de maintenir des relations passionnées. Leur influence m'a aidée à me détacher de ces illusions. L'amour est le ciment et la substance de l'Univers et il vous est toujours disponible. Votre équipe d'amour vous aidera à embrasser cette vérité.

La façon dont ils nous viennent en aide

Votre équipe d'amour vous guidera et vous encouragera de différentes façons. Elle vous enverra des étincelles d'amour absolu qui ouvriront votre cœur et vous donneront la confiance nécessaire pour exprimer de l'amour aux autres et la force d'en recevoir. Elle vous aidera à prendre conscience et à vous libérer des schémas émotionnels négatifs qui pourraient vous maintenir enlisé dans des relations décevantes. Votre équipe d'amour attirera vers vous votre âme sœur et transmettra des vagues d'amour et d'harmonie dans vos relations difficiles. Elle intensifiera les étincelles de passion qu'il y a entre votre partenaire et vous.

Votre équipe d'amour pourrait vous surprendre en vous encourageant à prendre davantage de risques émotionnels que vous n'en prendriez normalement. Vous pourriez vous réveiller un matin en étant étrangement motivé à affronter les peurs qui vous ont empêché d'attirer une âme sœur ou vous pourriez éprouver des sentiments d'amour et de respect de soi. Vous pourriez ressentir un courage et une clarté d'esprit qui vous motivent à vous asseoir avec votre partenaire pour discuter de problèmes financiers ou de façons d'améliorer la communication entre vous. Si vous êtes célibataire, vous pourriez avoir l'impression d'être un être entier et accompli, et reprendre conscience de l'amour qui vous habite.

Une cliente m'a récemment dit qu'elle avait l'impression que ses anges la motivaient et lui donnaient la force de confronter les critiques excessives de son partenaire. Elle m'a raconté que quand elle lui en parlait, elle sentait qu'elle avait du pouvoir, tout en ayant l'étrange sentiment d'être arrogante. Elle a réalisé qu'elle croyait inconsciemment qu'il était égoïste de sa part de prendre soin d'elle. Ses anges l'ont aidée à se libérer de cette croyance et à prendre davantage soin d'elle.

Peu importe le problème relationnel auquel vous êtes confronté, votre équipe d'amour est là pour vous.

Vous êtes l'étoile de votre vie

Vous pourriez ne pas tenir compte de votre aide éthérée parce que vous la jugez lointaine et inefficace. J'ai constaté que c'est entièrement faux. Pour mieux comprendre comment votre équipe d'amour vous aide, pensez au soutien et à l'aide que reçoit une célébrité, un politicien ou un athlète. Ils peuvent entre autres avoir un gérant, un agent, un entraîneur, un rédacteur de discours, un producteur et un habilleur. La réussite d'une personne repose souvent sur une équipe dévouée et qualifiée qui excelle dans des domaines particuliers. Tous leurs talents sont nécessaires pour promouvoir la performance et la réussite d'un individu que nous considérons comme une « étoile ».

Vous êtes l'étoile de votre vie, et vos guides et vos anges représentent votre équipe dévouée et qualifiée. Plus vous demanderez leur aide et deviendrez sensible à leur guidance, plus vous brillerez.

Les anges et les guides spirituels sont intelligents et dévoués, et ils ne se laissent pas intimider par les frontières que nous avons construites entre les mondes physique et spirituel. Ils voient, sentent et savent qu'il n'y a qu'un seul monde. Il n'y a pas un monde physique et un monde spirituel. Nous faisons partie d'un grand tout. Accueillez-les, et vos relations amoureuses vont s'épanouir. Ils savent ce qu'est l'amour.

Réunissez votre équipe d'amour

- Trouvez un endroit dans la maison où vous pouvez vous détendre sans être dérangé. Assoyez-vous ou étendez-vous confortablement et fermez les yeux. Prenez quelques profondes respirations pour vous détendre. Inspirez, puis expirez tout stress ou toute tension de votre corps.

- Continuez de respirer ainsi et ouvrez votre cœur.

- Faites savoir à vos guides spirituels et à vos anges que vous aimeriez faire appel à leur aide pour co-créer des relations aimantes et durables.

- Imaginez un triangle. Ce triangle est un portail par lequel l'énergie de votre équipe d'amour peut pénétrer.

- Si vous ne voyez pas ou ne sentez pas immédiatement une présence, servez-vous de votre imagination et visualisez votre équipe d'amour. Elle peut être composée de deux ou trois anges et guides (et même plus). Demandez à chacun de se présenter. N'accordez pas trop d'importance à votre capacité à les visualiser ou à savoir leur nom. Ce n'est pas aussi important que nous le croyons. Sachez que leur présence est réelle et, avec le temps, vous pourriez mieux distinguer leurs caractéristiques individuelles. Prêtez attention à une présence de chaleur, d'amour et d'acceptation.

- Posez-leur une question ou envoyez-leur un message. Utilisez les habiletés que vous avez apprises dans les premiers chapitres de ce livre pour recevoir des images et des symboles, et interpréter vos impressions.

- Quand vous êtes prêt, ouvrez les yeux et notez dans votre journal tout ce que vous avez ressenti.

Votre équipe d'amour selon votre type intuitif

La guidance sous forme de sensation
La personne intuitive de type émotionnel sentira la présence de ses anges et de ses guides spirituels par le truchement de sensations émotionnelles. Cela peut prendre la forme de douces et chaleureuses vagues de réconfort, de paix et de protection. La personne intuitive de type émotionnel peut être vulnérable en amour; elle donne souvent plus qu'elle ne s'attend à recevoir. Ses anges et ses guides peuvent l'aider à corriger ce déséquilibre. Ils peuvent l'amener à comprendre l'importance de s'aimer et de prendre soin de soi.

Je suggère à la personne intuitive de type émotionnel de prendre chaque jour le temps de s'asseoir en silence et d'entrer en communion avec son équipe d'amour. Durant ces moments, fermez les yeux, ouvrez votre cœur et demandez à vos aides éthérées de vous emplir d'amour. Transmettez-leur vos pensées, vos inquiétudes et vos demandes. Ouvrez votre cœur et recevez leur amour et leur influence positive. Votre équipe d'amour va vous aider à apprendre à vous aimer inconditionnellement et à éprouver de la compassion pour ce que vous considérez comme vos défauts et vos jugements internes.

L'énergie émotionnelle peut être une puissante vibration qui influence directement ce que vous attirez, créez et vivez au quotidien. Voilà pourquoi il est important que la personne intuitive de type émotionnel demeure le plus possible dans les vibrations positives de l'amour. Elle peut le faire en prenant vite conscience de tout sentiment de négativité, de peur, de colère ou de stress qu'elle ressent, et en demandant à ses anges et à ses guides de l'aider à comprendre ces sentiments et à les transformer.

La guidance sous forme de connaissance et de vérité
La personne intuitive de type mental fait souvent l'expérience du monde éthéré en prenant davantage conscience de nouveaux niveaux de connaissance et de vérité. Cela peut prendre la forme de nouvelles compréhensions intuitives, de nouvelles perspectives et de la fusion de l'ego avec le grand tout. La personne intuitive de type mental a souvent plus de facilité à entrer en communion avec ses anges et ses guides en calmant son

esprit, en se concentrant sur sa respiration et en demandant que la vérité lui soit révélée.

Votre équipe d'amour va vous guider dans votre guérison en vous poussant à confronter vos croyances négatives et votre tendance à saboter vos relations. Elle se sert souvent de la synchronicité et vous fera connaître des conditions et des expériences qui vous permettront d'acquérir une meilleure compréhension des autres et de vous-même.

La personne intuitive de type mental a souvent plus de facilité à communiquer avec son équipe d'amour au moyen de l'écriture automatique. Je recommande à la personne de type mental d'écrire une question ou une préoccupation, de prendre un moment pour respirer lentement, puis d'écrire sans arrêt durant au moins cinq minutes et sans se censurer. À force de répéter cet exercice, vous créerez un canal par lequel votre équipe d'amour pourra communiquer sa guidance et ses conseils.

La guidance sous forme d'action et de manifestation

La personne intuitive de type physique est plus à l'aise quand le monde éthéré se manifeste par le truchement du monde de la nature. Ainsi, les anges et les guides pourraient manifester leur amour à ce type intuitif à travers son animal de compagnie adoré, un oiseau qui semble l'observer ou un lever de soleil qui lui ouvre le cœur.

Si vous êtes une personne intuitive de type physique, vos anges et vos guides favoriseront souvent l'amour de manière physique et tangible. Ils pourraient vous guider afin que vous soyez «au bon endroit, au bon moment» pour rencontrer cette personne spéciale. Lorsque vous êtes triste, ils pourraient vous remonter le moral en vous envoyant de l'amour par le truchement d'un étranger qui vous offre son aide, de votre chien qui vous accueille avec joie ou d'un être cher qui vous sert tendrement dans ses bras. De même, ils vous motivent souvent à exprimer votre amour de manière tangible. Accomplir des actes de bonté, rédiger un poème, exprimer de la gratitude à un être cher et aider les gens dans le besoin aident la personne intuitive de type physique à ressentir encore plus d'amour.

Votre équipe d'amour vous aidera à imprégner votre amour de spiritualité. Ils vous inciteront à aller au-delà des expressions d'amour les plus concrètes et les plus tangibles en ouvrant votre cœur et en vous permettant de connaître les émanations suprêmes de l'amour.

La personne intuitive de type physique peut demander à chaque membre de son équipe d'amour de lui offrir un objet matériel qui le symbolise. J'adore ce petit jeu. Je possède une collection de pierres, de plumes, de pierres précieuses et d'autres babioles que mes guides et mes anges ont placée sur mon chemin pour me rappeler leur présence. J'ai un petit autel sur lequel j'ai déposé ces objets. Ils me rappellent leur amour et leur joyeuse présence créative. Le simple fait de tenir ces objets vous ouvrira à la présence et à la guidance de votre équipe d'amour.

La guidance sous forme de conscience énergétique
et de sensibilité intérieure

La personne intuitive de type spirituel sentira plus concrètement que tout autre type la présence de son équipe d'amour. Elle est davantage portée à pouvoir sentir la présence tangible de son équipe d'amour. Elle pourrait « voir » ses anges sous forme d'éclats lumineux et de couleurs. Elle pourrait « entendre » de douces mélodies ou des murmures d'amour. Dans des moments de méditation et de contemplation, la personne intuitive de type spirituel est capable d'entrer en communion avec ses guides et ses anges, et de communiquer directement avec eux. Pour la personne intuitive de type spirituel, il est important d'avoir confiance en ces liens et de demeurer concentrée sur les expériences authentiques. Les doutes et l'incrédulité des autres entraînent souvent la personne intuitive de type spirituel à s'interroger et à ne pas tenir compte de ce qu'elle a vraiment vécu.

Votre équipe d'amour désire plus que tout que vous intégriez l'amour éthéré, que vous connaissez très bien, à votre expérience physique. Vos anges et vos guides vont donc créer des occasions pour que vous puissiez exprimer et partager votre vision élevée de l'amour. J'invite donc la personne intuitive de type spirituel à se rappeler que son équipe d'amour est prête à l'aider dans ses expériences quotidiennes d'amour. Aussi triviale qu'elle puisse être, l'expérience de l'amour sur le plan physique est importante. Il ne faudrait surtout pas l'oublier.

À vous de communiquer

Peu importe votre type intuitif, vous pouvez prendre plaisir à faire l'expérience des styles de communication de chaque type. Essayez-les tous, car nous les possédons en nous à différents degrés.

Vous constaterez qu'à force de vous entraîner, votre relation avec votre équipe d'amour deviendra une source précieuse et fiable de guidance et de réconfort. Votre équipe d'amour ne peut pas intervenir dans votre vie, si vous ne le lui demandez pas. Alors, n'oubliez pas de demander son aide. Soyez précis et clair dans votre intention. Vos guides et vos anges ne peuvent pas prendre les commandes et vous diriger de manières qui vont à l'encontre de vos désirs. Vos pensées, vos actions, vos sentiments, vos intentions et la direction de votre vie vous appartiennent.

23

LE CHEMIN INTUITIF POUR APPRENDRE À VOUS AIMER

L e fait de vous aimer renforce votre lien intuitif en amour, car cela permet à l'amour absolu de circuler librement en vous. À son plus haut niveau, l'amour est psychique du fait qu'il transcende le temps, l'espace et les conditions. Quand nous baignons dans l'amour, l'intuition devient plus grande.

Une des leçons les plus importantes que votre équipe d'amour peut vous donner pour vous aider est d'apprendre à vous aimer. Vous serez aimé par une autre personne autant que vous vous aimez vous-même. Une fois que vous découvrirez le trésor d'amour qui est en vous, il se manifestera dans votre vie. Si votre désir est de rencontrer votre âme sœur, vous la rencontrerez. Si votre désir est de guérir et d'améliorer une relation actuelle, elle se transformera — ou vous connaîtrez une autre union plus aimante. Apprendre à embrasser l'amour qui est en nous et apprendre à aimer les autres sont deux formes d'amour qui sont souvent simultanées.

L'art de vous critiquer

Il peut être difficile de vous aimer. Même si vous avez de l'assurance et une bonne estime de vous, vous n'éprouvez pas toujours de la compassion et de la patience pour les défauts que vous croyez avoir. L'amour n'a pas toujours de sens pour l'ego rationnel. Même si vous arrivez à vous convaincre que vous méritez un amour inconditionnel, c'est souvent temporaire. Il suffit que vous faiblissiez et que votre critique intérieur se montre le bout du nez pour que vous bloquiez rapidement l'accès à toute forme d'amour.

Nous nous critiquons et nous nous jugeons en nous basant sur les critères de notre famille, de notre environnement et de la conscience culturelle. Même quand nous pensons que nous méritons d'être aimés, nous nous accrochons aux obstacles qui maintiennent l'amour à distance. Mais l'amour ne peut jamais vraiment disparaître. La conscience de son confort et de sa chaleur peut s'éloigner comme la marée, mais l'amour reviendra plus tard dans toute sa grandeur.

L'ombre de la peur
L'amour n'est pas un exercice intellectuel. Il n'a souvent aucun sens pour l'esprit logique. La peur, par contre, a beaucoup de sens. Des choses arrivent, et vous êtes

blessé ou déçu, ou vous souffrez. Cela se produit tous les jours. Vous le voyez dans les bulletins de nouvelles, dans votre communauté et dans votre cercle d'amis et votre famille. Cela vous arrive.

L'amour est moins évident. Il s'exprime non pas dans les choses matérielles, mais sous forme d'énergie. La peur prend forme dans la conscience matérielle ; l'amour, dans le monde spirituel.

L'amour en soi

L'amour absolu repose au plus profond de votre être. Sa source n'est pas vos pensées, vos émotions ou vos actions ; la source de cet amour est votre âme. L'âme est le bien communal du divin. Elle est plus puissante que l'ego et la personnalité, les aspects que vous utilisez le plus souvent pour vous définir.

Votre âme circule avec le courant de l'amour absolu. Elle est interreliée à la beauté et à l'abondance de tout ce qui compose la vie. Elle est le Moi intérieur à son état le plus pur, là où vous êtes un être entier. Pour vous aimer, puisez dans le puits profond de l'amour qui se trouve déjà en vous.

Vos guides spirituels et vos anges vous connaissent comme étant cet amour et ils peuvent vous aider à vous connaître également de cette façon.

Exercices de visualisation avec votre équipe d'amour

Les deux exercices de visualisation suivants vous donneront l'occasion de faire l'expérience de l'amour qui est en vous et, en même temps, de devenir plus familier avec vos guides spirituels et vos anges.

Les métaphores, les mythes et les contes de fées permettent souvent d'accéder aux royaumes intérieurs de l'amour. Ces visualisations prennent la forme d'histoires amusantes qui renforcent le lien intuitif en amour.

Une joyeuse aventure dans l'amour absolu
Le premier exercice vous entraînera sur la planète de l'amour, Vénus. Cette visualisation vous aidera à vous débarrasser du poids de la culpabilité et de la honte, et à embrasser l'amour absolu. Avec l'aide de vos guides spirituels, vous connaîtrez de nouveaux degrés d'amour de soi.

Lisez la méditation tout en la faisant, ou effectuez un enregistrement de celle-ci pour en écouter les directives. Durant la méditation, n'oubliez pas d'utiliser vos forces intuitives. Si vous êtes une personne intuitive de type émotionnel, prêtez attention aux émotions et aux sentiments qui vous viennent intuitivement. Si vous êtes du type mental, vous pourriez sentir la guidance en ayant l'impression simplement de savoir. Souvent, la personne intuitive de type mental reçoit d'un seul coup une grande quantité d'informations. Si cela se produit, ralentissez le processus et essayez d'intégrer ce que vous recevez. La personne intuitive de type physique pourrait sentir des changements dans son corps. Prêtez périodiquement attention à toute sensation de stress ou de tension durant la méditation. La personne intuitive de type spirituel pourrait avoir plus de facilité à visualiser et à sentir ses guides spirituels. Faites confiance à ce que vous percevez intuitivement et invitez-le dans votre monde tridimensionnel.

Servez-vous de votre imagination, durant ces méditations, et amusez-vous !

Pour commencer, fermez les yeux et prenez de profondes respirations. Pendant que vous expirez, imaginez que vous pouvez chasser tout stress ou toute tension de votre corps. Continuez de respirer et reprenez votre rythme naturel.

Prenez encore quelques profondes respirations et imaginez que votre cœur s'ouvre. Visualisez votre cœur comme étant un globe lumineux d'amour absolu. Laissez cet amour circuler en vous et, ce faisant, vous détendre et vous adoucir. Sa chaude présence vit en vous et, même si elle est subtile, elle possède une grande capacité d'expansion et peut vous libérer de tout blocage ou de toute résistance énergétique.

Imaginez des vagues de couleurs mauve, lavande et rose qui vous enveloppent. Un faisceau doré touche votre cœur et vous guide de plus en plus profondément dans ces vagues de lumière et de couleurs. Le faisceau lumineux qui caresse doucement votre cœur commence ensuite à devenir plus fort et plus brillant. Votre esprit commence à voyager dans ce faisceau lumineux. Vous avancez dans le nuage et les couches de couleurs et d'énergie, et prenez conscience d'une grosse planète lumineuse. C'est Vénus, la planète de l'amour, et elle vous appelle et vous invite dans son rayonnement éclatant. Vous êtes aspiré dans son orbite. Vous pouvez entendre des chœurs et des notes de musique qui créent des mélodies harmonieuses.

Vous apercevez des pyramides dorées et lumineuses qui sont nichées entre les champs de fleurs et la végétation luxuriante. En vous approchant, vous prenez conscience d'autres êtres qui, au lieu d'avoir des corps physiques, ont des corps énergétiques. Beaucoup d'entre eux escaladent les pyramides dorées et deviennent de plus en plus translucides et lumineux à mesure qu'ils approchent du sommet.

Un puissant courant d'énergie vous transporte aussitôt au pied d'une pyramide. Vous vous sentez écrasé par cette immense structure qui se dresse devant vous. Vous rencontrez une jolie guide spirituelle translucide qui est venue vous accueillir et vous donner des instructions. Il s'agit de votre guide d'amour. Vous pouvez communiquer ensemble sans prononcer de mots. Votre guide ressent ce que vous ressentez; elle est consciente de vos pensées, et vous pouvez sans effort échanger vos pensées et vos sentiments.

Votre guide d'amour vous envoie une image de vous immergé dans l'amour pur. Vous pouvez vous voir briller de joie et de bonheur. Dans cette image, vous sentez votre cœur qui déborde de compassion, de gentillesse et d'amour inconditionnel. Instantanément, cette image d'amour est transportée au sommet de la pyramide, hors de votre portée. Votre guide vous envoie ensuite le message que vous pouvez intégrer cette image et ne faire qu'un avec elle une fois que vous avez atteint le sommet de la pyramide. Vous souhaitez ardemment connaître cette expérience, alors vous examinez la pyramide pour trouver un endroit où grimper jusqu'au sommet. Mais vous croulez sous un poids immense et vous avez de la difficulté à bouger.

Sentant que vous êtes sur le point d'abandonner, votre guide d'amour vous fait savoir qu'il suffit de compter sur le pouvoir de votre cœur et de votre esprit pour que vous puissiez vous élever et flotter jusqu'au sommet de la pyramide. Vous vous concentrez et vous vous imaginez devenir de plus en plus léger. Vous essayez de toutes vos forces, mais vous ne bougez pas d'un centimètre. C'est alors qu'une libellule vole jusqu'à vous et vous demande de cesser de vous sentir coupable. Vos souvenirs et vos sentiments de culpabilité et de honte vous envahissent et vous vous voyez les abandonner. La libellule rassemble cette énergie avec ses ailes, et vous vous sentez vous élever du sol.

Votre guide vous encourage à aller encore plus haut. Vous sentez un courant d'énergie vous emporter de l'autre côté de la pyramide. De ce côté-ci, l'énergie est instable et vous secoue de part et d'autre. Vous commencez à sentir des peurs remonter en vous, l'une après l'autre. La libellule s'approche encore de vous, et votre guide vous dit de vous débarrasser de vos peurs. Sans hésiter, vous lâchez prise à tout ce qui vous bouleverse. Vous vous calmez à mesure que chaque peur disparaît. Le courant d'énergie instable commence à se calmer, et vous devenez encore plus léger ; vous vous élevez vers le sommet de la pyramide.

Vous êtes maintenant sur le troisième côté de la pyramide. Vous vous sentez un peu paresseux et somnolent à cet endroit. Les bruits sont doux et la lumière est apaisante. Vous aimeriez vous reposer, mais vous ne pouvez pas parce que votre guide interrompt cette paisible scène en vous donnant une poussée à la hauteur de votre plexus solaire. Le message est clair : il est temps d'aller plus haut. Vous n'êtes pas certain de vouloir y aller. Cet endroit vous convient parfaitement. Vous ne méritez peut-être pas ce qui vous attend au sommet de la pyramide et vous vous sentez plus en sécurité de rester dans ce lieu paisible. Votre guide vous pousse encore une fois, et vous commencez à vous sentir lourd et encombré. Vous commencez à descendre, à glisser dans les vagues d'une énergie froide et terne. Vous recevez le message que vous devez vous pardonner et pardonner aux autres.

Vous ne savez pas vraiment comment pardonner. Vous faites part de votre confusion et de votre hésitation à votre guide. Aussitôt, vous sentez votre cœur s'ouvrir et l'énergie circuler en lui. Cette énergie semble venir de la pyramide ; elle circule en vous en ouvrant et en stimulant votre cœur.

Vous prenez conscience d'une lueur dorée en forme de pyramide qui emplit votre être de compassion et d'un amour inconditionnel. Vous repensez aux événements de votre vie, à tout ce que vous avez vécu, dit, fait et senti, et qui vous empêche de vous pardonner et de vous aimer.

Vous pouvez maintenant choisir de vous libérer de ces énergies ; elles ne sont pas pertinentes, comparées à l'amour et au bonheur qui vous attendent. Vous réalisez que le passé n'a aucun rayonnement, aucune force vitale. Vous lâchez prise et vous vous abandonnez au mouvement ascendant.

Vous sentez le soutien et le rire de votre guide à mesure que vous intégrez une toile de lumière et d'énergie qui s'étend de part et d'autre à partir du centre de la pyramide.

Votre cœur, telle une étoile dans le ciel, est maintenant relié de manière invisible à la lumière des cieux. Vous brillez dans cet amour ; vous ne faites qu'un avec l'amour. Vous êtes une force vitale active immergée dans le courant de l'amour absolu.

Le pouvoir de l'amour

Cette méditation vous transporte sur Mars, la planète de l'énergie masculine et de l'action. Cet exercice vous permettra d'apprendre comment sentir l'amour sous forme de pouvoir et comment prendre soin de vous tout en aimant les autres.

Pour commencer, fermez les yeux et prenez de profondes respirations. Pendant que vous expirez, imaginez que vous pouvez chasser tout stress ou toute tension de votre corps. Continuez de respirer et reprenez votre rythme naturel.

Imaginez qu'un grand vent vous soulève ; comme un faucon, vous pénétrez dans le courant énergétique du vent, qui vous transporte aisément dans l'atmosphère. Tout en voyageant dans le courant du vent, vous voyez des couleurs et des formes éthérées et translucides. L'énergie du vent vous transporte aisément au-delà du connu, dans l'énergie pure. Vous pouvez sentir la vibration apaisante de l'espace ouvert qui circule en vous.

Vous prenez conscience d'une planète d'un rouge dense et ardent qui flotte au loin. Son attraction magnétique vous entraîne aussitôt dans son orbite. Vous posez les pieds sur la surface dure et dense de Mars et êtes accueilli par un calme profond. Vous vous sentez seul dans ce paysage désolé, mais vous commencez à explorer les gros rochers qui vous entourent.

Soudain, vous entendez un grondement en provenance d'une masse rocheuse qui se déplace et vous remarquez une lumière blanche et claire qui émerge d'une fissure dans les rochers. Comme un aimant, vous êtes attiré vers l'ouverture, puis dans un long couloir souterrain. Pendant que vous parcourez ce couloir, vous remarquez de nombreuses ouvertures et vous vous retrouvez vite devant une immense clôture rouge doré.

Vous entendez une voix prononcer votre nom et vous entrez dans une pièce emplie d'énergie et d'activité. Un guide spirituel vous accueille avec chaleur et vous invite à vous détendre sur un canapé moelleux couvert de coussins. Vous vous sentez aussitôt détendu et en paix. Vous prenez conscience du caractère luxueux de la pièce ; elle est emplie de magnifiques objets en or et en pierres précieuses. Vous commencez étrangement à sentir de la force et du pouvoir circuler en vous. La pièce s'emplit de gens — certains qui vous sont familiers, d'autres étrangers. Il y a des jeunes et des vieux, des hommes et des femmes, et ils vous observent tous. Vous savez que vous êtes invincible, car des vagues de puissance circulent en vous. Vous réalisez que vous avez différents choix quant à la façon d'utiliser ce pouvoir. Vous voulez l'utiliser pour vous sentir supérieur et plus méritant que les autres personnes dans la pièce.

Vous êtes envahi de sentiments de fierté. Plus vous vous sentez important et plus vous devenez arrogant, plus vous êtes stressé. Cela suscite vite en vous des sentiments de faiblesse et de désespoir. Ces sentiments s'intensifient et commencent à causer plus de désarroi. Vous appelez à l'aide votre guide spirituel. Il arrive aussitôt et vous tend la main. Vous y touchez sans réfléchir en étant reconnaissant qu'il comprenne votre souffrance.

Au contact de sa main, vous commencez à ressentir un pouvoir différent. C'est le pouvoir de l'amour absolu. Il est chaud et vous donne de la force. Les yeux de votre guide spirituel brillent de sagesse et d'un amour absolu. Vous voulez éprouver la même sensation et vous communiquez avec lui par télépathie. Il hoche la tête, et le pouvoir qui circule maintenant en vous est le pouvoir de l'amour.

Au lieu de rayonner de fierté, vous envoyez maintenant de la compassion et de l'amour aux autres personnes dans la pièce. La gentillesse que vous transmettez à chacun fait circuler de plus en plus d'amour et de pouvoir en vous. Vous retrouvez confiance en vous à mesure que vous partagez votre amour.

Vous prenez conscience de ce pouvoir de l'amour qui se trouve au plus profond de votre être. Et vous vous sentez plus puissant que jamais. L'amour en vous agit comme un radar intuitif. Il vous avertit de l'intention et de la personnalité des personnes dans la pièce. Ce radar interne vous transmet de la guidance sous forme de pensées, de sentiments ou de sensations.

Vous prenez conscience que certaines des personnes vous envient. Elles sentent votre amour et votre pouvoir et veulent se les approprier. Elles sont comme vous étiez avant. Elles semblent agir de manière aimante, mais vous savez que ce n'est pas de l'amour qu'elles ressentent. Vous continuez d'avoir de la compassion et de l'amour pour vous-même et pour ces personnes qui se sentent impuissantes et mal aimées. Vous savez que, tout comme vous, elles doivent trouver en elles l'amour qu'elles recherchent.

Vous êtes gentil et aimant envers vous-même et les autres, et cela amplifie l'énergie qui vous entoure. Vous rayonnez de lumière ; vous êtes en sécurité et protégé par l'aura d'une puissante énergie d'amour. Les personnes qui aimeraient s'approprier votre pouvoir ne peuvent pas traverser votre lumière. Vous savez comment agir de manière positive et aimante pour prendre soin de vous, et vous envoyez de l'amour à ces personnes.

Vous ne vous êtes pas senti aussi bien depuis fort longtemps. Un puissant vent d'énergie vous attire dans son courant. Vous vous détendez. Vous êtes vite transporté dans le moment présent.

Accueillir l'amour quotidiennement

Ces méditations offrent une vision de l'amour de soi que vous pouvez utiliser chaque jour. En effectuant cet exercice, vous augmentez vos sentiments d'amour. De plus, les conditions, les circonstances et les événements de votre vie seront influencés par l'énergie de l'amour, et vous attirerez et connaîtrez des relations plus positives et plus satisfaisantes.

24

LE CIEL ET LA TERRE, L'AMOUR ET LA TRANSFORMATION

Respirez, ouvrez votre cœur et acceptez l'amour qui est à votre portée, maintenant!

L'amour inconditionnel signifie qu'aucune situation — physique ou spirituelle — ne peut empêcher sa présence. L'intelligence et la grâce de l'amour l'emportent sur toutes les limitations et les conditions. Il murmure cette vérité éternelle : l'amour est toujours présent, partout.

Lorsque vous prêtez intentionnellement attention à votre intuition, vous renforcez et enrichissez non seulement vos relations dans le monde physique, mais vous vous ouvrez aussi au royaume riche et bienveillant du Divin.

Votre quête d'amour

Au fil du temps, les êtres humains ont cherché à connaître un lien intime avec l'amour du Divin. Nous avons contemplé les cieux et consulté les étoiles à propos de l'amour. Nous avons chanté, dansé et prié le Divin pour connaître les bienfaits de l'amour. Le désir de percer le mystère des états supérieurs de l'amour divin peut être la quête d'une vie.

Autant dans les ordres religieux orientaux qu'occidentaux, les moines et les religieuses consacrent leur vie à la dévotion, à la méditation et à la prière, toutes dédiées à une force invisible. Dans certaines traditions catholiques romaines, les religieuses portent une robe de mariée et un anneau d'or au moment où elles font le vœu de consacrer leur vie à l'église.

L'ancien rituel grec du *hieros gamos*, ou union sacrée, cherchait à intégrer la présence divine dans le corps de manière à fusionner la dimension physique avec la dimension spirituelle. Les participants, qui pratiquaient habituellement ce rituel au printemps, prenaient les traits des dieux et dansaient jusqu'à ce qu'ils entrent en transe. Ils faisaient ensuite l'amour, car on croyait alors que l'accouplement d'un homme ou d'une femme avec une divinité ou un dieu procurait un savoir spirituel, de l'amour, de la prospérité et de l'abondance.

L'amour divin dans les relations

Les relations intimes peuvent également représenter un terrain fertile pour une rencontre avec le Divin. Celui-ci se manifeste à travers l'amour absolu. Quand vous invoquez sa présence dans une relation, vous abandonnez votre volonté à une puissance plus grande. L'amour a un plan pour vous. Il vous invite dans un mystère qui vous raffinera, vous purifiera et vous transportera, vous et votre partenaire, au-delà de vos zones de confort, afin de devenir des êtres entiers et de ne faire qu'un avec l'âme éternelle de l'amour.

Le processus de transformer l'amour relationnel, basé sur l'ego — le genre d'amour auquel nous sommes habitués — en un amour inconditionnel, cet amour éthéré du Divin, a été enclenché au commencement des temps.

Ces deux archétypes de l'amour, l'amour divin et l'amour humain, sont les mieux représentés par les énergies éternelles de Jésus et de Pan.

Jésus, le grand amoureux du ciel

Jésus, appelé le Messie dans certaines traditions religieuses, est le grand amoureux du Ciel. En tant qu'esprit, Jésus avait une relation personnelle, intime et universelle avec Dieu. Il a vécu dans le monde physique, mais n'a jamais oublié sa vraie maison. Il n'a pas toujours été à l'aise dans ce monde de la forme et de la matière matérielle. Il parlait d'un amour beaucoup plus grand et d'une loi qui transcende le pouvoir du monde matériel. Jésus croyait en l'existence d'un royaume spirituel et y faisait référence de la même manière que nous faisons référence au monde physique. Il vivait pleinement dans l'Éternel et avait une confiance totale en l'Esprit saint invisible.

Dans la Bible, l'apôtre Jean nous rapporte ces paroles de Jésus : «Dieu est esprit et il faut que ceux qui l'adorent, l'adorent en esprit et en vérité» (Jean, 4 :24). Jésus nous a enseigné qu'il n'y a pas de plus grande raison d'être dans ce monde que d'aimer ce qui est éternel et dépourvu de forme, et de partager librement cet amour.

Pan

Pan, le dieu grec des bergers et de leurs troupeaux, est tout le contraire. Fil d'Hermès et de Pénélope (ou du dieu Zeus et de la déesse Hybris, selon certains écrits), Pan est décrit comme étant un satyre avec un pipeau, une crosse de berger et une couronne ou une branche d'épines de pin sur la tête. Dans la mythologie grecque, les satyres, des êtres mi-humains, mi-animaux, sont des dieux des bois et des montagnes.

Pan est le dieu de la nature, des prés, des forêts et de la vie sauvage, ainsi que de la nature humaine. Il est également le dieu de la fertilité, de la sexualité débridée et du désir charnel. Dans la mythologie antique, Pan, arborant la forme d'un bouc, pourchassait les nymphes dans les forêts et les montagnes. Le jour, il errait sur les sommets des montagnes et sur les collines, et tuait des bêtes sauvages. La nuit, il jouait du pipeau et chantait avec les nymphes. Selon la légende, Pan se retrouvait souvent en compagnie de la mère des dieux. Pan adorait la Terre et tous les biens matériaux et physiques qu'elle pouvait offrir. Même s'il était un dieu, son amour était terrestre, séducteur et physique.

Dans le royaume de l'amour
Chacun d'entre nous est tiraillé par ces deux puissantes forces — la présence physique de la Terre représentée par Pan et la spiritualité du Ciel représenté par Jésus. L'amour nous entraîne au Ciel, dans l'invisible, et nous demande d'avoir confiance en sa vérité intangible, alors qu'en même temps, la Terre recherche la pleine expression de l'amour. Elle exige notre entière allégeance au voyage rigoureux de l'amour. L'amour sur la Terre est réel quand il est sensuel, clément et transformateur.

C'est dans nos relations que nous apprenons à harmoniser les forces physiques et spirituelles de l'amour. Nous ouvrons volontairement nos mains et notre cœur à la grâce de l'amour et, chaque jour, nous sommes confrontés au défi de partager et d'évoluer, et d'entreprendre le travail difficile de la transformation.

Le défi de l'amour divin et intuitif

Le vrai travail de l'amour consiste à intégrer dans nos relations ces deux forces qui semblent opposées. Cela exige que vous mettiez de côté les désirs d'autogratification de votre ego et que vous laissiez plutôt la mystérieuse alchimie de l'amour vous guider. Quand vous vous abandonnez à la présence divine, vos défenses tombent, et l'emprise que votre ego a sur vous faiblit ; de plus, des émotions et des croyances négatives font surface afin que vous vous en libériez. Ce lâcher-prise crée un espace intérieur que la vibration illuminée de l'amour absolu vient emplir.

Chaque type intuitif sera confronté à l'amour divin de différentes façons. La personne intuitive de type émotionnel doit manœuvrer à travers le dédale de sentiments et d'émotions qui font partie de chaque relation. Sa tâche divine est de ne pas réagir sous le coup de la peur, de la méfiance et du besoin de se protéger, mais plutôt de trouver en elle la pureté de l'amour et d'interagir avec son partenaire avec de la compassion, du pardon et un amour inconditionnel.

C'est l'ego qui est blessé et qui souffre. L'esprit ne peut jamais être séparé de l'amour absolu. La tâche de la personne intuitive de type émotionnel est de ne pas oublier d'aimer à partir de cette vérité.

Le défi divin de la personne intuitive de type mental est de s'éloigner de la pensée abstraite et des idées, et de devenir présente pour une autre personne. Elle doit reconnaître ses schémas de croyance, ses pensées et son intérêt personnel et plonger dans l'inconnu divin. Cela lui permet de faire l'expérience de qui est elle et de qui est son partenaire à travers le regard spirituel de l'innocence et de l'esprit du débutant.

La personne intuitive de type physique doit s'ouvrir à la vibration, à l'énergie et à l'essence. Sa tâche divine est de spiritualiser son corps et ses désirs, et de percevoir l'âme de son partenaire. Son défi est de s'ouvrir au courant de l'énergie divine, qu'elle peut au départ trouver trop abstraite et juger comme étant un concept absurde. C'est souvent uniquement dans une relation qu'elle est capable de faire l'expérience de l'énergie spirituelle et de l'essence.

La personne intuitive de type spirituel entre en union avec l'amour divin en se révélant entièrement à son partenaire. Elle a tendance à garder privée une partie d'elle-même, et s'éloigne parfois du monde humain désordonné. Paradoxalement, c'est lorsqu'elle fusionne pleinement et partage avec une autre personne à partir des profondeurs de son âme qu'elle découvre en elle la puissance indestructible du Divin.

Peu importe votre type intuitif prédominant en amour, vous serez confronté à tous ces défis. À mesure que votre type évolue, ces quatre types intuitifs vont commencer à se renforcer et à émerger. Cette intégration intérieure des quatre types vous donnera le pouvoir de non seulement maîtriser la connexion intuitive en amour, mais aussi d'aimer pleinement votre partenaire.

L'esprit : l'amour éternel
Vous effectuez un travail important quand vous aimez une autre personne. Les relations peuvent sembler ne procurer de la satisfaction qu'aux deux partenaires, mais ce n'est pas le cas. La façon dont vous aimez influence la

vibration d'amour collective de la planète et signale votre participation au grand plan céleste.

Chacun d'entre nous rejoindra un jour le Ciel et l'amour sans forme, et quand cela se produira, notre entrée dans le monde spirituel sera célébrée. Vous serez bercé et adoré par les anges et les êtres de lumière pour avoir parcouru le chemin de l'amour quand vous étiez sur la Terre. Votre quête d'amour sera admirée, et vos démonstrations d'amour honorées. Toutes les offenses, la souffrance et les erreurs de jugement dont vous aurez été victime en raison de vos faux pas en amour seront effacées par un rire tendre au moment où vous franchirez la porte du vrai royaume de l'amour.

À propos de l'auteure

Depuis plus de vingt ans, Sherrie Dillard, M.Div., est conseillère pastorale de la Nouvelle Pensée, ainsi que voyante, médium et enseignante à l'échelle internationale. Grâce à sa passion et à son enthousiasme pour combiner l'intuition, la spiritualité et l'épanouissement personnel conscient, elle est devenue une animatrice de conférences et de retraites fort recherchée.

Sherrie Dillard donne des cours et anime des ateliers, à l'échelle nationale et internationale, sur les aspects positifs de la vie du développement de l'intuition.

Vous pouvez visiter son site Internet à l'adresse www.SherrrieDillard.com

www.AdA-inc.com
info@AdA-inc.com